能源法治调研报告

北京城市治理研究基地调研成果

核电安全发展和煤炭清洁化利用的法律保障

◎ 陈兴华　张小平　主编

立信会计出版社
LIXIN ACCOUNTING PUBLISHING HOUSE

图书在版编目(CIP)数据

核电安全发展和煤炭清洁化利用的法律保障/陈兴华,张小平主编. --上海:立信会计出版社,2020.9
(能源法制调研报告)
ISBN 978-7-5429-6572-1

Ⅰ.①核… Ⅱ.①陈… ②张… Ⅲ.①核安全—安全法规—研究—中国 ②煤炭工业—无污染技术—能源法—研究—中国 Ⅳ.①D922.544 ②D922.674

中国版本图书馆 CIP 数据核字(2020)第 151472 号

策划编辑	窦瀚修 王艳丽
责任编辑	王艳丽

核电安全发展和煤炭清洁化利用的法律保障
Hedian Anquan Fazhan he Meitan Qingjiehua Liyong de Falü Baozhang

出版发行	立信会计出版社
地　　址	上海市中山西路 2230 号　　邮政编码　200235
电　　话	(021)64411389　　传　真　(021)64411325
网　　址	www.lixinaph.com　　电子邮箱　lixinaph2019@126.com
网上书店	http://lixin.jd.com　　http://lxkjcbs.tmall.com
经　　销	各地新华书店
印　　刷	江苏凤凰数码印务有限公司
开　　本	787 毫米×1092 毫米　　1/16
印　　张	15.25
字　　数	289 千字
版　　次	2020 年 9 月第 1 版
印　　次	2020 年 9 月第 1 次
书　　号	ISBN 978-7-5429-6572-1/D
定　　价	76.00 元

如有印订差错,请与本社联系调换

编委会名单

编委会主任　石少华

主　　　编　陈兴华　张小平

编委会委员　（按姓氏笔画排序）

马洪超　王海桥　石少华　申进忠
代海军　任　颖　刘　伟　刘泽军
刘春瑞　安新宇　李朝晖　肖国兴
吴学飞　吴爱红　张小平　张　冰
张　晏　张　辉　陈　刚　陈兴华
陈　熹　尚志红　周立涛　郗伟明
曹富国　龚向前　崔金星　董慧凝

秘　　　书　颜　静　杜　宜

序

一、缘起

能源是国民经济的命脉,与经济社会发展休戚相关,对国家繁荣发展、人民生活改善、社会长治久安至关重要。新中国成立以来,特别是中共十八大以来,我国在能源领域取得了举世瞩目的成就:能源生产实现了跨越式发展,成为世界第一大能源生产国;能源消费保持较快增长,用能条件和水平不断改善;能源技术实现了从跟随模仿到并行再到引领的巨大转变,走上了动力转换、创新发展的新道路;能源体制市场化改革不断深入,治理体系和治理能力现代化不断推进;能源国际合作取得了重要进展,秉承共商、共建、共享的工作思路,深度参与国际能源治理。

能源行业的飞速发展、能源体制的重要变化、能源企业依法治企的不断深入,对能源法律人才产生了巨大的需求。作为能源法律理论研究者和实务工作者的专业团体,中国法学会能源法研究会(以下简称能源法研究会)一直致力于培养卓越的能源法律人才。能源法研究会充分发挥"产、学、研、政、律"五位一体的优势,整合资源,搭建平台,持续探索。2016年,在能源法研究会副秘书长陈兴华博士所在单位北方工业大学的提议下,能源法研究会启动了"全国'绿能杯'高校法学研究生暑期调研竞赛"活动,并确定由北方工业大学作为长期承办单位,深度负责竞赛具体事宜。该活动的基本设计包括以下几个环节:①竞赛活动由全国高校法学院(系)的研究生(或少量本科生)自愿组队参加,每年选择一个能源行业,并根据参赛团队的数量落实对接能源企业,以方便各参赛团队在各校指导教师的带领下进行调研活动;②鉴于能源行业特有的专业性,能源法研究会在比赛前邀请业内的专家对参赛队员进行集训,集中讲解行业、政策、法律等方面的背景知识,使参赛队员在较短时间内完成知识热身,以提高调研的针对性和质量;③在实际调研中,对接企业核心业务部门和法务部门的负责人及业务骨干介绍企业情况、业务流程、商业模式、技术背景、经营中常见的法律问题等,并回答师生提出的问题,并根据实际情况安排参加调研的师生实地参观展示中心、生产车间、研发基地等;④调研结束后,各参赛团队根据前期的准备和调研中的所见所感,参照当年的调研主题,自行确定题目,撰写调研报告;⑤调研报告提交后,能源法研究会组织专家进行评审。

从2016年起,"全国'绿能杯'高校法学研究生暑期调研竞赛"活动已经连续举办了4届,调研主题先后涉及核电、煤炭、光伏、天然气等行业,参加调研的队伍从最初的5支增加到23支,先后有近200名师生参加调研活动。该活动获得了法学教育界和实务界越来越多的关注和支持,成为创新能源法律人才培养模式的载体、沟通理论教学与实践活动的平台以及落实能源法研究会《能源法学科建设工作纲要》的重要举措。4年时间转瞬即逝,每年的竞赛活动在所有领导、专家、老师、学生和对接单位的工作日志上都不过是很短暂的一项工作任务,但直到近期,我们才意识到,这个小小的赛事已经积累了多达百万字的调研报告和培训文稿,4年前播下的"小苗"不觉间已然亭亭如盖。为了展示调研活动的调研成果、推动能源法研究和能源法人才的培养,在有关各方的支持下,经过重新整理,历届调研报告现正式分卷结集出版。

二、观感

在审阅了参赛的调研报告后,我们发现,各参赛高校调研报告的写法大体分为两类。第一类报告是针对某个企业具体情况的调研,是针对某个个案的典型研究。此类报告对调研行业的背景、调研企业的概况、所涉法律问题、初步的解决建议等进行了较为详细的介绍。此类报告的写法特点是具体、细微,由小见大,其主体内容是围绕被调研对象展开的。考虑到对企业敏感信息的保护和调查报告一般的写作规范,在这类调研报告中,我们对调研企业的具体信息做了一定的技术处理。第二类报告是从调研中获得问题意识和灵感,然后由此延伸,对国内相关领域的立法和监管等进行了整体的研究。对于这类报告而言,调研的所见所感是获得对问题"前理解"的场所,是验证自己研究路径、研究结论的依据。从内容上讲,此类报告与调研企业的直接相关度较弱。同时,我们也留意到,由于调研时间和对企业情况的了解有限,几乎所有的调研报告都采用了外部观察者的视角,尚无从整体上以企业内部观察者视角撰写的报告。从选题方向上看,各参赛团队根据自己所在院校的办学特点和学科优势,选择了能够发挥自己研究专长的题目,初期从环境、安全、公共参与等视角切入能源领域的选题较多,后期逐渐出现了越来越多的能源行业发展法律保障方面的选题,其研究视野逐渐宽阔。

各参赛团队在赛前培训和实地走访中仅仅是获得了研究的初始素材,在实地走访完成以后还需要进行大量的文献搜集和阅读,提炼观点,谋篇布局,最终才能完成调研报告。在这个过程中,参赛团队不仅体现出高度的使命感、旺盛的求知欲和运用专业知识解决具体问题的能力,而且还在外出活动时体现出严守纪律、互相关照的责任意识和奉献精神。这些都给我们带来惊喜、意外和感动。但是在肯定成绩的同时,我们也发现参赛团队在活动中还存在以下不足。

首先,作为法科学生,参赛队员对于法律的社会功能的理解不够系统深入,普遍存在"有立法就能解决问题"的看法。对于在调研中发现的问题,他们的基本思路为:第一,需要针对问题有一部专门的立法;第二,现有法律层级不够高;第三,现有法律规定不够具体;第四,执法要加强各部门合作。一方面,我国确实存在能源法律体系不完善的问题,而法律人的使命之一正是向社会输入规则以解决社会问题。另一方面,法律的完善是一个社会性的系统工程。这种"头痛医头、脚痛医脚"的直线性思维,忽略了法律作为一个体系与社会生活之间的复杂互动,忽略了法律发挥作用的社会政治背景。在一个行政力量较强的国家中,层级较低的规范性文件未必不能充分发挥作用,未必没有其内在的合理性。这种简单的解决方案背后,是一种对问题症结的简单归因思维,而社会现象往往有着复杂的成因,某一领域问题长期存在的背后一定有着多种社会因素所形成的稳定的社会张力结构,而且拆解这种旧有结构所产生的震荡是非常难以预见的。基于这个原因,立法者在制定规则的时候,往往慎之又慎。层级较低的规范性文件,未尝不是一种稳妥的试错和降低法律上层建筑构建成本的做法。

其次,很多参赛队员在未对现行法律规范做全面检索的情况下,就断言法律体系不健全,存在法律漏洞。造成这个问题的原因可能有两个。一个原因是前面已经提到的他们过于重视高位阶法律渊源而忽视低位阶法律渊源,在检索了高位阶法律渊源之后就轻下结论,殊不知,他们在学校里学习的知识体系是围绕高位阶法律渊源展开的,而法律实务工作中的大量具体问题是通过低位阶法律渊源解决的。另一个原因则是他们在资料检索的时候过于依赖数据库关键词。法律用语尽管是一种高度规范的语体,但是围绕某一法律问题,规范性文件中未必均使用同一关键词。法律通过设定权利和义务调整社会关系、解决社会问题,法律的相对静止与社会生活的变动不居始终是一个重大的矛盾。立法固然是解决这种矛盾的终极方法,也是强度最大、成本最高的方法,但在立法之外,还有法律解释、漏洞补充、解决规则冲突等方法可供使用。因此,过于强调"立法中心主义"的解决方案,实际上是对法律作用方式理解不深的表现。

最后,参赛队员撰写的调研报告在研究内容和深度上还存在欠缺,在写作和表达方式上也存在逻辑不够清晰、前后连贯性不强的问题。造成这个问题的原因有两点。第一,能源法作为一个独立的法律领域,其重要特点在于所涉知识的综合性,特别是技术知识。因为法科学生一般没有很强的理工科基础,所以他们对调研活动中某些问题的理解和看法还不够深入,其结论也不够全面。第二,虽然他们在参加集训、进行调研访谈时都认真做了笔记,但在撰写调研报告时,他们采用了多人分工合作的方式,这就难免会造成调研报告整体性不强、前后逻辑性欠佳、连贯性不强的问题。

尽管有上述不足,但是编者除了必要的修改和完善,基本保持了调研报告的原貌。第一,对于学生而言,成长路上迈出的第一步总是带有稚嫩的特点。作为竞赛的组织者、指导者,我们应当宽容这种稚嫩。如果以我们的标准去看,这些调研报告在内容和形式上仍然有很大的改进空间,但是站在学生的角度,他们已经在调研中得到了锻炼,意识到了自己的不足,并且竭力使自己做得更好。我们也有意记录和呈现这种稚嫩,让参赛学生能看见自己成长的印记,鼓起前进的勇气。第二,这些调研报告是稚嫩的,但也是认真的。认真的工作成果总是有价值的,特别是当一定量的认真工作汇总在一起的时候,专业的读者就可以从中披沙拣金,以促进能源法理论和实务工作水平的提升。

三、反思

全国"绿能杯"高校法学研究生暑期调研竞赛活动的初衷是宣传国家有关能源发展、环境保护等方面的法律政策,建立能源法研究会、高校和企业之间联合践行社会责任的渠道,培养高校法学研究生调查研究和实践的能力,加强能源法学科建设,培养能源法学研究力量,扩大学科影响力,推动能源法研究。时至今日,可以说,这个初衷在很大程度上实现了。通过调研活动,我们发现了一大批值得继续深入研究的课题,创新了能源法人才培养的模式。更为重要的是,对于许多参加实地调查、悉心研究的同学而言,这段经历成为他们求学历程中难忘的回忆,甚至成为他们以后进入能源法行业的重要进阶。回望这个历程,我们有以下几点深刻体会。

第一,能源法专业人才成长的一个重要规律就是能源法专业人才有着非常陡峭的学习曲线。合格的能源法人才不仅要谙熟诉讼和交易法律知识,了解能源行业相关知识,而且还要了解经济、工程乃至地质方面的知识。这些知识并非完全依靠课堂教学就能获得,还需要到一线去观察、去感受、去体验。我国的能源法学教育整体还处在起步阶段,甚至能够单独开出"能源法学"课程的法学院校都屈指可数。受过一般法学教育的学生在进入能源法领域以后,一般都会遭遇迎面而来的挑战,经历破蛹化蝶的煎熬,付出巨大的成长代价。本次调研竞赛活动正是基于以上考虑,使学生们能够在校园里以缓释的方式为进入充满挑战的能源法领域提前做好准备,为能源法人才的培养探索新渠道。

第二,一个合格法律人的标志是其对法学知识体系的融会贯通。从教育学的角度来讲,这个融会贯通分为两步:首先是在课堂上,渐次完成从理论法学到部门法学、从实体法学到程序法学、从国内法学到国际法学相关知识的系统学习;其次是在实践中,在问题的驱动下,在运用知识解决问题的过程中,发现各种知识之间的联系,产生一种综合的体系感。这种体系感不仅意味着法律人要在头脑中建立有机的"知识之网",从而使自己在面对实际问题时知道用哪一部分知识来解决问题;而且意味着要通过追根溯源的研究发现原来被忽视法条的含义,发现原来理解不够深入的法律运行机理,发现原来未能透彻掌握的法律作用于社会生活的规律。从这个意义上来讲,本次调研竞赛活动是给所有参赛队员布置的一份加速其成长的综合性"大作业"。

第三,实践教学需要的很多资源是学校无法提供的,需要社会各界的支持。能源法研究会正是这样一个发挥着汇总能源法实践教学资源的平台,它汇聚的实践教学资源涉及煤、电、油、核、气等各能源行业,涵盖上游、中游、下游能源全产业链,包括立法、监管、合规、交易、诉讼等能源法各方面内容。这个平台为竞赛开展提供了全方位的支持,极大地降低了竞赛组织的协调成本。从调研单位的确定、调研方案的落实、集训专家的推荐、调研单位具体接待人员的落实到住宿和出行等方面的安排,我们都能感受到身后强大的支持力量,感受到同属于能源法职业共同体的心灵相通、志趣相投。因此,本次调研竞赛活动是能源法研究会践行"三个服务"办会宗旨的具体体现。

四、展望

能源法学有一个非常典型的特点——小学科、大世界。在法学学科体系中,能源法常常被视为环境资源法下面一个小的分支。从世界范围看,能源法作为一门独立学科进入法学院的课堂是在20世纪70年代"石油危机"以后。作为一门独立的学科,能源法有自己独特的研究对象、核心范畴、问题意识和研究范式。但无论是在大陆法系国家还是英美法系国家,能源法都是一门小学科,迄今为止,"能源法学"都只在少量法学院中被作为一门选修课程讲授。与此形成对照的是,能源行业是国民经济的基础,是文明发展的标志和驱动力量,它为相关领域的优秀人才提供了无比广阔的舞台。这种小大之间的对比与联系预示着法学教育未来一个重要的发展趋势——法学教育和研究的主要增长点可能是和部门法有着不同研究范式的领域法。能源法与所有正在蓬勃发展的其他领域法一样,正显示出旺盛的生命力和无远弗届的发展前景。

领域法是以问题为导向,以特定经济社会领域与法律有关的现象为研究对象,融经济学、政治学和社会学等多种研究范式于一体的交叉性、开放性、应用性法学学科体系。领域法不仅融合了部门法的研究方法、研究工具和研究手段等各要素,而且在方法论上突出体现了以问题意识为中心的鲜明特征,是新兴交叉领域"诸法合一"研究的有机结合,与部门法同构而又互补。领域法的崛起,必将对以部门法知识传授为目标的传统法学教育模式提出挑战。领域法不是排斥和否定部门法,而是重新发现并创造性地运用部门法。领域法教育要求培养对社会需求保持开放和互动的法律人才,要求把学生培养成为运用法律思维解决某一领域法律问题的专家。本次调研竞赛活动作为领域法学教育的新探索,将进一步在组织形式、内容设置、报告质量等方面不断完善,为繁荣发展法学教育做出具有独特价值的贡献。

五、致谢

在有关领导、专家、同事和相关单位的支持与呵护下,全国"绿能杯"高校法学研究生暑期调研竞赛走过了快速成长的4年。饮水思源,我们代表所有参赛团队和指导教师向所有关心和支持该活动的单位和个人表示衷心的感谢!

谨向中国法学会研究部领导对"绿能杯"竞赛的关心、帮助和指导表示感谢。中国法学会甘藏春副会长在参加2019年能源法年会时发表致辞,专门提及"绿能杯"竞赛,并对能源法学科后继人才培养问题做出指示。此外,中国法学会研究部李存捧巡视员出席了第一届"绿能杯"启动仪式,殷切寄语要把竞赛办实。我们始终记得这个叮嘱的深意和期望,也始终记得《中国法学会章程》中赋予我们的"深入实际进行调查研究,总结新经验,反映新情况,研究新问题"的职责。

谨向中国法学会能源法研究会会长石少华先生表示感谢。石少华会长高度重视能源法学科建设和人才培养工作,一直关注赛事各方面的进展,同时,他的卓越领导力是"绿能杯"竞赛从构想变为现实的关键因素。此外,中国法学会能源法研究会周立涛常务副会长、曹富国副会长、郭进平副会长、陈臻副会长、肖国兴副会长、李朝晖副会长、周凤翱副会长、吴爱红秘书长、张晓京副秘书长、刘春瑞副秘书长等领导在居中协调、具体指导和调动各方面资源方面都倾注了大量心血。他(她)们既以至诚之举鼎力相助,又以不言之教嘉惠后学。

谨向"绿能杯"竞赛的承办方——北方工业大学及从事具体组织协调工作的该校文法学院、法律系及能源法研究中心的工作人员表示感谢。北方工业大学的王建稳副校长每年都关注、参加"绿能杯"竞赛的启动仪式,刘泽军院长和王海桥主任对竞赛活动的筹备和组织工作给予了大力支持和帮助。每年7月,来自全国各法学院校的参赛师生都聚集在这里,北方工业大学成为"绿能杯"竞赛物理意义上的集结地和出发点。北方工业大学作为全国最早设置法学专业的理工类院校,其法学教育多年来形成了具有自身特色的发展模式。北方工业大学对能源法学科的坚定支持以及对兄弟院校的深情厚谊给所有参赛师生留下了难以忘却的深刻印象。

谨向参赛各校的指导教师和参赛学生表示感谢。各位指导教师怀着对能源法研究的热爱和育人的使命感,牺牲暑期休息时间带领学生参加竞赛,指导学生完成调研报告,关心学生的生活安排,在鲜活的实践课堂里与学生共成长、同进步。各位参赛学生在短时间内迅速补齐能源行业知识背景,调动法学知识储备,跟随指导老师奔赴全国各地开展调研,不辞辛苦。他们最终呈现的调研报告虽显稚嫩,但足以为能源法研习者提供丰富的参考。

谨向历届活动的培训专家和评审专家表示感谢。培训专家欣然接受邀请,精心准备,为所有参赛师生奉献了高密度、高质量、高水准的培训课程,展现出高度的敬业精神和专业水准。评审专家在自己繁忙的工作日程中挤出时间,认真阅读每一份瑕瑜互现的调研报告,衡文宽严有度,评审公允精当。专家们的客观公正和专业水准是"绿能杯"竞赛权威性和公信力的保证。

谨向历届所有协办企业表示感谢。每到一处,我们都有充实的日程、生动的讲解、鲜活的现场参观和深入的专题交流;每到一处,我们都能见到严格精细的生产流程、不断改进的技术和愈益完善的企业内控,令我们对能源事业的未来充满信心;每到一处,我们都能真正感觉到曾经悬在半空的缥缈思绪终于在坚实的大地上扎根。

谨向资助"绿能杯"竞赛系列调研报告出版的北方工业大学北京城市治理研究基地和浙江阳光时代律师事务所等单位表示感谢。它们这种践行社会责任、襄助人才培养的善举,是能源法学科不断发展、人才队伍日益壮大的强劲助推。

感恩这一路上所有的问候、帮助、善意和期许。这些或巨或细、或急或缓的力量汇聚成河,使"绿能杯"竞赛的轻舟扬帆驶向更为广阔的前方。

张小平　陈兴华

2020 年 2 月 15 日

前　　言

《中国法学会能源法研究会发展规划(2015—2020年)》指出,能源法研究会要加强能源法学科体系建设研究,使能源法学科能够在国家高等法学教育体系中获得应有的地位。从其他法学学科发展经验来看,研究生教育是加强学科建设、提高学科地位的重要途径。其中,研究生社会实践调研是研究生专业教育的一个重要实施途径,也是培养创新型研究生的有效举措。自2016年来,能源法研究会每年定期组织、开展由北方工业大学承办的"全国'绿能杯'高校法学研究生暑期调研竞赛"活动,至今已举办了4届。本书正是在此基础上,收录了第一届和第二届两次竞赛活动的调研成果——15支调研团队的15篇调研报告,并在最后的附录中收录了中国法学会甘藏春副会长在能源法研究会2019年年会上的致辞和《能源法研究会能源法学科建设工作纲要》,以供读者了解能源法学科的进展情况。

第一届竞赛的调研主题是"核电安全绿色发展的法律保障",竞赛的协办企业包括国家电力投资集团有限公司、中国核工业集团有限公司、中国核工业建设集团有限公司及中国广核集团有限公司,参赛高校有北方工业大学、中央财经大学、北京理工大学、南开大学及河北大学。2016年7月12日,竞赛启动仪式暨赛前培训会在北方工业大学召开,中广核工程有限公司陈刚总法律顾问和国家电力投资集团有限公司刘伟博士为参赛师生做赛前培训。之后,5所参赛高校师生分赴山东省海阳市、江苏省连云港市、广东省深圳市等地的核电企业进行实地调研。在活动评奖环节,中国法学会能源法研究会会长石少华,中国法学会能源法研究会副会长、华东政法大学教授肖国兴,中广核工程有限公司总法律顾问陈刚担任评委,最终评选结果为南开大学和北方工业大学荣获一等奖,北京理工大学、中央财经大学和河北大学荣获二等奖。

从第一届竞赛的调研选题上看,5支参赛团队提交的调研报告主题分别涉及核电产业的风险沟通、核责任保险、核应急、核电信息公开和公众参与以及乏燃料处置等多个领域,而且这些调研报告论述的问题均属于影响我国核电发展的重要前沿问题。其中,南开大学参赛团队撰写的《构建我国核电产业的风险沟通机制——以信息公开和公众参与为前提》从信息公开和公众参与视角入手,研究了当前我国核电产业风险沟通机制存在的问题及对策建议。北方工业大学参赛团队撰写的《核责任保险制度研究》总结了我国核责任保险的现有规定以及国际相关经验,对我国核责任保险制度的构建提出了框架性建议。北京理工大学参赛团队撰写的《我国核应急机制法律制度研究》调研了公众普遍关注的核应急机制问题,探讨了核应急涉及的信息公开、行政权力调配、社会资源调集及财务保障等法律问题。中央财经大学参赛团队撰写的《核电厂信息公开和公众参与法律制度研究》将研究主题确定为信息公开和公众参与,围绕调研问题提出了具体的建议。河北大学参赛团队撰写的《乏燃料处置相关法律问题研究》分析了我国乏燃料处置存在的问题,提出了相应的改进措施和建议。

第二届竞赛的调研主题是"煤炭清洁化利用的法律保障",竞赛的协办企业是中国中煤能源集团有限公司、安徽淮南平圩发电有限责任公司,参赛高校有中央财经大学、北京理工大学、南开大学、河北大学、山西财经大学、广东外语外贸大学、西南科技大学、安徽大学、西安交通大学及北方工业大学。2017年7月7日,竞赛启动仪式暨赛前培训会在北方工业大学召开,中国法学会能源法研究会常务副会长、中国中煤能源集团有限公司总法律顾问周立涛和原国家安全生产监督管理总局(现为应急管理部)煤炭信息研究院法律研究所副所长代海军为参赛师生做赛前培训。之后,10所高校师生分赴山西省朔州市、江苏省徐州市、山西省榆林市及安徽省淮南市的煤炭企业进行实地调研、座谈。在活动评奖环节中,中国法学会能源法研究会石少华会长、周立涛常务副会长及代海军副所长担任评委,最后评选结果为安徽大学和广东外语外贸大学荣获一等奖,山西财经大学、河北大学和北方工业大学荣获二等奖,南开大学、北京理工大学、西南科技大学、西安交通大学和中央财经大学荣获三等奖。

评审专家认为,从第二届竞赛的调研报告内容上看,各篇调研报告选题各异、各有侧重。其中,安徽大学参赛团队撰写的《粉煤灰综合利用和污染防治法律问题研究》从粉煤灰综合利用和污染防治入手,介绍了国家相关政策和法律规定,指出了当前该领域存在的主要问题,并提出相关法律法规和政策实施方面的建议。广东外语外贸大学参赛团队撰写的《井工煤炭开采中的环境风险监管法律问题研究》从井工煤矿开发的环境风险入手,深入井工煤矿调查研究,着力解决煤炭清洁利用的外部环境监管问题,视角独特。山西财经大学参赛团队撰写的《构建我国煤炭清洁利用的综合法律保障》对我国煤炭清洁利用的现状和发展前景进行了全面的研究。河北大学参赛团队撰写的《我国煤矿区生态修复研究调研报告》以调研矿区为例,对困扰煤矿发展的生态修复问题进行了深入的调查研究。北方工业大学参赛团队撰写的《煤炭行业职业病防治法律问题研究》从煤矿职业病防治入手,研究了当前我国煤炭行业职业病的现状和问题,介绍了美国、德国的经验,并提出了相关对策建议。南开大学参赛团队撰写的《现代煤化工产业中的法律保障问题研究》抓住解决煤炭清洁化利用问题的"牛鼻子"——现代煤化工产业,对目前影响我国煤化工产业发展的政策和法律问题进行了调研,并借鉴先进国家的做法和经验,提出了解决相关问题的措施建议。北京理工大学参赛团队撰写的《煤矿塌陷区建筑物赔偿及资源税缴纳问题探析》对煤矿塌陷区复垦的现状及存在的问题做了比较深入的研究,介绍了德国的做法和经验,探讨了矿地建筑物的企业赔偿和跨省资源税缴纳等热点问题。西南科技大学参赛团队撰写的《煤炭开发利用中环境污染问题的法律规制研究》分析了煤炭企业在煤炭开发利用中产生环境问题的类型与成因,提出了解决问题的建设性措施。西安交通大学参赛团队撰写的《煤化工企业清洁化生产法律问题研究》对煤化工行业中危废处理、环境行政处罚对煤化工企业的影响等问题进行了深入调研。中央财经大学参赛团队撰写的《煤炭供给侧结构性改革法律问题研究——以产能指标交易和资源就地转化为例》从煤炭产能指标交易和煤炭资源就地转化两个侧面对煤炭供给侧改革法律问题进行了研究。

经各篇调研报告作者授权,北方工业大学能源法研究中心主任陈兴华和中央财经大学副教授张小平将这些报告结集成册,并对各篇报告进行了必要的修改和润色,使之更符合出版规范。此外,参与本书审稿工作的还有北方工业大学能源法研究中心的尚志红研究员。在此过程中,编者对各篇报告在不改变原义的基础上根据统稿要求做了一定的删减、改动;北方工业大学法律硕士研究生、能源法研究中心研究助理颜静和杜宜对各篇报告的体例和格式进行了修改和统一;立信会计出版社编辑王艳丽女士对本书的出版给予了帮助和支持,并对本书进行了专业细致的编辑加工。在此,编者一并深表感谢,并恳请广大读者和同行对本书提出意见和建议。

编者

2020年2月15日

目　录

序
前言

上篇　核电安全发展

构建我国核电产业的风险沟通机制——以信息公开和公众参与为前提 ………… 3
 一、风险沟通机制的内涵 ………… 4
 二、风险沟通方面的问题及原因分析 ………… 4
 三、我国核电领域信息公开和公众参与的法律规定 ………… 6
 四、核电开发领域风险沟通机制的域外经验 ………… 7
 五、建立完善我国核电行业风险沟通机制的建议 ………… 8
 六、调研结论 ………… 12

核责任保险制度研究 ………… 13
 一、核责任保险制度的发展沿革 ………… 13
 二、我国核责任保险制度现状调查 ………… 16
 三、国际核责任保险制度经验借鉴 ………… 18
 四、我国核责任保险制度之建构 ………… 20

我国核应急机制法律制度研究 ………… 26
 一、引言 ………… 26
 二、核应急信息公开法律制度 ………… 27
 三、核应急行政权力调配法律制度 ………… 29
 四、核应急社会资源调集法律制度 ………… 32
 五、核应急财政资源保障法律制度 ………… 34
 六、结语 ………… 35

核电厂信息公开和公众参与法律制度研究 ………………………………… 37
    一、引言 ……………………………………………………………………… 37
    二、调研对象介绍 …………………………………………………………… 39
    三、核电信息公开与公众参与的意义 ……………………………………… 41
    四、核电信息公开、公众参与的法律制度体现 …………………………… 42
    五、A 核电厂项目信息公开特点 …………………………………………… 45
    六、A 核电厂项目公众参与特点 …………………………………………… 46
    七、核电厂调研的启示 ……………………………………………………… 47

乏燃料处置相关法律问题研究 ……………………………………………… 52
    一、乏燃料概述 ……………………………………………………………… 52
    二、乏燃料的处置方式 ……………………………………………………… 53
    三、乏燃料处置的技术风险 ………………………………………………… 54
    四、我国在乏燃料处置监管方面存在的法律制度风险 …………………… 54
    五、完善乏燃料处置风险法律保障的相关建议 …………………………… 56

下篇　煤炭清洁利用

粉煤灰综合利用和污染防治法律问题研究 ………………………………… 63
    一、我国粉煤灰综合利用和污染防治相关法律法规与政策现状 ………… 64
    二、粉煤灰综合利用和污染防治存在的问题 ……………………………… 67
    三、粉煤灰综合利用和污染防治的经验借鉴 ……………………………… 72
    四、完善粉煤灰综合利用和污染防治的对策 ……………………………… 77

井工煤矿开采中的环境风险监管法律问题研究 …………………………… 81
    一、井工煤矿开采前的环境风险防范法律问题 …………………………… 81
    二、井工煤矿开采中的环境风险监管法律问题 …………………………… 83
    三、井工煤矿开采后的环境修复与风险控制法律问题 …………………… 86
    四、结语 ……………………………………………………………………… 89

构建我国煤炭清洁利用的综合法律保障机制 ……………………………… 91
    一、我国煤炭清洁利用的现状、法律保障及发展路径 …………………… 91
    二、我国煤炭清洁利用存在的主要法律问题 ……………………………… 96
    三、域外国家煤炭清洁利用的现状及法律保障机制 ……………………… 98

四、完善我国煤炭清洁利用综合法律保障的建议 ……………… 100
　　五、小结 …………………………………………………………… 105

我国煤矿区生态修复研究调研报告 …………………………………… 107
　　一、煤矿区生态修复概述 ………………………………………… 107
　　二、调研煤矿区生态修复现状 …………………………………… 109
　　三、我国煤矿区生态修复存在的问题 …………………………… 111
　　四、煤矿区生态修复问题的解决建议 …………………………… 113
　　五、结语 …………………………………………………………… 116

煤炭行业职业病防治法律问题研究 …………………………………… 118
　　一、煤炭行业职业病概述 ………………………………………… 119
　　二、我国煤炭行业职业病防治现状及问题 ……………………… 121
　　三、域外煤炭行业职业病防治经验 ……………………………… 126
　　四、我国煤炭行业职业病防治建议 ……………………………… 130

现代煤化工产业中的法律保障问题研究 ……………………………… 136
　　一、现代煤化工产业是煤炭清洁化利用的有效途径 …………… 136
　　二、现代煤化工产业发展中存在的政策及法律问题 …………… 138
　　三、国外相关经验借鉴 …………………………………………… 142
　　四、现代煤化工产业适度发展的法律保障 ……………………… 146
　　五、结语 …………………………………………………………… 152

煤矿塌陷区建筑物赔偿及资源税缴纳问题探析 ……………………… 166
　　一、煤矿塌陷区复垦概况和问题探究 …………………………… 166
　　二、煤矿塌陷区建筑物的赔偿问题 ……………………………… 168
　　三、跨省煤矿资源税缴纳之难题 ………………………………… 171
　　四、结论 …………………………………………………………… 173

煤炭开发利用中环境污染问题的法律规制研究 ……………………… 175
　　一、调研企业在煤炭开发利用中产生的环境污染问题 ………… 175
　　二、调研企业对煤炭开发利用中环境污染问题的防治措施及制约因素 ……… 176
　　三、煤炭开发利用中环境污染问题的法律规制及存在的问题 … 178
　　四、结论与建议 …………………………………………………… 182

煤化工企业清洁化生产法律问题研究 ………………………………… 187
　　一、煤化工行业概况及煤化工行业发展趋势 …………………… 187
　　二、煤化工行业发展中亟须解决的法律政策问题 ……………… 188

  三、解决煤化工行业法律政策问题的建议 …………………………………… 192
  四、调研结论 …………………………………………………………………… 195
煤炭供给侧结构性改革法律问题研究——以产能指标交易和资源就地转化为例
………………………………………………………………………………………… 197
  一、煤炭产能指标交易现状 …………………………………………………… 198
  二、煤炭产能指标交易中存在的问题 ………………………………………… 201
  三、完善煤炭产能指标交易的建议 …………………………………………… 205
  四、我国煤炭资源就地转化中存在的问题 …………………………………… 207
附录一 中国法学会副会长甘藏春在能源法研究会 2019 年年会上的致辞 ……… 213
附录二 中国法学会能源法研究会能源法学科建设工作纲要 …………………… 217
后记 ……………………………………………………………………………………… 221

上 篇

核电安全发展

构建我国核电产业的风险沟通机制

——以信息公开和公众参与为前提

撰写高校：南开大学
指导教师：申进忠
撰 写 人：丁玲、袁姿、舒畅、李欠男

工业化发展到一定阶段后，随着人们活动频度和范围的扩大，人类开始进入风险社会。在风险社会中，主要社会冲突从最初社会群体对财富、权力分配的争夺转向对风险分配和风险承担公平性问题的争议。从民众反对对二甲苯（PX）项目和核电项目等公共事件中可以看出，民众对政府和企业缺乏有效沟通。政府、企业与民众进行风险沟通的模式大同小异，即通过技术科普的方式，以单向信息灌输来消解民众对风险的恐惧和对抗。[①] 然而，研究表明，技术专员、风险专家对风险的感知、理解与普通民众的感受存在明显差异，技术科普的方式对民众的风险感知往往影响甚微。当前大量发生的群体性事件使政府、企业改进风险沟通方式迫在眉睫。解决技术评估风险指标与公众风险感知之间的落差，打破固有的沟通模式，建立有效的风险沟通机制，成为人们关注的核心所在。

本次调研拟解决的问题是突破现有的以技术科普为核心的风险沟通模式，充分保障公众在核电领域的知情权和话语权，构建风险沟通平台。我们在调研中发现，相关领域法律制度不健全和政府与企业责任分工不明确是造成风险沟通效果不理想的主要原因。风险沟通的主体往往涉及个体、群体和机构（如企业、政府等），其内容为所涉风险的本质和防控手段，其手段包括全面的信息公开、有效的意见反馈以及理想的双向谈判，其目的在于平衡各方立场。风险沟通不能一味地介绍技术风险评估的优越性，而要设身处地了解公众的风险感知，并以此为依据与利益相关者展开对话，讨论风险的实际评估情况。

---

① 曾繁旭，戴佳，王宇琦.风险行业的公众沟通与信任建设：以中广核为例[J].中国地质大学学报（社会科学版），2015,15(01).

一、风险沟通机制的内涵

风险沟通的出现和邻避运动存在密切的关系。邻避运动来自英文"not in my back yard",简称"NIMBY",是指国家推行针对社会整体的政策,即便该政策具有必要性,却在政策的对象地区遭到强烈反对,进而引发的群体性抗争活动。例如,监狱、工业区、游民收容所、核电厂等建设项目常常会引发邻避运动。

"风险沟通"这一术语最早出现在社会学和公共管理领域,它吸收了心理学对"风险感知"研究的成果,更关心一般民众对风险的看法和认识,而不是简单的科学分析。[1] 美国国家科学院(The National Academy of Sciences)将风险沟通定义为:风险沟通是个体、群体以及机构之间交换信息和看法的相互作用过程。这一过程涉及多层面的风险性质及其相关信息,包括直接传递与风险有关的信息,表达对风险事件的关注、意见和相应的反应,以及发布国家或机构在风险管理方面的法规和措施等。按照这一定义,作为本文调研对象的"风险沟通"应该包括这样一些内涵:其主体往往涉及个体、群体和机构(企业、政府等);其内容以所涉风险的本质、重要性和防控手段为核心;其手段包括全面的信息公开、有效的意见反馈以及理想的双向谈判;其目的是平衡各方立场。现代风险理论中的风险沟通更强调以说服为目标的双向互动模式,此种模式的价值在于达成这样的认识——组织有义务与其他社会成员就风险进行有效的沟通。这种模式不是简单地兜售技术风险评估的优越性,而是要诚实、努力地了解受众的风险感知,并据此与不同的利益相关者就风险情况的评估展开对话。[2]

二、风险沟通方面的问题及原因分析

我们在调研中发现,企业所理解的风险沟通更多地停留在"环境教育""舆情控制"的层面,这种理解是片面和被动的。企业的沟通只是为了暂时性地控制公众的情绪,稳定局面,避免大规模群体性事件的发生,是一种被动的应急反应。

以核电企业为例,核电企业在项目建设过程中经常会遇到当地群众采取在企业门口聚众、静坐的方式抗议企业施工所造成的噪声、扬尘以及核电站建设造成的旅游业不景气等问题。核电企业为了缓解与当地群众的关系,通常会向政府请求帮助,或者给予当地群众一定的经济补偿。于是,"找政府"和"掏钱"成了企业与公众进行沟通的主要手段。但是,风险沟通中最显著的难题是民众持续而广泛地对风险管理机构抱有不信

---

[1] 王东.小议"风险沟通"机制[N].中国青年报,2011-6-27(02).
[2] 黄河,刘琳琳.风险沟通如何做到以受众为中心——兼论风险沟通的演进和受众角色的变化[J].国际新闻界,2015(06).

任的态度,公众频繁的抗议、静坐行为也是源于对核电企业的不信任、不了解。这使核电企业在这样所谓的"沟通"中陷入被动的局面。

良好的风险沟通主体应该包括政府、企业和公众,其中,政府应该作为沟通的桥梁,积极借助现代科学的多种媒介渠道传播核电知识,消除公众顾虑。然而,我们在调研中发现,核电企业所谓的风险沟通通常是在其内部网站上定期发布一些核电知识和企业营运情况。事实上,这种信息公开并不能达到预期目的。因为核电企业公开的相关文件大多专业性较强,一般公众并不具有专业的理解能力,所以这种通过技术科普的方式进行单向信息灌输并不能消解民众对风险的恐惧和抗拒。此外,由于民众对政府和企业等风险管理者缺乏足够的信任,所以他们对接收到的信息采取一种全然相悖的方式进行解读。这也直接影响了风险沟通的效果。[①] 有关调查研究表明,公众最主要的信息来源是各种媒体,其中又以电视(比例为 60.6%)为首,其次是网络(比例为 12.8%),此外还有广播、报纸杂志等。政府、国际组织、环境保护非政府组织及企业在传播信息和相关知识方面的作用不明显,其占比仅为 4%。[②] 由此可以看出,政府和企业想要针对公众达到普及信息的目的,不仅要选择通俗易懂的形式,更要选择直接、有效的媒介。

目前,我国的核电站建设分为厂址普选、初步可行性研究、可行性研究、初步设计、施工设计、调试等多个阶段。在国家发展和改革委员会核准核电项目之前,要在核电厂选址阶段以及初步设计阶段编制两份环境影响评价报告。其中,公众参与是编制环境影响评价报告的重要一环。《中华人民共和国环境影响评价法》(以下简称《环境影响评价法》)第五条规定:"国家鼓励有关单位、专家和公众以适当方式参与环境影响评价。"在实践中,企业通常以召开听证会和发布调查问卷的方式保证公众参与环境影响评价。但是,听证会的参与人员多半是来自政府、企业的代表;发布调查问卷之前会对公众进行相关的培训,调查问卷的内容更倾向于核电安全知识方面。此外,在座谈会或者调查问卷中,地方政府与项目业主方有时会回避敏感问题(如核电站选址中的辐射影响等),而且会选取特定人群或者通过适当的方式引导参与其中的公众给出非反对性质的表态。因此,公众参与有时是走"过场"。[③] 尤其在核电站选址阶段,当地群众参与到其中的程度很低,而且无论是政府还是企业与公众的沟通都很少。

---

① 曾繁旭,戴佳,王宇琦.风险行业的公众沟通与信任建设:以中广核为例[J].中国地质大学学报(社会科学版),2015,15(01).
② 贺桂珍,吕永龙.新建核电站风险信息沟通实证研究[J].环境科学,2013,34(03).
③ 彭峰,翟晨阳.核电复兴、风险控制与公众参与——彭泽核电项目争议之政策与法律思考[J].上海大学学报(社会科学版),2014,31(04).

三、我国核电领域信息公开和公众参与的法律规定

（一）核电领域信息公开的相关法律规定

目前,我国核电领域信息公开的相关法律规定主要是《中华人民共和国核安全法》(以下简称《核安全法》)。该法经 2017 年 9 月 1 日第十二届全国人民代表大会常务委员会第二十九次会议通过,自 2018 年 1 月 1 日起实施。《核安全法》将"监督检查""信息公开和公众参与"作为独立章节,规定核领域的信息公开制度分为政府信息公开和企业信息公开两部分。其中,国务院有关部门及核设施所在地省级人民政府应当在各自职责范围内依法公开核安全相关信息,公开内容包括与核安全有关的行政许可、核安全有关活动的安全监督检查报告、总体安全状况及辐射环境质量和核事故等信息;核设施营运单位应当按照有关规定公开本单位核安全管理制度和相关文件、核设施安全状况、流出物和周围环境辐射监测数据、年度核安全报告等信息。《核安全法》还规定,为保障知情权,公民、法人和其他组织可以依法向国务院核安全监督管理部门及核设施所在地省级人民政府申请获取核安全相关信息。但是,此项规定过于笼统,并没有对核安全相关信息公开的具体程序和具体范围作出较为详尽的、具有可操作性的规定。

（二）核电项目公众参与的相关法律规定及方式

如前所述,在核电站建设过程中,公众参与是必不可少的环节。《环境影响评价法》第五条规定:"国家鼓励有关单位、专家和公众以适当方式参与环境影响评价。"该法第二十一条规定:"除国家规定需要保密的情形外,对环境可能造成重大影响、应当编制环境影响报告书的建设项目,建设单位应当在报批建设项目环境影响报告书前,举行论证会、听证会,或者采取其他形式,征求有关单位、专家和公众的意见。建设单位报批的环境影响报告书应当附具对有关单位、专家和公众的意见采纳或者不采纳的说明。"考虑到公众对核能利用的了解程度和核电建设项目的特殊性,2009 年,国家核安全局发布了《核电厂环境影响评价公众参与实施办法(征求意见稿)》,希望能提高公众参与环境影响评价活动的积极性,规范公众参与环境影响评价的程序。但截至目前,该实施办法尚未正式公布施行。

一般来说,公众参与核电站项目环境影响评价应该包括两个环节。首先,建设单位在确定承担核电站环境影响评价工作的单位后,需要通过报纸刊登和网上公示的方式发布公告,即开展第一阶段的公众参与。公告期间,公众可通过电话、传真等方式向建设单位或环境影响评价单位提出意见。其次,在将环境影响评价单位编制的核电站环境影响报告报送环境保护行政主管部门审批之前,建设单位需落实第二阶段的公众参与安排,包括在报纸、网站上公开发布建设项目的环境影响公告并征求公众意见。常见

的征求公众意见方式有发放调查问卷、召开公众意见调查座谈会等。

目前,我国无论从信息公开角度还是从公众参与角度,均缺乏可操作性的制度设计,尚未形成完善的风险沟通体系。

四、核电开发领域风险沟通机制的域外经验

(一)美国

美国在核能开发利用方面的基本法是1954年颁布的《原子能法》。该法规定,为确保核能安全利用,民用核材料与核设施必须获得许可。此外,该法授予美国原子能委员会依法制定并实施许可标准的权力,并规定了委员会必须遵循的行为规范。这为实施公众听证和联邦司法审查提供了法律依据。

1974年,美国建立了核管理委员会,其中,获取公众的信赖是核管理委员会履行其核安全管理职能的重要内容。为达到这一目的,美国核管理委员会出台了多种措施与方案,以便公众及时获取相关信息,并与利益相关主体进行更加畅通、可靠、及时、客观的沟通。为了客观、公正地报道核电设施的运行情况,美国核管理委员会建立了许多网站,这些网站定期发布公众所关心的核电安全信息与事件。同时,美国核管理委员会邀请公众及早参与核电安全规制过程,及时发现安全隐患,提前化解危机和风险。此外,美国核管理委员会为获取公众对核安全管理的反馈意见,还在许可活动中纳入正式申述与听证程序。美国《联邦法典》第10编第2节第206条规定,美国核管理委员会允许公众对潜在的危及人们健康或安全的核风险进行监督,并有权对许可证持有人采取特别处置行动;一经查实,美国核管理委员会有权变更、终止、吊销该许可证,或者采取其他相应强制措施。美国这种完善的公众参与程序对美国核管理委员会及时回应公众所关心的问题提出了很高的要求,鼓励投诉者直接向相关主管部门面陈意见,并针对问题核电站提出自己的看法;尤其鼓励核电厂工人就工作环境中存在的安全隐患向其主管报告,或者直接向美国核管理委员会报告。美国核管理委员会为此还专门设立了公众免费投诉热线。该热线每年会收到2 000~3 000个来自核电厂员工或公众对核电厂安全隐患及监管问题的投诉,其中70%的投诉来自核电厂员工。美国核管理委员会对这些问题逐一评估,分门别类,最终转交相关当事人(核电站许可证持有人、营运商、核管理委员会等)处理。

此外,美国《紧急计划与社区知情权法》和《信息自由法》都规定,公民可以通过相关途径获得除国家安全信息之外的所有核电厂相关信息。

(二)法国

法国是世界上最依赖核能的国家,2009年其核电发电率就达到了70%。法国的核

电站大部分分布在居民生活密集区,却没有引起居民强烈的抵制态度,而且法国民众对核电项目的支持率在世界范围内居于前列。其原因在于,法国建立了一套分工协作、有约束力、信息透明的监管体制。例如,法国在2006年出台的《核透明和安全法》突出强调核信息应透明、公开,要求相关部门应尽可能地普及核领域相关专业知识,消除公众恐惧心理。此外,法国实行核电行业营运系统和监管系统分离制度,而且其监管系统不仅要在安全监管方面恪尽职守,还要随时将监管情况向社会报告。这样就避免了职能的混淆,实现了监管的透明、到位。

法国核安全局成立于2006年,该机构的主要职能是制定核安全规范与监督核设施安全,负责对全国范围的民用核设施进行监管。法国核安全局有自己的网站和杂志,十几年来一直坚持向公众发行《核安全监督》月刊,并在上面刊登全国发生的每一起与核安全有关的事件,包括核安全事故和核电厂的工作人员没有穿戴工作服之类的一般违规行为。同时,法国核安全局每年还发布长达400页的年报,披露各种情况,包括在核设施检查中发现的隐患。除此之外,法国还设立了一个独立于政府的核能信息传播机构——核能信息科学家联盟,以确保法国核工业界可以向公众提供真实和透明的信息。例如,即使在美国三里岛事故发生后,法国核能信息科学家联盟也没有因为压力而放弃向公众传播信息,而是尽可能全面地报道事故进展情况,向公众普及核事故和核安全的知识。目前,法国境内共有38个核设施地方信息委员会,它们是核安全信息的社会交流平台。①

此外,作为法国唯一的核电营运商,法国电力公司也非常重视与公众的沟通交流,要求每个核电站定期与媒体和地方上的各种机构接触,消除核电的神秘感;每年组织大概10万人参观各地的核电站;对于核电站内任何环节的任何错误绝不隐瞒,由主管人向政府机构和公众报告,做到绝对透明。

五、建立完善我国核电行业风险沟通机制的建议

核电企业风险沟通机制的构建,需要多方面的共同努力。国家权力机关作为法律的制定者和监管主体,要为核电企业风险沟通提供依据,并在构建核电企业风险沟通方面发挥重要作用;企业作为信息的掌握者和使用者,是信息公开和风险沟通过程中的关键力量,是连接各方主体的纽带;社会公众作为信息公开的受众,其对核电行业的关注程度、了解程度和对该行业的知识掌握程度直接决定了信息公开和风险沟通的内容、方向和实际效果。因此,完善的核电企业风险沟通机制的构建,需要相关各方在自己的职

---

① 李晓红.法国核电发展信息的透明化[J].环境,2006(06).

责范围内做出足够的努力,并加强彼此间的协调、交流。

我们认为,应建立以政府为主导、企业发挥辅助作用、公众广泛参与的风险沟通格局。首先,要完善相关立法,为公众参与核电产业发展提供前提和保障。其次,政府应该成为风险沟通机制的主导者,推动核电企业和公众的对话;核电企业应该努力强化沟通意识。再次,政府和核电企业要改变以往信息科普、单方面灌输的传统沟通模式,尊重公众,努力构建平等的对话和沟通平台;要从自上而下告知转向平等对话,从以控制危害为中心、强调技术管理转向顾及公众的感受。此外,要重视和推进信息公开和公众参与的制度建设,构建完善的风险沟通机制,赋予公众平等的话语权,做到信息透明、公开。总之,加强利益相关方之间的沟通和对话才是消除公众"核恐惧"、发展核电行业的正确沟通方式。

(一)国家应完善相关法律,使核电行业的风险沟通有法可依

在调研过程中,我们与核电企业不同部门的工作人员就其职责范围内的法律问题和困境,进行了深入的交流和细致的探讨。我们认为,构建核电风险沟通机制需要做好以下三方面的工作。

1. 尽快完善核电法律体系

在我国核工业创建60周年之际,习近平总书记做出重要指示:核工业是高科技战略产业,是国家安全的重要基石;要坚持安全发展、创新发展,坚持和平利用核能,全面提升核工业的核心竞争力。同时,国务院总理李克强也指出,要全面提升核工业竞争优势,推动核电装备"走出去",确保核安全万无一失。根据国务院办公厅印发的《能源发展战略行动计划(2014—2020年)》,到2020年,我国核电装机容量达到5 800万千瓦,在建容量达到3 000万千瓦以上。这意味着核电行业2014—2020年的复合年增长率必须达到18%,才能实现既定目标。与其惊人的发展速度相比,我国在核电安全方面的法律法规还不够健全,目前只有一部2018年开始实施的《核安全法》,而且其配套规定还不够完善。此外,我国在核电的风险沟通、信息公开等领域缺乏一部系统全面的法律,目前可依据的法律法规只有《中华人民共和国放射性污染防治法》(以下简称《放射性污染防治法》)、《核电厂核事故应急管理条例》等。

2. 细化沟通主体之间的责任划分

在风险沟通机制中,企业作为信息的掌握者和使用者,在整个沟通机制中处于主动地位。但是在沟通中,核电企业的责任边界和当地政府的角色定位还不够明确、不够清晰。例如,在遇到当地居民堵门、堵路、阻碍施工的情况时,核电企业最终采取的解决方式是花费巨资满足当地居民的要求,但此类解决方式将给核电站的建设和日常营运带来很大的损失和障碍。核电企业要想妥善处理这一问题,必须依靠当地政府的大力支

持,通过有效的沟通缓解双方的利益冲突;不能因为企业有经济支付能力就一味地妥协,这样不仅不能推动双方沟通机制的建立和完善,还会助长当地居民持续索要不正当利益的不良风气。

3. 明确沟通的具体方式和流程

目前,核电企业进行核电信息公开和寻求公众意见的方式主要是网站公开、听证会、调研问卷等,但是这些都是单向的公开方式,过于重视过程,缺少对最终效果的关注。此外,这些方式也都是阶段性的,我国还没有常设的沟通机构。政府应设立相关的常设咨询部门,这样既能增强相关沟通方的相互信任,又能减少公众在利益受损时诉求无门、采取极端方式的情况发生。

(二)地方政府应充分发挥桥梁作用

无论是在核电站选址阶段还是在日常营运阶段,地方政府都发挥着至关重要的作用。地方政府应站在公正的立场处理好核电企业与当地居民的关系。地方政府在核电站建设之初就要进入角色,发挥作用。地方政府在引进核电企业时,应该向当地居民披露选址中的相关风险信息并成为与公众沟通的主体,这样才能得到当地居民的支持,保证项目的顺利建设。在对当地居民进行补偿时,核电企业应通过与当地政府协商,及时了解居民需求,并将补偿款交给政府,由政府交给当地居民。在这一环节中,要切实保障居民的利益,就要求政府相关部门及其工作人员严于律己、公开公正。这一环节也深刻影响着核电企业和当地居民的关系,影响着企业在当地的信誉和形象。在监督环节中,也必须由政府对风险沟通的双方行为进行引导和评价,确保双方利益平衡。

此外,地方政府应建立双方沟通记录档案制度。一方面,这样可以避免沟通中反复提出同样或类似的问题,耗费大量的人力、物力,特别是避免出现当地居民以同样的理由采取多种极端方式获取金钱赔偿的现象;另一方面,也可以督促核电企业在解决和沟通过程中能及时落实解决方案,维护利益受损方的合法权益。

(三)企业应积极主动、合理合法地进行沟通

1. 企业在推动立法完善的过程中要有足够的话语权

核电是一个专业性比较强同时又需要许多领域配合的行业。我们在调研中发现,在核电立法建议和相关标准制定中,核电企业的话语权相对较弱。核电企业的工作人员是核电行业的一线人员,他们对核电行业的运行环节和整体格局有更为深刻和全面的了解。因此,政府在征集立法建议和制定相关标准、规定时,应充分重视核电企业相关部门和专业人员的意见和建议。

2. 企业应加强与民众的实质性沟通

在风险感知过程中,专家与民众的思维方式往往存在差异。专家惯于以科学的、以事实为依据的态度感知风险,而民众更倾向于情绪化的方式。为此,风险沟通需要建立在对民众需求评估的基础上,转变以往以专家经验为主体的风险沟通。除了风险本身之外,受众需求评估也要重视民众所关心的其他问题,包括风险带来的财产损失增加、生活质量下降、社会关系变化等。企业在与民众的沟通过程中,除了核电项目本身的特殊风险,针对核电站建设可能给当地造成的噪声、扬尘等问题,也要进行相应的解释,取得公众的理解。

核电企业与民众的风险沟通是为了解决问题,如果企业仅仅考虑自身的利益,不能深入了解民众的诉求和意见,势必会给企业的长期发展带来障碍。因此,企业在双方的沟通过程中要侧重实质性沟通,要在风险决策过程中随时与民众进行沟通,表明立场,并创新参与形式,让受影响民众全程参与风险决策过程,以调动风险承担者以及其他利益相关者的积极性。[①] 对于企业而言,重视"开放与诚实""关注与关心"的信任维度,是在风险沟通中建立信任的重要因素,必须打破民众对企业固有的唯利是图、置民众利益于不顾的不良印象。

3. 应加强核电知识的宣传与普及

核电企业目前的宣传方式主要是座谈会、走访调查、宣传栏等。从实践效果来看,这些都是企业作为宣传主体进行的宣传,是单向的知识扩散,当地居民和利害关系人并不能在这些方式中提出自己的意见和策略。目前,新闻媒体多样化发展,各种各样的社交网络成为民众获取信息、发表意见的重要平台。因此,核电站可以充分利用微博、微信等平台,给公众提供更为便捷、及时的信息,也可以以此为途径收集民众意见,迅速解答民众疑问,加强双方的沟通。这样既为民众和企业构建了非正式的沟通渠道,实现了渠道的多样化,营造了与民众平等交流的氛围,也有利于参与者对风险进行评判,同时也体现出对于风险承担者的尊重和关怀,以便重建社会信任。

4. 加强企业的社会责任

核电企业除了对当地居民进行适当的经济利益补偿外,人文关怀与重建信任是企业与居民拉近关系、建立良性互动的关键。目前,有些核电企业通过"助学、助弱、筑梦"等方式发放社会公益基金,每逢节假日对附近社区居民进行慰问,与乡、镇、街道以项目合作的方式一起兴建基础设施、资助学校、投资社区等,积极塑造企业负责任、有关怀的正面形象。这对核电站运行过程中的交流和沟通是非常有利的。

---

① 曾繁旭,戴佳,王宇琦.风险行业的公众沟通与信任建设:以中广核为例[J].中国地质大学学报(社会科学版),2015,15(01).

六、调研结论

核电产业的快速发展对政府和企业风险沟通的能力有了更高的要求。从自上而下的告知到平等主体间的对话，从以危害控制为中心到顾及公众感知、实现公众参与，政府和企业不断加强与公众的沟通，以防范风险、化解危机。这正是核电信息风险沟通的演进历史。随着环保、健康、安全成为日益突出的社会议题，以及社会公众权利意识和行动能力的与日俱增，我们应该更重视和推进信息公开和公众参与的制度建设，并以其作为基础和前提构建完善的风险沟通机制，赋予公众平等的话语权，做到核电信息透明、公开，加强利益相关方之间的沟通、对话。这才是消除公众"核恐惧"、发展核电产业的正确沟通方式。首先，国家权力机关要完善核电相关立法，为公众参与核电产业发展提供保障。其次，政府应该成为风险沟通机制的主导者，推动核电企业和公众的对话；核电企业应该努力构建核电企业文化，强化沟通意识。最后，核电企业和当地政府都应该改变以往信息科普、单向灌输的传统沟通模式，尊重公众，努力构建平等的对话、沟通平台，加强与民众的实质性沟通，切实回应民众诉求。

参考文献

[1] 王东.小议"风险沟通"机制[N].中国青年报,2011-6-27(02).

[2] 黄河,刘琳琳.风险沟通如何做到以受众为中心——兼论风险沟通的演进和受众角色的变化[J].国际新闻界,2015(06).

[3] 贺桂珍,吕永龙.新建核电站风险信息沟通实证研究[J].环境科学,2013,34(03).

[4] 彭峰,翟晨阳.核电复兴、风险控制与公众参与——彭泽核电项目争议之政策与法律思考[J].上海大学学报(社会科学版),2014,31(04).

[5] 李晓红.法国核电发展信息的透明化[J].环境,2006(06).

[6] 曾繁旭,戴佳,王宇琦.风险行业的公众沟通与信任建设：以中广核为例[J].中国地质大学学报(社会科学版),2015,15(01).

核责任保险制度研究

撰写高校： 北方工业大学
指导教师： 陈兴华、王海桥
撰 写 人： 曹红坤、舒畅、孙蔚然、布仁别克

核风险分散、核责任承担是关涉多个主体、多种标准、涉及不同问题的综合工程，核责任保险是其中重要的一环。在实践中，各个核电站或核设施营运企业对于购买各种商业保险做法不一，且各商业保险公司提供的保险险种也不同。目前，我国关于核责任的规范性文件主要是国务院下发的两个批复文件，即1986年的《国务院关于处理第三方核责任问题给核工业部、国家核安全局、国务院核电领导小组的批复》（国函〔1986〕44号）和2007年的《国务院关于核事故损害赔偿责任问题的批复》（国函〔2007〕64号）。这两个批复从法律形式的角度看属于准行政法规，法律效力较低，而且其中大多是原则性的规定，缺乏具体的、可操作性的规定，有些规定甚至相互矛盾。此外，这两个批复规定的赔偿责任限额过低，已不能满足实际需要。因此，我国的核责任保险制度需要进一步完善。

参考核责任保险制度发达国家的立法情况，我国应当出台专门针对核损害赔偿的相关法律并在其中设置"核责任保险及其赔付"专章，对以下内容做出明确规定：①核损害的概念和范围；②承担核损害责任的条件；③免除核损害责任的条件；④责任性质，即营运者应承担有限责任还是无限责任；⑤财政保证条件，即核责任保险的财政来源、保证形式及赔偿顺序等问题；⑥求偿权；⑦追偿权；⑧诉讼管辖权和诉讼时效。

一、核责任保险制度的发展沿革

（一）核电发展之风险

1. 核电风险的定义

核电风险主要是指核电站设计、建设和营运中面临的风险。核电站在建设和营运的各个阶段都会面临不同的风险。例如，在核电站的设计过程中主要面临选址风险；在

核电站的建设过程中主要面临自然灾害、火灾、机器损坏、电气故障等风险;在核电站的营运阶段,则面临核物质损失、核泄漏、营业中断等风险。其中,核泄漏是核电风险中的重要组成部分。

2. 核电风险的分类

1) 设计风险

核电站的设计是确保区域核安全的首要环节,其中,核电站选址又是安全设计中最重要的一环。核电站选址通常要考虑经济、技术、安全、环境和社会等多种因素。因为我国内陆地区的水源全部为淡水,并且几乎所有的水源都是周边城市生活用水的来源,所以在内陆地区进行核电站选址更要慎重。核电站一旦发生核泄漏事故,后果将不堪设想。

2) 施工风险

从工程角度来看,核电站的施工风险通常分为建设阶段风险和试车阶段风险。其中,核电站建设阶段除了在设备和施工技术上与常规电站略有不同,其施工风险与常规电站并没有实质性差别;但在核燃料进入核装置之后的试车阶段,核电站开始面临核泄漏风险。

3) 营运风险

营运风险是指核电站在正常的生产经营活动中发生常规风险事故或核泄漏风险事故,从而导致核电站的经济利益受损,包括核燃料风险、营业中断风险、机器损坏风险、核泄漏风险等。

3. 核电风险的特点

1) 影响范围广

核泄漏事故发生时,大量放射性物质会释放到空气中,并降落到地面和水体中,影响面积大,影响范围广。在自然环境下,可接受剂量范围内的放射性物质排放不会造成环境破坏,但大剂量的放射性物质将对周边环境巨大的破坏,而且这种破坏具有突发性、深远性和致命性,如果不采取有效的清除措施,这些放射性物质会持续滞留在环境中。

2) 潜在损失巨大

在核电风险中,核泄漏风险属于巨灾风险。一旦发生核泄漏事故,核电站的经济损失往往高达几十亿美元到几千亿美元不等,甚至可能造成整台核电机组的报废。此外,核泄漏会对环境造成严重的污染,产生高昂的清理费用,并造成社会恐慌。例如,针对1986年切尔诺贝利核电站的核泄漏事故,当地政府花费了约2 000亿美元用于清理污染、安置受害者及进行赔偿等。

3）持续时间长，处理难度大

核辐射对人体的伤害需要一定的时间才能充分体现，具有隐蔽性和长期性。由于这一特性，核泄漏事故发生后，其对环境的污染程度和对受害人员的危害程度都较普通风险事故大得多。

4）难以满足大数法则

由于核电站数量太少，难以满足大数法则对样本数量的要求，故核电站保险定价并不适用于一般的保险定价原理。核电站保险只有50多年历史，全世界现在运行的核反应堆只有400多座，即便包括已退役的核反应堆，也只有600多座，根据世界核电营运者协会统计，全球核反应堆运行时间累计只有14 000堆年左右，在这种状况下，难以运用大数法则确定保费。

（二）核电发展之必要

能源问题无疑是当今和未来人类面临的重大问题。尽管核电站存在上述风险，但这并不能否定核电的巨大优势以及世界核电业发展的强劲势头。就我国而言，发展核电产业对于优化能源结构、保障能源安全、促进经济持续发展具有十分重要的战略意义。

1. 调整和优化能源结构

优质、经济、清洁的核电供应是提高我国参与国际竞争能力的有效手段。首先，相对于其他能源，核电是一种经济型能源，具有调整和优化能源结构的作用。尽管其初始投资高于煤炭、石油、水电等其他能源，但其运行成本相对较低，而且从长远的角度来看，算上环境控制成本和环境保护费用，核电的总成本低于煤炭、石油、水电、太阳能等其他能源。此外，核电站的建设造价随着核电机组单机容量的增大和设计、建造国产化以及标准化率的提高还有较大的下降空间。其次，核电是一种安全、清洁的能源，能够满足高速经济增长对优质能源的大量需求，维持能源供应的稳定。

2. 满足战略需求，保证我国能源安全

实践证明，在和平时期要想保持核科技竞争力和稳定的核科技队伍，发展核电产业是主要途径。核电产业既关系着以国防为主导的传统安全，也关系着以经济为中心的非传统安全，具有战略产业的价值。从现在世界能源发展的情况来看，能源安全问题日益突出，化石能源供应进一步趋紧，传统的能源安全问题依然严峻，能源大国博弈日趋激烈。因此，发展核电产业是满足能源需求、追求经济效益的必要途径，也是提高我国核科技竞争力、保障国家安全的战略需要。

（三）核责任保险之地位

在核电站的营运过程中，一旦发生核泄漏事故，便会产生巨大的风险和高额损失，而且放射性物质污染的范围广、涉及的人数多，很长一段时间内无法彻底恢复；核电站的营运者,甚至政府,都会背上巨额的财政负担。因此,核责任保险作为风险转移工具显得至关重要,其有利于解决核损害赔偿问题,降低营运者的风险,促进核工业健康发展。从国际核保险业的发展趋势和我国核电发展的现实需求来看,完善的核责任保险制度是极为重要和必要的,它能够更好地保护社会公众的利益,促进核电事业健康发展。

二、我国核责任保险制度现状调查

(一)立法现状

我国现行的法律法规中没有直接涉及核责任保险的条文,只是有些法律法规中有涉及核责任的内容,如《中华人民共和国侵权责任法》(以下简称《侵权责任法》)第七十条规定:"民用核设施发生核事故造成他人损害的,民用核设施的经营者应当承担侵权责任,但能够证明损害是因战争等情形或者受害人故意造成的,不承担责任。"根据此规定可知,核责任的主体是民用核设施的经营者,核责任的性质为一种特殊的无过错责任,即针对一般的核事故,经营者不管有无过错都要承担侵权责任,但由战争等情形引起的核损害,民用核设施的经营者不承担责任。

除了《侵权责任法》,国务院发布的相关特定批函也有涉及核责任的内容。例如,1986年,国务院下发《国务院关于处理第三方核责任问题给核工业部、国家核安全局、国务院核电领导小组的批复》(国函〔1986〕44号)。该批复第一条明确了营运者的资格和范围;第二条确定了营运者承担绝对责任的情形;第三条规定了营运者承担有限责任的范围,即对于一次核事故所造成的核损害,营运者对全体受害人的最高赔偿额合计为1 800万元人民币,对核损害的应赔总额如果超过前述规定的最高赔偿额,国家将提供必要的、有限的财政补偿,其最高限额为3亿元人民币;第四条规定了营运者的追索权;第五条规定了营运者的免责情形,即对于直接由武装冲突、敌对行动、暴乱或者特大自然灾害所引起的核事故造成的核损害,任何营运者都不承担责任;第六条规定了诉讼时效;第七条规定了管辖权。该批复对核损害责任的相关方面进行了较为框架性的规定,但并没有涉及核保险的内容。2007年,国务院对国家原子能机构下发了《国务院关于核事故损害赔偿责任问题的批复》(国函〔2007〕64号),以解决中国引进美国AP1000和法国EPR核电技术合作谈判中有关核损害责任问题。与上述1986年国务院下发的关于处理第三方核责任问题的批复相比,该批复对核损害责任的规定有了较大的变化。其中,第一条规定了营运者的范围,增加了民用研究堆、民用工程实验反应堆单位为营运者;第二条再次明确了营运者是核损害责任的唯一赔偿主体;第三条规定了跨国核事故的处理原则,即发生跨国核事故损害时依照我国与相关国家签订的条约或者协定处理,没有签订条约或者协定的,则依据对等原则处理;第六条规定了营运者的免责原则,即对于直接由武装冲突、敌对行动、战争或者暴乱所引起的核事故造成的核事故损害,营运者不承担赔偿责任,但是对于由自然灾害引起的核事故,营运者要承担核责任;第八条规定了营运者承担有限责任的范围,并对核电站的营运者和乏燃料贮存、运输、后处理的营运者提高了责任限额,其最高赔偿额由1 800万元人民币提高到3亿元人民币,首次明确其他营运者对核事故所造成损害的最高赔偿额为1亿元人民币,对核事故损害的应赔总额超过规定的最高赔偿额的,国家提供的财政补偿最高限额由3亿元人民币提高到8亿元人民币。需要特别指出的是,该批复第八条规定,在核电站运行之前或者乏燃料贮存、运输、后处理之前,营运者必须购买足以履行其责任限额的保险。

(二)实践做法

《侵权责任法》只规定了核责任的归责原则,并没有规定核保险的内容。如前所述,国务院下发的关于核责任的两个批复中,只有2007年批复中的第八条简单涉及了核保险的内容。那么,在2007年批复下发之前,核电企业是如何分担核事故风险的?我们通过调研了解到,在实践中,为了能够顺利地在国际市场为大亚湾核电站安排分保,以中国人民保险公司为主体的中国核保险联合体于1989年正式成立。基于转移、分担风险的目的,1994年,大亚湾核电站1号堆向中国人民保险公司投保,至此,中国大陆核保险正式产生。之后,随着市场经济的发展、竞争机制的引进,多家保险公司相继成立。1999年,中国核保险共同体成立,成为世界核保险共同体的成员之一,标志着中国核保险业务正式与国际接轨。

中国核保险共同体由成员大会、理事会和执行机构组成,采用的是"一家出面,多家共保,对外分保"的经营模式,下设风险管理工作组,其中,执行机构是常设办事机构,现由中国再保险公司进行管理。近年来,中国核保险共同体的发展速度较快,成员数量由最初的4家增加到21家,其境内承保能力和境外承保能力显著增强,达数亿美元,并同22个世界核保险共同体成员建立了商务合作关系,接收了全球上百个核反应堆保险业务。中国核保险共同体的国内业务有核物质损失险、核损害第三者责任险和核物质运输责任险;国际业务除上述三者外,还包括物质损失险附加恐怖主义险、物质损失险附加营业中断险。[①]

由此可见,在2007年之前,中国境内的核企业可以选择投保各种商业保险,险种包括核物质损失险、核损害第三者责任险和核物质运输责任险,而且企业在核电站营运前或营运后都可以购买这种保险。但在2007年国务院下发相关批复后,在建的核电站必须在营运前投保各种商业保险。

---

① 贺柳.我国核第三者责任保险制度刍议[J].金融理论与实践,2011(06).

(三)存在之问题

通过上文可知,我国目前并没有完全建立核责任保险制度,关于核责任的规定也主要是国务院下发的两个批复,且批复中的规定存在以下三方面的问题。

(1)批复的法律形式属于准行政法规,法律效力层次不够高,其对核电站营运者的影响力有限,发生法律纠纷时,难以作为司法实践的依据。该问题需要通过制定效力更高的法律予以解决。

(2)批复大多是宽泛的原则性规定,缺乏具体的、可操作性的规定。例如,2007年的批复中规定,营运者必须购买足以履行其责任限额的保险,但并没有对购买何种保险,第三者责任险的金额,财政保证的具体形式、来源及保证方式,赔偿顺序等问题予以明确规定。

(3)批复规定的赔偿责任限额过低,已不能满足实际需要。2007年的批复中,对由核事故造成的核损害的最高赔偿额由1 800万元提高到3亿元人民币;对核损害的应赔总额超过规定的最高赔偿额的,国家提供的财政补偿最高限额由3亿元人民币提高到8亿元人民币。但是,我国东部沿海城市核电站数量多,人口和财产集中度高,一旦发生核事故,批复中规定的赔偿责任限额并不足以解决问题。

三、国际核责任保险制度经验借鉴

(一)相关立法

1. 美国的三级保障体系

美国是最早建立核损害赔偿制度的国家,1957年通过的《普莱斯-安德森法》是世界上第一部涉及核损害民事责任的国内法。该法经多次修订和延长,自2005年起再次延长至2025年。

美国的核保险体系分为三个级别:①一级保险要求业主从两家私营保险公司为其核电站购买3亿美元的责任保险;②二级保险则由美国所有的核电营运商共同提供,以分期付款的方式为每台核电机组每年缴纳1 500万美元的追溯性保险金,最多可达9 600万美元,如果该笔保险金总计超过了100亿美元,能源部要再提供100亿美元的保险金;③如果发生重大核损害事故,所需赔偿金超过了一、二级保险金额的总和,则第三级保障启动,即由美国国会决定如何提供赔偿。

2. 欧洲的市场化保险体系

欧洲各国关于核损害责任的立法也较早。例如,德国早在1959年的《原子能法》中就对涉及核损害的赔偿责任进行了规定;英国在1965年的《核设施法》中规定,核损害赔偿限额为500万英镑;法国在19世纪60年代颁布了《第三者核责任法》。此外,1960

年的《巴黎公约》为欧洲各国制定本国的核责任立法提供了依据。欧洲各国由于在地理位置上紧密相连,一旦发生核事故,极有可能发生跨境核损害。因此,1963年的《布鲁尔补充公约》提出,欧洲建立公共基金,赔偿超出公共基金支付能力时由核设施所在国提供限额1.75亿欧元的赔偿,如果仍超额,再由其他签约国提供1.25亿欧元的赔偿。此外,核第三者责任保险和公共保险基金组成了一个区域性、多层次风险分散机制,其责任承担额度高达3亿欧元。欧洲核互保组织的成员包括53个国家的保险公司,承保能力高达6亿欧元,占据了较大的核保险市场份额。

3. 日本的巨灾准备金保险体系

日本政府于1961年颁布了《原子能损害赔偿法》,该法律的目的主要在于保护受害者和促进核电事业的健康发展。

日本核损害责任制度的特色在于赔偿与发展相平衡,并对核损害赔偿的责任做出了规定,旨在形成一个完善的核保险市场。其相关规定指出,发生事故的核电站或者核设施所属的营运者将承担全部责任,体现了《原子能损害赔偿法》对受害者的保护。同时,该法律第三条规定,对于由非常重大的自然灾害、社会动乱引起的核事故,相关营运者将免去一切责任,由日本政府承担所有责任。该项规定实现了《原子能损害赔偿法》的另一目的,即促进核电事业的健康发展。

在日本,核第三方责任险是强制保险,其保单限额最高为15亿美元。基于其特殊的地理环境,日本建立了核保险巨灾准备金制度,主要是以保险池的方式向营运者提供第三方责任保险,即每年提取毛保费的50%作为巨灾准备金存入日本核保险共同体。

(二)可借鉴之经验

近十多年来,我国核责任保险发展迅速,取得了显著成就。然而,与更加成熟的国际保险体制相比,我国的核责任保险还存在很多不足,国外的许多先进经验值得我们借鉴。

1. 制定相关的核责任保险法律是发展核责任保险的首要条件

纵观美、日、英、法等核责任保险产业发达的国家,相关的法律在核责任保险产业发展中居于重要地位。核责任保险法律明确了保险人、被保险人、保费、险种、政府的地位等重要内容,为核责任保险的发展规定了前提条件,只有在此框架下,核电产业才能形成良性的发展。目前,我国并没有专门的核责任保险法律,只有国务院下发的两个具有准行政法规性质的批复文件,但相关内容不够完善且不够具体。因此,我国需要制定专门的核责任保险法律法规。

2. 成立专门的核电保险公司是发展核责任保险的必然趋势

由国内核电企业与保险公司共同发起成立核电保险股份有限公司,并以商业化股份公司的方式进行经营和管理,这样可以使核责任保险市场化;同时,国家应给予核电保险股份有限公司适当的财政补贴。在核电保险股份有限公司正常运作后,国家可以每年从其经营收益中提取固定的巨灾风险准备金,为未来可能发生的核电站事故做好防范准备。

3. 提高赔偿限额是发展核责任保险的必然要求

核责任保险赔偿限额是国家核电保险产业综合实力的体现,限额越高,其为核电保险护航的能力就越高,企业发展核电的积极性就会越高,才能更好地促进核电产业的发展。目前,我国核第三者责任保险的限额为8亿元人民币,远低于《巴黎公约》所规定的7亿欧元标准,也低于日本1 200亿日元的限额。这在一定程度上说明我国的核保险还没有足够的承保能力,市场需要的标准远高于现状,我国的核保险在分散风险、弥补损失等方面仍有进一步发展和提升的空间。

四、我国核责任保险制度之建构

目前,我国在建的核电站已超过全球在建核电站总数的30%。核电事业急速发展的同时也推动了核电保险的发展,我国核电保险行业未来将面临巨大的市场需求和考验。

(一)颁布特定的法律

纵观世界各核电发达国家,无不制定了相关的法律为核电产业的发展保驾护航。反观我国,长期以来,在核责任问题上缺少特定的立法规制,尤其是在核责任保险方面存在法律空白,这成为制约我国核电产业发展的重要因素之一。鉴于此,结合美国、日本等国家立法趋势及我国的核电业发展需求,我们认为,我国应当在法律层面出台专门针对核损害的核事故损害赔偿法并在其中设置核责任保险及其赔付专章。

首先,核事故损害具有特殊性。如果仅以《侵权责任法》为核损害的法律基础,则显得极为"单薄",即使核电企业赔偿至破产也是杯水车薪,不能满足众多受损者的现实受偿需求。因此,相关部门有必要将核事故致损所产生的赔偿关系与一般事故损害赔偿关系相区别,形成核事故损害赔偿特别法。

其次,核保险是防范核电风险的重要手段,核保险赔付是核事故发生后最重要的赔付来源。从实践层面上讲,核事故的损害赔偿主体是核电企业,但核电企业的赔偿能力有限。从各国的实践来看,核保险及其赔付才是核责任赔偿的核心环节。美国的核事故商业保险体系就是以此为逻辑建立起来的,其良好的运行显示了这一立法建议的可行性。因此,我们建议在核事故损害赔偿法中设置核责任保险及其赔付专章,并体现以下八项主要内容。①核损害的定义和范围。目前,对于核损害的定义存在诸多观点,一定的范围是讨论特定问题的前提,法律上应首先明确核损害的定义和范围。②承担核损害责任的条件,即应当明确何种情形下承担核损害赔偿责任。③免除核损害责任的条件。上文已述,在国务院颁布的两个批复中,免除核责任的条件并不相同。例如,由自然灾害引起的核责任,以及由恐怖袭击造成的核事故,其营运者能否免责,法律都应予以明确。④责任性质,即营运者是承担有限责任还是无限责任。根据国务院两个批复的规定,营运者承担有限责任,如果法律决定延续营运者的有限责任,则确定该责任赔偿数额时应充分考虑我国保险公司的承保能力以及国际公约的规定。这是核责任保险的核心。⑤财政保证条件。国务院2007年的批复规定,对非常规核事故造成的核损害赔偿,需要国家增加财政补偿金额的,由国务院评估后决定。但该规定过于原则,对于财政保证的具体形式、财政来源及保证方式、赔偿顺序等问题未予以明确规定。我们建议相关法律对此应予以明确。⑥求偿权。受害人能否得到应有之赔偿是核事故发生后维护社会稳定的关键,法律应当明确追偿顺序和主体等内容。⑦追偿权。对于由其他人故意引起的核事故,营运者承担核责任后应有权予以追偿。⑧诉讼管辖权和诉讼时效,即应明确发生核损害时的诉讼管辖权和诉讼时效。

需要强调的是,我们建议针对核责任问题进行单独立法,而非将其并入《原子能法》等综合性法律中,因为核事故损害赔对国民切身利益有重大直接影响,而且核责任保险对于核电产业发展风险的分担极其重要。因此,在我国相关法律尚未出台,而核事故赔偿和核责任保险又存在紧迫现实需求的情况下,我们建议以特别法的形式率先出台核事故损害赔偿办法。

(二)核责任保险具体内容

任何保险制度的构建都主要涉及险种、投保人、保险人、受益人和保险金额等方面的内容,核责任保险制度也不例外。对此,结合本次的调研,我们对核保险制度的构建提出如下建议。

1. 险种

结合国际通行的做法,我们认为,核责任保险的险种可以分为两阶段来设置。第一,核电站建设期。核电站建设期的保险与一般常规电厂建设期的保险基本相同,特殊之处在于核电站建设初期投资巨大,国内保险市场自身承保能力不够,需要向国际市场分保。因此,该阶段的险种主要包括建筑安装工程一切险、第三者责任险、货物运输险等。第二,核电站营运期。该阶段的险种主要包括核物质损失险(指核电站、核燃料循环中各种核设施因自然灾害、核辐射等保险风险和保险事故而造成的物质损害和机器损坏)、核物质运输险、常规岛机器损失险、核电责任险、营业中断险等。鉴于核责任风险的特殊性,我们建议,凡是对于可能涉及国民人身财产安全保障的险种必须由法律规定强制投保,并且要结合各种因素规定最低投保限额,这应当成为企业营运的前提条件。由于核损害的巨大破坏性,其险种覆盖范围应适度扩大,如核第三者责任险、核物质运输险等险种必须覆盖从装料前的运输到核废料处理的全过程。对于只涉及企业自身营运环节且完全不可能涉及国民生命财产安全的方面,保险人可以自主设定险种、保费,投保人可自主决定购买与否,即由市场自主调节。

2. 投保人

我国实行社会主义市场经济,核电企业无论其性质如何,都是独立的市场主体和民事主体。无论是从侵权损害赔偿理论的角度,还是从当前国家规定的角度,核电企业都是核事故责任的最终承担方,是当然的赔偿责任主体,也就是核责任保险的投保人。与一般的企业自愿投保相区别的是,核电站营运不但涉及企业自身的安全与发展,而且涉及极大范围的国民人身财产安全。同时,作为国企,核电企业也承担着取得经济效益、为国民用电提供便利的经济责任和社会责任。因此,如上文所述,核电企业不可能完全自主地选择任意险种进行投保,只能在国家强制投保的险种之外,再自主地选择其他险种进行投保。事实上,核责任保险保费虽高,而且具有很大程度的强制性,但核电企业并不抵触,因为核电安全不仅涉及企业外部的社会成员生命财产安全,核电企业员工更是风险的直接接触者,核责任保险是对企业员工人身财产和社会大众人身财产的护航;另外,核电企业承担着巨大的经济责任和社会责任,核责任保险制度的建立从一定程度上减轻了企业的责任范围,将巨大风险的不确定性转为确定的成本支出,有利于企业的发展和营运。

3. 保险人

目前,我国核责任保险的保险人为核保险共同体的成员。核保险共同体(以下简称核同体)成立于1999年,由中国再保险(集团)公司、中国人民财产保险公司、华泰财产保险股份有限公司、中国太平洋财产保险公司、中国平安财产保险公司等25家保险、再保险公司组成,是我国核责任保险的专业提供者,是核风险的最终承担人。其优势在于集中使用有限的承保能力弥补单一保险公司的缺陷。该组织与全球20多个国家和地区的核保险共同体保持着稳固的再保险关系。

目前,我国核共体成员多为国有企业,基于核责任保险发展的考虑,有关专家建议引入民间资本参与风险承担,进一步扩大核责任保险保障的范围。但无论民间资本还是国有资本,核共体对其成员的资质都有严格要求。第一,强大的实力,即保险公司须具备良好的财务状况和稳定的经营规模。第二,良好的偿付能力,即申请加入核共体的保险公司须具有良好的偿付能力。对此,核共体可以通过审核申请加入核共体的保险公司对各个险种的偿付情况来综合判定。第三,较高的信用评级。保险公司一般都具有信用排名,核共体可以委托独立的第三方信用评级机构对申请加入核共体的保险公司进行信用评级,达到一定的信用级别的保险公司才可加入核共体。

根据相关制度规定,核共体成员之间实行连带责任,即核电企业在向核共体中的一个或几个成员购买一定金额的核保险时,通常情况下,每份保险的责任人和承保人是同一个主体,但有些主体可能由于破产或者资金限制而没有给付能力,此时,其应给付的金额由核共体的其他成员承担。目前为止,我国还没有发生过核共体成员承担连带责任的情形。我们建议,除了核共体成员之间实行连带责任,核共体成员还可以从每笔核保险单中抽取一定比例的资金,该笔资金可以作为承担连带责任的后备资金,核共体可以对该笔资金进行合理投资,以保值升值。

目前,我国核共体与国际上主要的核共体之间有业务互换,也承保了部分国际核电站的核保险业务。但总体来看,我国核共体的业务范围较窄,保险金额不高。对此,我国核共体应当加强与国际核共体的联系,进一步扩展业务范围并提高相应的保险金额。

4. 保险金额

我国核共体承保了国内核电站的核物质损失险、核第三者责任险、核物质运输第三者责任险等险种。顾名思义,核物质损失险主要承保核风险、常规风险导致的财产损失,其保险金额为10亿~16亿美元;核第三者责任险主要承保核辐射导致的第三者遭受的人身伤害或财产损失,其保险金额最高为8亿元人民币;核物质运输第三者责任险承保核物质在运输途中发生核辐射导致的第三者遭受的人身伤害或财产损失,其保险金额没有明确规定。

核损害赔偿责任分为有限责任和无限责任两类,其中,采用无限责任的国家有德国、瑞士、日本、美国、俄罗斯等,其他国家采用有限责任。实行核损害赔偿有限责任的国家,对核电站营运商的赔偿责任要求较高。例如,《巴黎协议》规定,核电站营运商对一次核事故造成的第三方赔偿数额最高为7亿欧元。核保险中核第三者责任险的保险金额应当由国家法律强制规定,其他类型的保险金额可以由保险公司根据市场的需求自由调整,政府不宜干预。

5. 受益人

受益人又称保险金领取人,是指人身保险合同中由被保险人或者投保人指定享有保险金请求权的人。本调研报告中的受益人不仅限于人身保险合同,泛指所有保险合同中享有保险金请求权的权利主体。核责任保险有许多类型,典型的如核第三者责任险、核物质损失险、核物质运输第三者责任险。对于核第三者责任险等有可能造成人身伤害的保险,其受益人应当为因核事故受到人身伤害的人。受益人在受到损害时,可以独立地要求保险公司承保,其间,核电企业应协助保险公司做好理赔工作。当保险公司应当赔付的资金远超过保险金额时,核电企业的巨灾准备金或者企业的其他资金可以注入保险公司,以便保险公司继续进行相关理赔工作。这样才能明确赔偿责任主体,为投保人提供专业的理赔服务。当核电企业的资金不足时,国家财政可以将相关资金注入保险公司,让保险公司继续进行相关的理赔工作。当受益人因损害死亡时,其享有的权利可以继承。

(三)配套制度

我们认为,核责任保险制度对于核风险的分散还略显单薄,结合世界各国经验,建议建立商业保险、保险资金池和国家保障三位一体的保险保障机制,以利于进一步分散核风险,减少核电产业发展的后顾之忧。核商业保险制度的构建前面已经提及,此处不再赘述。保险资金池是指我国境内的所有核电企业通过核共体这一平台共同出资成立的一个储蓄保险资金的空间。首先,每个核电企业均额出资,共同出资的金额可以交由核电企业共同选定的基金管理机构进行管理。其次,每个核电企业按其生产规模的大小从本企业中抽取一定的资金存入该资金池,由管理机构对每个核电企业的每笔出资进行详细记录。然后,国家每年注入一笔基金到资金池,具体金额可以是核电企业注入金额的一定比例。最后,由核电企业共同选定的资金管理机构对资金池中的基金进行投资,但应像社保基金入市一样,每笔投资均应慎重,注重分散,实现保值增值。

国家保障是指核事故发生后,当核电企业应当赔付的金额超过其保险金额时,超过的金额由国家财政进行给付。不过应当注意,国家财政进行补贴的金额限度应当根据具体情形而定,且财政补贴的具体形式、赔偿顺序等均应明确,即先是商业保险公司对受害人进行给付,超过的部分再由核电企业和国家财政部门给付。这有助于明确赔偿主体,方便受害群众索赔。

总之,核风险分散和核责任承担是关涉多个主体、多种标准、不同法理问题的"一揽子"工程,核责任保险只是其中重要的一环,唯有各环节环环相扣,各种制度紧密结合,才能真正促进核电产业的稳健发展。

参考文献

[1] 方春银.核第三者责任保险评述[J].保险研究,2007(09).
[2] 贾颖.浅谈我国核责任保险[J].中国保险,2011(05).
[3] 安娜.核责任赔偿机制[D].呼和浩特:内蒙古大学,2012.
[4] 贺柳.我国核第三者责任保险制度刍议[J].金融理论与实践,2011(06).

［5］杨宇宁.核能——被打开的"潘多拉盒子"？[J].厦门科技,2011(02).

［6］李劲,李丽君.环境侵权归责原则探究[J].法学杂志,2007(03).

［7］罗孝如,熊飞.核辐射事故的种类和特点[J].民防苑,2008(04).

［8］刘蕾.揭开核保险的"神秘面纱"——访中国核共体执行机构总经理左惠强[J].中国金融家,2009(12).

［9］张炎.英国拟将核损害赔偿额提高到10亿英镑[J].国外核新闻,2011(02).

［10］郑日水.我国未来核电的发展及面临的商机与挑战[J].电焊机,2008(01).

［11］陈佳冉.核之痛——福岛危机中回望切尔诺贝利核难[J].人物,2011(04).

我国核应急机制法律制度研究

撰写高校：北京理工大学
指导教师：龚向前
撰 写 人：罗印、左昊、毛爽妍

  核应急是核安全的最后一道屏障。企业的自身规范和相关技术的成熟虽然在核应急机制中起很大作用，但相关法律制度的完善是核应急机制有效发挥作用的基本保障。基于此，结合调研经历和大量文献资料的搜集分析，我们认为，以下四个方面的问题需要引起关注。第一，核应急信息公开法律制度的主要问题在于核电信息公开没有制定专门的法规。这会导致核事故发生后信息公开滞后、责任主体不明等问题。第二，核应急行政权力调配法律制度的主要问题在于现行的核应急的分工和责任不够明确；应急管理机制不够健全；应急管理机构间忽视横向机构的协调与监督，且纵向上的三级应急管理体制也不适应当前核电事业的发展；核应急预案制度和核应急演习制度也存在行政权力调配不力的问题。第三，核应急社会资源调集法律制度的主要问题是核应急参与主体单一，政府外的核应急组织和社会公众参与力度不大；与公众沟通不足，核应急教育匮乏；法律对公民、社会组织参与核应急工作的权利和义务的规定模糊欠缺。第四，核应急财政资源保障法律制度的主要问题在于法律对企业规定的负担较重，忽视了政府的投入；缺乏协调合理的政策、制度；保障物资储备的相关法律依据欠缺。

  本次调研的创新之处在于从现行核应急法律制度缺憾的角度切入，对相关法律制度的构建和完善进行了探讨。结合实践调研，我们认为，应改变核应急过多强调企业责任、义务的原有观念，加强政府和大众的责任和义务，促进政府公权力作用的发挥。

一、引言

  随着我国经济建设步伐的加快，以及经济转型和产业结构调整方向的确定，我国能源生产和利用将继续追求环保和高效的目标。核能作为一种清洁高效的能源，将在我国应对环境污染、气候变化与能源紧张的发展进程中发挥巨大的潜力。① 但是,2011年日本发生的福岛核事故再一次将核安全问题摆在了世界各国的面前。核应急作为确保核安全的最后一道防御屏障,其根本任务就是有效应对核设施及有关核活动可能发生的核事故,减轻或消除其造成的人员伤亡和财产损失,维护公共安全、环境安全和社会稳定。②

我国作为核大国,在发展核电产业的同时也积极参加国际核能组织,参与核能法律、条约、公约的制定,在国际核应急法律制度的形成和发展方面都起着积极的作用。* 具体而言,我国的核应急工作始于切尔诺贝利核事故之后,并逐步确立了"常备不懈,积极兼容,统一指挥,大力协同,保护公众,保护环境"的24字方针,形成了以《中华人民共和国突发事件应对法》为指导、以《核安全法》《核电厂核事故应急管理条例》为基础的应急管理法律体系,同时还制定《放射性同位素与射线装置安全和防护条例》《民用核设施安全监督管理条例》等十几项部门规章及一批国家标准。① 但我国目前的核应急机制仍然存在较多缺陷,相关法律制度还不够健全和完善。基于此,本次调研意在探究核应急机制中的法律制度问题,以期提出合理有效的建议。

通过实地调研和查阅大量资料文献,我们认为,信息滞后、行政权力调配不力、公众参与不够和资源投入不充分是现行核应急法律制度中的主要问题。基于此,本文从核应急信息公开法律制度、行政权力调配法律制度、核应急社会资源调集法律制度以及财政资源保障法律制度四大方面深入探究了我国核应急法律制度的现状与不足,并根据我国实际情况提出了完善核应急法律制度的建议,以期为我国核应急法律制度的完善和核应急机制应对能力的提升贡献力量。

二、核应急信息公开法律制度

(一)我国核应急信息公开法律制度现状与问题

在《核安全法》出台之前,我国核应急法律法规对公众公开方面的规定主要体现在《核电厂核事故应急管理条例》第二十三条和第二十八条,主要内容为:在核事故应急响应过程中,省级人民政府应指定相关部门及时公开必要信息;核事故的新闻应

---

① 闫林花.论我国核应急法律制度的完善[D].重庆:西南政法大学,2012.
② 桑东莉,王瑾.我国构建核电站联合应急响应机制的制度保障[J].公民与法,2014(05):32.
* 1984年,我国正式加入国际原子能机构(International Atomic Energy Agency, IAEA)。1986年,我国参与了《及早通报核事故公约》和《核事故或辐射紧急情况援助公约》的制定工作。同时,我国于1986年9月26日签署《及早通报核事故公约》,1987年9月10日向IAEA交存《及早通报核事故公约》批准书,并同时声明对公约的第11条第2款所规定的两种解决争端程序提出保留。另外,我国于1987年9月10日向IAEA交存《核事故或辐射紧急情况援助公约》批准书,并同时声明对《核事故或辐射紧急情况援助公约》第13条第2款所规定的两种争端解决程序以及在由于个人重大过失而造成死亡、受伤、损失或毁坏情况下的第10条第2款的规定提出保留。

由国务院授权的单位统一发布。此外,《国家核应急预案》将公众信息交流的对象分为一般公众和新闻界,平时交流的对象主要是一般公众,内容主要为有关核与辐射的基本概念和知识。① 此外,与核应急信息公开相关的还有一些上通下达的规定。例如,《核电厂核事故应急管理条例》第十九条和第二十条对发生核事件之后逐级报告做出了规定;国防科学技术工业委员会于 2001 年颁布了《核电厂核事故应急报告制度》;国家核安全局也早在 1995 年 6 月就颁布了《核电厂营运单位报告制度》。

作为规定核安全管理基本制度的顶层法律,《核安全法》经第十二届全国人民代表大会常务委员会第二十九次会议通过,由全国人民代表大会常务委员会于 2017 年 9 月 1 日发布,自 2018 年 1 月 1 日起施行。该法第五章"信息公开和公众参与"规定了核应急信息公开的相关事项,具体包括以下五项内容。①核安全信息公开的责任主体是国务院有关部门及核设施所在地省、自治区、直辖市人民政府指定的部门,这些责任主体应在各自职责范围内对核安全信息依法公开。其中,国务院核安全监督管理部门应当依法公开与核安全有关的行政许可以及与核安全活动有关的安全监督检查报告、总体安全状况、辐射环境质量和核事故等信息。国务院还应当定期向全国人民代表大会常务委员会报告核安全情况。② 核设施营运单位应当公开本单位核安全管理制度和相关文件、核设施安全状况、流出物和周围环境辐射监测数据、年度核安全报告等信息。③核安全信息公开的方式包括政府公告、电视广播以及其他便于公众知晓的途径。④公民、法人和其他组织可以依法向国务院核安全监督管理部门和核设施所在地省、自治区、直辖市人民政府指定的部门申请获取核安全相关信息。⑤核设施营运单位应开展核安全宣传活动,包括在保证核设施安全的前提下,对公众有序开放核设施;与学校合作,开展对学生的核安全知识教育活动;建设核安全宣传场所,印制和发放核安全宣传材料等。但是,《核安全法》只是对核应急信息公开做出了原则性规定,实践中具体操作的相关法规和规范性文件仍然欠缺。例如,《核安全法》明确规定核安全相关信息公开的具体办法由国务院核安全监督管理部门制定,但这些具体办法到目前为止还未正式出台。

(二) 完善我国核应急信息公开法律制度的建议

加强核应急全过程信息正确、及时地公开,理应是核应急法律规范的核心内容。信息公开能提高公众对我国核电发展的认知度和支持度,增强核安全监管机构、核电企业对核安全风险的重视和管理。因此,从总体上讲,我国应该完善核信息收集与发布程序,加强完善核事故以及核应急中的信息公开制度,充分尊重公民的知情权。有

---

① 廖乃莹.我国核事故应急法律问题研究[D].北京:华北电力大学,2012.

效的信息公开与公众参与是公众行使知情权与监督权的基础,能够消除公众的核恐慌心理。①

具体而言,笔者有如下五点建议。

一是在《核安全法》中进一步明确一旦出现隐瞒或谎报公众应当知道的有关核安全信息时,相关部门应承担何种法律责任。

二是制定核电领域信息公开的指导性或技术性文件,就信息公开的主体、内容、范围、时限、途径、程序、法律责任等进行细化,增强可操作性。②

三是可借鉴法国经验,在核电站所在地设立独立于政府和核电企业的核电信息与安全监督委员会。该委员会由公众代表、政府代表、核电企业代表、媒体代表等相关利益方按照适当的人员比例组成,随时掌握核电站普法教育和公众宣传,增强公众对核电安全的科学认知。

四是通过相关立法保证及时、准确地统一发布有关突发事件的事态发展和应急处置工作信息,完善核应急信息发布机制,对核应急信息公开的程序、途径等做出详细规定。③

五是在其他制度中也应坚持信息公开的原则,如在核应急预案制度、核应急演习制度、财务保障制度中及时、准确地向公众公开相关信息。

三、核应急行政权力调配法律制度

(一)我国核应急行政权力调配法律制度现状与问题

尽管我国发展民用核电事业已有二十多年,但是核事故应急立法仍以行政法规和规范性文件为主。目前,我国涉及核应急行政管理部门的规定散见于以下法律法规和规章中。例如,《放射性污染防治法》第二十五条和第二十六条规定:核设施主管部门、环境保护行政主管部门、卫生行政部门、公安部门以及其他有关部门,在本级政府的组织领导下,按照各自的职责依法做好核事故应急工作。2017年9月1日,《核安全法》正式出台。该法第四章规定:国家设立核事故应急协调委员会,组织、协调全国的核事故应急管理工作;省、自治区、直辖市人民政府根据实际需要设立核事故应急协调委员会,组织、协调本行政区域内的核事故应急管理工作;国务院核工业主管部门承担国家核事故应急协调委员会日常工作。

同时,涉及核应急的行政法规主要有《中华人民共和国民用核设施安全监督管理

---

① 许文炘.确保核事故应急的可行性和有效性[J].中国辐射卫生,2007,16(01):87.
② 张明杰.开放的政府——政府信息公开法律制度研究[M].北京:中国政法大学出版社,2003:13.
③ 桑东莉,王瑾.我国构建核电站联合应急响应机制的制度保障[J].公民与法,2014(05):34-35.

条例》《核电厂核事故应急管理条例》《国家核应急预案》《核电厂核事故应急演习管理规定》等。这些法规对应急组织机构的职责划分、紧急应对行动中政府机构的行政权力扩展做出了相关规定。此外,在地方层面,核电厂所在地方政府也制定了与核应急相关的条例和预案,如《深圳市核应急交通保障行动预案》《广东省核电厂环境保护管理规定》等。[①]

核能行业与一般行业的重要区别在于政府监管的突出作用。目前,我国核安全行政管理体制呈现"多头管理"的状况:国家能源局是监督和管理主体,国家原子能机构和国家核安全局是最重要的直接管制主体,但其权力在实际中有交叉和重叠。同样,我国在核应急管理上实行的也是一个部门牵头、多个部门参与的组织协调机制。但是,要想有效做好核应急工作,各主管机构必须能够各司其职并相互配合。若多政府部门在核事故应急处理中不能有效联动,则会降低事故处理效率,并扩大初始损害结果。此外,在应对核突发事件上,核电企业需要借助政府的力量实现联动防控机制,如果公权力的投入不能进行有效地合理分配,无疑不利于核应急措施的实施和相应部门责任的承担。[②]

综上,我国核应急机制目前在法律层面上存在的问题主要有以下三点。

第一,核应急管理机制不够健全。现行的核应急立法中有关应急管理机构及其职能方面的规定尚待进一步明确,特别是其职能延伸方面的规定不够明确,导致政府机构在突发事件出现之前的预警和预控职能不能有效发挥。这样就降低了核事故预防机制的作用,并且在突发事件处置完毕后,相关制度完善方面的职能也难以到位。[③]

第二,核应急管理机构间横向的法律机制规定不明。现行法律只是对国家核应急组织、国务院核安全部门、卫生部门等部门的职责进行了抽象的规定,而忽视了横向机构的协调与监督。这在具体应对核事故时容易导致各部门职责混乱,影响核事故的应急效率。

第三,部分核应急制度存在权责交叉、责任不明以及操作性差等问题。例如,核应急预案制度的缺陷主要表现在两个方面。首先,我国核应急预案制度中严重缺乏部门之间合作协调的具体规定,只有"应急响应时在事故现场的通信需要由核电厂所在省的核应急组织和核电厂营运单位负责保障"这种原则性的表述。若权能和职责范围不明确,很容易发生各部门互相推诿的情况,从而大大降低核事故的应急效率。其次,该制度在程序制定上缺乏联合制定预案。我国已有的各级预案几乎都是某一

---

① 廖乃莹.我国核事故应急法律问题研究[D].北京:华北电力大学,2012.
② 胡环宇.核设施安全管理的法律主体相关制度探析[J].法治与社会,2015(07):153.
③ 闫林花.论我国核应急法律制度的完善[D].重庆:西南政法大学,2012.

地方政府或者某个部门、企事业单位自行制定的,少有几个部门联合制定预案的情况,这样就容易出现权责重叠交叉、责任义务不明的情况,从而严重阻碍核应急活动的开展。① 核应急演习制度的主要问题在于"止于纸面"。尽管《核电厂核事故应急演习管理规定》中的相关规定较为详细,但缺乏权威性,而且缺少定期演习的责任条款,这就使得这一制度的可操作性不强。

(二)完善我国核应急行政权力调配法律制度的建议

总体来讲,我国应通过立法明确各个部门之间的职责界限,以防出现事故后各方都推脱责任的现象。此外,相关部门应在核应急方面建立起符合我国国情并与国际接轨的相关法规和标准体系。因为只有标准化的体系才能在发生事故时给予法律制度保障和善后处理,才能明确各行政部门和组织机构的权力和责任。

首先,建议重点加快制定核事故应急配套法规,明确规定核应急的主管部门及其职责,既要明晰政府不同部门之间的关系和界限,又要明确政府与企业单位的权力和权限。② 此外,建议尽快制定、修订相关行政法规,如修订《核电厂核事故应急管理条例》,对部门相互之间的矛盾冲突和模糊性规定进行协调和明确,删除重复、过时的内容,形成较为稳定的部门规章,并根据核能主管部门的变革及其职能的划分整合现有法律法规,以适应新的部门划分。

其次,建议在核应急法律和管理机制上设立一个独立于其他各类主体的国家统一机构对核应急工作进行管理监督。例如,国家核安全局统一负责核应急工作,并对其相关事项进行统一监督管理,其他行政主管部门配合国家核安全局的工作。其具体的职责权限应由法律明确规定,避免出现多头监管、责任不明的情况。对于出现的横向失调问题,应当明确核应急部门的具体职责,明确国务院核安全部门、环境保护部门、卫生部门以及各级政府部门的具体职责,做好各部门的协调和监督,提高核事故的应急效率并确保责任的有效承担。在纵向方面,建议改三级管理体系为四级管理体系。具体操作可以借鉴美国的四级核应急体系,实行属地管理,如在核电站所在的市(区)设置核应急管理机构,负责该行政区域的核应急管理工作。③

再次,在核应急预案制度的完善上,具体建议如下。第一,改进预案内容。预案内容应该具备可操作性,并尽可能详细。第二,重视应急活动的组织机构,明确各自的权利义务,对各行政部门和有关组织、单位的职责加以明确;同时,合理部署、协调核应急工作,注意合作与协调。这种合作与协调应贯穿核应急预案的制定、启动、应

---

① 陶李林.论我国核应急法律制度的完善[J].科技视界,2016(03):284.
② 戚建刚.法治国家构建下的行政紧急权力[M].北京:北京大学出版社,2008:3.
③ 闫林花.论我国核应急法律制度的完善[D].重庆:西南政法大学,2012.

急响应、恢复重建全阶段。第三,完善制定程序,成立预案编制小组,小组成员应涵盖各相关部门,并明确其任务分工。第四,进行风险分析和应急能力的评估,在此基础上制定最有效的应急策略,明确各方责任;之后的预案编写、评审和批准、发布都要以之前的评估为前提。

最后,在定期演习制度的完善上,建议完善现有法律,在相关法律中明确各级核应急组织定期开展应急演习的责任并给予强制性约束;在演习中对公权力的投入分配机制进行模拟,不断找出漏洞,不断完善核应急组织指挥体系。

四、核应急社会资源调集法律制度

(一)我国核应急社会资源调集法律制度现状与问题

公众参与是环境资源保护法的一项基本原则。《21世纪议程》指出,公众参与能充分动员和利用整个社会群体的知识、技能和资源,提高政府行动的有效性。例如,《核安全法》第五章和《中华人民共和国环境保护法》(以下简称《环境保护法》)第六条对公众参与及原则进行了规定,《中华人民共和国突发事件应对法》(以下简称《突发事件应对法》)第十一条第二款也有相应的规定。可以看出,公众参与不仅是一项权利,也是一项义务,必须动用社会的所有资源才能顺利完成核应急工作。应急管理学理论也认为,政府在资源、人才、组织体系等方面比个人更具有先天的优势,但相对整个社会来讲,政府的资源、人才不足以及组织体系僵化等问题也显而易见。核事故的特点决定了核应急工作更应该重视全社会的参与。因此,不管是在应急预警、应急准备阶段,还是在核事故发生后的灾难救助阶段,我们都必须提高核应急处理的效率和质量,充分发挥社会大众的力量。然而,我国在核应急社会资源的调集上存在不容忽视的缺陷,主要表现为以下三个方面的问题。

第一,我国目前核应急参与主体主要是政府、军队,政府外的核应急组织和社会公众参与力度不大。[①] 事实上,核应急工作既具有专业性,又具有社会性,社会各界应当共同参与做好这项事关人类生存与安全的工作。政府外的核应急组织应该包括企事业单位、社会团体以及志愿者组织,这些组织与政府没有隶属关系,不依靠政府的财政支持,能够通过自有资金或社会募捐等方式来解决各自的活动经费。政府外的核应急组织参与核应急管理活动有其极大的优势,可以提高核应急的效率和质量,也可以在一定程度上减轻政府的负担。

---

① 闫林花.论我国核应急法律制度的完善[D].重庆:西南政法大学,2012.

第二,我国在核事故应对方面与公众沟通不足,核应急教育匮乏。① 例如,日本福岛核事故发生时,我国一些地方出现了抢购碘盐的疯狂现象。这在恐慌心理的背后反映了公众对核事故应急防护知识的欠缺,导致公众在核事故发生时采取不正确的方式、方法进行所谓的应急。这样不但会让公众受到更大的伤害,而且还会影响整体应急救援计划的进行。

第三,法律对公民、社会组织参与核应急工作的权利和义务规定模糊、欠缺。虽然《突发事件应对法》第十一条第二款对公众参与做了原则的规定,但是这项规定非常笼统,对于公众如何参与、在哪些阶段参与以及如何保障公众参与过程中的权利问题、如何发挥各自优势,并没有做出具体规定。

(二)完善我国核应急社会资源调集法律制度的建议

在应对核事故上,仅依靠政府或者企业的力量是不够的,社会公众、社会组织、各企事业单位有其各自的特点和优势,如果各主体能协调配合,积极参与到核应急工作中,就能有效预防核事故的发生,并能降低核事故发生后的损害。基于我国核应急社会资源调集中存在的问题,我们有如下几点建议。

首先,国家应采取一些措施为公众和非政府组织参与核应急创造条件。国家和政府可以通过政策支持、税收优惠、财政补助等手段扶植非政府组织和广大公众,激发他们的积极性,让其发挥特有的优势。

其次,国家应大力开展核应急的安全宣传和法制教育,把核应急法制教育列入政府的长期战略规划②,让广大公众真正理解核安全并掌握核应急的方法,进而从观念上提高公众对核能的认可度,增强公众对核应急响应的参与度,使公众和其他社会组织有意识、有方法、有胆量、有责任地参与到核应急工作当中。这是发展核电产业必不可少的条件。

此外,政府和核电企业应加强与公众的沟通。③ 具体而言,在核电站建设之前,应向周围居民传达消息,做出安全保证,普及核电知识;在建设过程中,应定期调查公众意向,听取建议;在营运过程中,应定期反映核电站营运情况,使公众对核电站的营运情况有所掌握,并定期模拟核事故应急演练。④

最后,国家应在法律上明确规定公民、社会组织参与核应急工作的权利和义务,并明确不作为的责任。具体操作可以参考美国,明确几个重要社会组织的具体职责,

---

① 张蓉蓉.我国核事故应急机制的法律研究[D].南京:南京工业大学,2012.
② 陶李林.论我国核应急法律制度的完善[J].科技视界,2016(03):284.
③ 蒋世松.国际核应急法律制度研究[D].重庆:重庆大学,2013.
④ 张蓉蓉.我国核事故应急机制的法律研究[D].南京:南京工业大学,2012.

将核应急工作的权利和义务落实到具体社会组织上,以有效调动其积极性,并减少推诿现象的发生。

五、核应急财政资源保障法律制度

(一) 我国核应急财政资源保障法律制度现状与问题

核应急工作是典型的公共安全工作,需要国家层面的大力支持,其经费预算应该纳入公共财政框架。然而,从目前的实际情况来看,虽然我国大力支持发展核电产业,但是对核应急工作的资金投入并不多,整个核应急工作在缺乏资金的情况下难以正常开展。我国核应急财政资源保障主要存在以下三方面问题。

第一,相关法律规定加重了企业的负担,忽视了政府的投入。《核电厂核事故应急管理条例和处理规定》第三十三条明确要求各有关单位要对核事故应急准备资金和物资提供支援。在实践中,有关单位主要是指核电站与核设施相关企业。这种做法加重了企业的负担,不利于核电产业的发展。国家和政府应对核事故应急工作投入资金支持。

第二,缺乏协调合理的责任分担机制。核应急工作是群策群力的工作,其物资保障除了政府和企业的财政支持,公众和社会团体也应积极参与,而且国家适时建立政府、企业与社会之间的责任分担机制。

第三,相关法律依据欠缺。不管采取何种方式保障核应急的资金和物资储备,政府都必须尽快完善相关方式的立法,以便保障方式有法可依。[①] 以核保险为例,是否需要采取强制保险的方式让运输、储存和使用核物质的企事业单位投保,保险费用该如何确定,以及保险公司的赔付范围应如何界定,这些问题都应该由相关立法加以规定。《核安全法》为了保障核事故应急准备与响应工作所需经费,确立了核事故应急准备金制度,但与之配套的核事故应急准备金管理办法还未制定发布。

(二) 完善我国核应急财政资源保障法律制度的建议

首先,我国应将应急经费及其他物资保障纳入公共财政预算,地方政府和国家层面都应当适当加大对核事故应急工作的资金投入。[②]

其次,政府应制定合理的政策、制度。一是增加核电站建设期间和发电后的税收缴纳比例,将这部分税收专门用于核应急,并立法规定专款专用。税收杠杆与其他资金保障相比,更具有法定性和稳定性,不仅可以遏制行政机关乱收支援费的行为,而且有利

---

① 胡帮达,汪劲,吴岳雷.中国核安全法律制度的构建与完善:初步分析[J].中国科学,2014,44(03):327.
② 闫林花.论我国核应急法律制度的完善[D].重庆:西南政法大学,2012.

于保护核电企业的利益,缓解核电企业对核应急投入的压力。二是设立核灾害基金或发行核灾害债券和彩票。面向国内外发行灾害债券或彩票,已经逐渐成为各国政府调动民力分摊灾害风险、筹集灾害应急与治理资金的新方式。基金的操作方式比较灵活,便于保证核应急资金专款专用。此外,基金的优势还在于可以通过稳健的投资使核应急资金保值增值,缓解财政压力和核电企业压力。三是构建核事件保险和核事件责任保险制度。[①] 具体到核事件保险,应该设立以受害人为被保险人的核事件保险和以核设施企事业单位为被保险人的核事件责任保险,通过筹集保险费用,保证受害者在核事故发生后能够得到及时的补偿救济,同时缓解政府和核电企业的补偿压力。

最后,国家应尽快完善核应急财政资源保障相关立法,为各种保障方式提供法律依据,细化国家、地方政府、企业等各主体的义务责任。这不仅使核应急的物资保障有法可依,稳定可行,也可以确保相关利益主体的权益,明确各自的义务。

六、结语

核电是一种清洁高效的能源,与人们的生活息息相关。发展核电产业的关键不仅在于其生产的清洁性和高效性的提升,更在于其安全性的提升。不可否认,核电的安全问题始终是重中之重,而核应急又是核电安全的最后一道屏障,核电安全性的提升离不开其应急机制的完善。然而在现实中,我国的核应急机制还存在诸多缺陷,严重阻碍了核电能源和相关企业的发展,并且对人们的心理和生活也有较大不利影响。相关的法律制度存在缺陷是核应急机制存在问题的重要原因,法律制度的完善是核应急机制构建和完善的基本保障。因此,完善核应急相关法律制度,修改相关法律规范,填补法律空白,明确相关主体的权利、义务以及责任,对于核应急机制的完善至关重要。

本调研报告从法律制度层面,通过对核应急信息公开法律制度、行政权力调配法律制度、社会资源调集法律制度以及财政资源保障法律制度四个具体法律制度的现状和缺陷进行了探讨,力求较全面和深入地探究我国现行核应急法律制度中存在的问题。同时,本报告参考国外的相应做法,并根据我国的实际情况,提出具有较强可操作性和合理性的完善建议,以期为安全、高效、清洁地发展核电产业,界定政府的权力和责任,促进企业健康发展,保障公民安居乐业献计献策。

当然,由于作者团队的研究能力与知识储备有限,本调研报告的研究内容还待深入,也存在一些不足,核应急法律制度的完善绝不仅限于上文所述的四个方面,其他相

---

① 张蓉蓉.我国核事故应急机制的法律研究[D].南京:南京工业大学,2012.

关配套制度也亟待完善。* 此外，核应急机制的完善也不仅仅是法律制度的完善，还需要其他诸多方面的配合，这是一个长期、复杂的任务。

参考文献

[1] 苏旭.突发事件卫生应急培训教材：核和辐射突发事件应急准备与响应[M].北京：人民卫生出版社，2013.

[2] 陈刚.国际原子能法[M].北京：国际原子能出版社，2012.

[3] 林红潮.公共应急管理机制的法治化[M].武汉：华中科技大学出版社，2009.

[4] 杨泽伟.中国能源安全法律保障研究[M].北京：中国政法大学出版社，2009.

[5] 盛安陵.核应急，何应急？——核应急技术装备发展供给侧与需求侧技术交流会综述[J].中国核工业，2016(5).

[6] 朱伟忠，吴茜，陈敬元.广东建立巨灾保险制度的可行性研究[J].南方金融，2016(3).

[7] 陶李林.论我国核应急法律制度的完善[J].科技视界，2016(03)：284.

[8] 陈俊国，郭廷凯，马得勋，等.我国核电运行安全应急管理态势及存在问题分析[J].科技视界，2014(11).

[9] 邓禾，夏梓耀.中国核能安全保障法律制度与体系研究[J].重庆大学学报(社会科学版)，2012，18(2).

[10] 曾文革，蒋世松.福岛核事故视角下的日本核应急法律制度析论[J].云南大学学报法学版，2012，25(2).

[11] 李鹏.公共危机事件中我国政府信息公开问题研究[D].石家庄：河北师范大学，2012.

[12] 蒋世松.国际核应急法律制度研究[D].重庆：重庆大学，2013.

[13] 湛丽.建立健全核事故应急立法制度[J].中国电力企业管理，2015(11).

[14] 闫林花.论我国核应急法律制度的完善[D].重庆：西南政法大学，2012.

[15] 曹霞.美国核电安全与法律规制[J].政法论丛，2012(1).

[16] 廖乃莹.我国核事故应急法律问题研究[D].北京：华北电力大学，2012.

[17] 张晨.行政法视野下的行政应急措施研究[D].上海：华东师范大学，2015.

[18] 阎政.美国核法律与国家能源政策[M].北京：北京大学出版社，2006.

[19] 胡帮达，汪劲，吴岳雷.中国核安全法律制度的构建与完善：初步分析[J].中国科学，2014，44(3)：327.

[20] 桑东莉，王瑾.我国构建核电站联合应急响应机制的制度保障[J].公民与法，2014(05)：32.

[21] 胡环宇.核设施安全管理的法律主体相关制度探析[J].法治与社会，2015(07)：153.

[22] 戚建刚.法治国家构建下的行政紧急权力[M].北京：北京大学出版社，2008：3.

[23] 张蓉蓉.我国核事故应急机制的法律研究[D].南京：南京工业大学，2012.

---

* 我国核应急法律制度的适用范围有限，内容不够健全，只适用于核电站引起的紧急情况，而没有考虑由于其他原因引起的核事故或辐射紧急情况。

核电厂信息公开和公众参与法律制度研究

撰写高校：中央财经大学
指导教师：安新宇
撰 写 人：乔晨晨、种君

在我国调结构、稳增长的背景下，核电已成为一种清洁、高效的重要能源。我国核电产业经过几十年的发展，具备了成熟的装备制造体系和产能优势，形成了核电"走出去"的供应链。核电发展离不开公众支持，但是，随着核事故的发生，尤其是日本福岛核事故后，公众的恐惧与日俱增，甚至引发了一系列社会事件。为了化解公众的恐惧情绪，保障核电发展，必须要公开相关核电信息，引导公众参与核电项目。

在核电信息公开方面，国家要发挥第三方机构的作用。核电是特殊行业，国家对核电企业的信息公开应当有明确的规定和要求，并应当明确核电信息公开的主管部门。在核电厂公众参与方面，首先，相关部门应该制定具有可操作性的环境影响评价公众参与办法实施细则，让公众充分参与到核电厂的环境评估中来。例如，核电厂在进行环境影响和安全评估之后，再对社会稳定风险进行评估。其次，我国应借鉴国外核电厂环境评估中公众参与的经验，形成独立监管的、不受其他部门干扰的核安全监督管理体系。

本次调研分为两部分，一部分是实地参观 A 核电厂，同核电厂的工作人员进行交流并获取了该厂在信息公开和公众参与方面的信息；另外一部分是梳理了我国当前核电法律法规中关于信息公开和公众参与的规定。在对相关资料搜集筛选后，本调研报告分析了核电厂信息公开方面的特点和公众参与的问题，总结得出了核电厂发展的启示。

一、引言

（一）核电"走出去"发展背景

核电是一种清洁、高效的重要能源，核电产业是电力工业的重要组成部分。在人们越来越重视地球温室效应、气候变化的形势下，积极推进核电建设，对满足经济和社会发展不断增长的能源需求,保障能源供应与安全,保护环境,实现电力工业的结构优化和可持续发展,提升我国综合经济实力、工业技术水平和国际地位,都具有重要的意义。

我国核电产业经过三十多年的发展,具备了成熟的装备制造体系和产能优势,形成了核电"走出去"的供应链。核电"走出去"是我国深化改革开放、实施中国装备"走出去"战略的一项重要举措。2013年,我国在中央经济工作会议中提出要推动核电和高铁出口,并在之后的外交访问活动中多次推介我国核电技术和设备。2013年年底,国家能源局公布《服务核电企业科学发展协调工作机制方案》,将核电"走出去"作为我国与核电需求国双边政治、经济交往的重要议题。2014年,国务院政府工作报告又提出要推动高铁、核电等技术装备走出国门的战略举措。[①] 2015年,李克强总理在国务院常务会议上部署加快实施铁路、核电、建材生产线等中国装备"走出去"战略,为核电的发展提供了更大的便利。2016年,国家能源局领导在两会期间强调,安全高效发展核电产业是调整我国能源结构的一个重要方向。[②]

随着核电产业的快速发展,核电安全问题逐渐成为公众关注的焦点,甚至会引发公共事件。因此,我国核电安全监管面临新的挑战,在保障高度安全的前提下发展核电产业成为政府和业界的普遍共识。

(二)法科实践教育探索

法学是一门实践性很强的学科,实践教学在法科教育中不可缺失,只有对不断发展变化的社会实践进行总结,抽象出一套符合人性特点和社会实际的规范,才能真正发挥法律的社会调整作用。在教育改革的背景下,2016年教育部提出优化人才培养机制,引导高校进一步完善实践教学体系,建设一批与行业企业共建的协同育人开放共享实践基地。中国法学会能源法研究会一直在积极研究、探索、推动能源法学科体系建设,本次调研正是基于能源法研究会"产、学、研、政、律"一体化的优势,对能源法学科建设与教学实践进行了探索。

(三)调研方法

本次调研通过实地走访和访谈的方式了解调查对象的情况,掌握第一手资料。除此之外,本调研报告更多地采用资料调查法和文献调查法,通过收集相关文献资料、查阅历史档案研究核电产业的演变及发展趋势等,充分了解核电产业的背景与概貌。

---

① 张天祝,沈钢,张玮,等.核电"走出去"形势下的核安全监管[J].核安全,2015(04).
② 努尔·白克力.走中国特色能源发展道路[J].风能产业,2016(06).

二、调研对象介绍

（一）核电厂生命周期文献调研

根据国家核安全局发布的《核电厂安全许可证件的申请和颁发》规定,核电厂建设主要分为五个阶段:厂址选择、建造、调试、运行和退役。

1. 核电厂的选址

根据国家基本建设程序规定,国家发展和改革委员会在收到生态环境部发布的《核电厂环境影响报告批准书》和国家核安全局发布的《核电厂厂址选择审查意见书》后,对《核电厂可行性研究报告》进行审批。该工程项目在列入国家基本建设计划后,方可进行核电厂建设前的场地准备工作。核电厂营运单位在核电厂的选址定点前提交的《核电厂可行性研究报告》中应包括有关厂址安全内容的文件,目的是从安全方面确定核电厂与所选厂址之间的适宜性。

2. 核电厂的建造

《核电厂建造许可证》的申请者应于厂址选定后、开始建造前 12 个月向国家核安全局提交《核电厂建造申请书》,并附送《核电厂初步安全分析报告》。国家核安全局审核通过后颁发《核电厂建造许可证》,批准核电厂建造,许可其对核岛进行混凝土浇筑。

3. 核电厂的调试

《核电厂首次装料批准书》的申请者应于核电厂首次装入核燃料前 12 个月向国家核安全局提交《核电厂首次装料申请书》,并附送《核电厂最终安全分析报告》。国家核安全局审核通过后颁发《核电厂运行许可证》,批准核电厂正式运行,许可其在遵守《核电厂运行许可证》规定的条件下长期运行。

4. 核电厂的运行许可证

为了确定核电厂试运行结果是否与设计一致、审定调试后的运行限值和条件是否符合核安全要求、检查进入运行阶段的必要条件是否具备,申请者应从核电厂首次达到满功率运行之日起,经过 12 个月的试运行后,向国家核安全局提交《核电厂运行许可证申请书》,并同时提交《核电厂修订的最终安全分析报告》《核电厂装料后调试报告和试运行报告》和《核电厂质量保证大纲》。在国家核安全局颁发《核电厂运行许可证》后,核电厂才能进入商业营运阶段。

5. 核电厂的退役

《核电厂退役批准书》的申请者应在核电厂退役前 2 年向国家核安全局提交《核电厂退役申请书》,并附送《核电厂退役报告》。《核电厂退役申请书》及《核电厂退役报告》的主要内容应包括核电厂退役前的状况、待处理的放射性物质总量及处置方案。国家核安全局先颁发《核电厂退役批准书(临时)》,许可开始退役活动,并在确定核电厂的退役步骤和退役各阶段的状态符合安全要求后,再颁发《核电厂退役批准书》,批准核电厂正式退役。

(二)调研对象——A核电厂的基本情况

A核电厂项目的厂址普查开始于1983年,A核电厂位于B省A市,三面环海,占地面积2 256亩(1亩≈666.7平方米),并预留有扩建场地。其中,一期工程建设两台单机的压水堆核电机组。

2002年年底,国家电力体制改革后,新组建的C电力集团公司承继了其他公司拥有的全部核电资产,核电机组权益容量为1 350.8万千瓦,占全国当时核电装机容量的15.89%,占集团公司可控装机容量的4.83%。C电力集团公司在成立之初,面对新形势、新情况和新任务,客观全面地分析了国内外环境,做出了"水、火、核"并举发展的核心战略,把核电作为提升企业竞争力、实现企业可持续发展的核心产业,并立即启动了A核电厂的建设工作。

2003年3月,B省政府与C电力集团公司共同签署了《关于加强合作共同促进A核电建设的会谈纪要》,为全面开展A核电厂的前期准备工作奠定了重要基础。

2003年8月,C电力集团公司成立了B省核电项目筹备处。2004年9月,C电力集团公司等六家股东共同出资成立B省核电有限公司(以下简称核电公司),并依法成立股东会、董事会和监事会,率先以法人治理的方式进行科学规范运作。核电公司作为A核电厂的业主单位,全面负责设计、建造、营运和维护管理。核电公司下设10个部门,分别是综合部、人力资源部、计划合同部、财务部、设计管理部、安全质保部、工程部、生产准备部、监察审计部、党群工作部。

从2003年年初开始,在国家有关部委和省委、省各级政府的大力支持下,C电力集团公司和各股东一道大力推进项目建设。项目审批、现场施工准备等各项工作顺利展开。

2007年4月25日,经过各方的积极努力,国家发展和改革委员会下发《国家发展改革委办公厅关于同意某省A核电厂一期工程开展前期工作的通知》,同意A核电厂项目作为国家核电自主化依托项目之一,按照现有股份组成、采用AP1000技术路线开展一期工程前期工作。

2007年10月13日,电力规划设计总院组织相关部门对B省AP1000核电项目的可行性研究报告进行审查。

2007年12月31日,A核电厂项目按期正式启动,标志着A核电厂项目正式进入主体工程建设阶段。

2008年5月26日,核电公司向国家核安全局正式递交了《核电厂建造申请书》和《核电厂初步安全分析报告》,同年8月份又完成了26项行政支持性许可文件的报批工作。

2009年4月2日,A核电厂项目1号机组核岛基础防水薄膜铺设正式开始。

2013年6月25日,A核电厂项目1号机组核岛屏蔽墙第15层2段施工完成。至此,主体施工已完成80%。施工完成后的屏蔽墙总体有52米高,墙体内径约42米,墙体厚度近1米,总体共需浇筑混凝土6 600多立方米。

2015年8月4日,A核电厂项目2号机组钢制安全壳顶封头顺利吊装就位,标志着安全壳厂房内部土建施工基本完成。

2015年9月12日,重达899吨的A核电厂项目2号核岛穹顶成功吊装就位,标志着2号核岛主厂房结构基本完工。

2015年11月14日,A核电厂项目500千伏送出工程已全部送电成功,标志着A核电项目送出工程竣工投运。

"十三五"期间,A核电厂项目将陆续有1、2、3号三台机组投运,装机容量将陆续增加到375万千瓦。

三、核电信息公开与公众参与的意义

(一)化解核恐惧的需要

随着核电产业的发展,核泄漏事故引发的公众关注和恐慌日益严重。大卫·洛克博姆把公众对核事故的莫名恐惧比作鲨鱼的袭击——危险和死亡率都非常小,但是公众对其的关注和恐惧非常高。例如,在日本福岛核事故发生后,核恐慌情绪在我国民众中迅速蔓延,甚至超市还出现了哄抢食用盐的现象。探究这件事情的背后不难发现,民众的恐惧感源于对核电信息的不了解,尤其是对核安全信息的不知情,所以才会出现从众和盲目恐惧的现象。

(二)核电管理的需要

核电生产、传递和营运方面的信息不对称问题是引发核恐慌的重要原因。一方面,核电信息的爆炸式增长和弥漫式扩散会使公众无所适从,产生恐慌,从而引发人们对核电的营运方式和发展前景的质疑;另一方面,核电信息更是行政机关、责任单位和公众的决策依据,人们只有在了解相关信息的基础上才能做出理性的选择,不了解真相就难以有共识。因此,核电信息公开是核电产业稳步发展的前提。

(三)公众理性参与的需要

我国一直坚持可持续发展理念,大力倡导清洁新能源。核电就是一种非常具有前景的清洁能源。自1999年以来,联合国欧洲经济委员会就开展了一系列关于多元民主的研究。该研究认为,21世纪政治、经济和社会发展的最大要求是公众的积极参与。因此,核电企业需要通过公众参与打消人们的恐慌和顾虑,尤其在核电安全知识宣传和有关核电的决策上,核电企业和相关政府部门应公开相关的信息,这样才能保证公众的理性参与。

(四)核电发展环境的需要

核电的发展离不开公众的支持,而获得公众支持的关键因素有三个方面:第一是在核电发展的政策方面,决策者要充分利用各种机制来保证政策的正确性,而且要向公众充分解读政策的内在意义;第二是要发挥专家学者的作用,增加核电发展的理论支撑;第三是在重大决策上,要积极鼓励各行各业公众的参与,将各种利益纳入考量。这三大关键因素的前提都是保证信息公开、对称,也就是说,决策者将核电政策公开,专家学者将核电理论公开,核电利益相关者将管理信息公开。

四、核电信息公开、公众参与的法律制度体现

近年来,我国相关环境资源保护的法律制度都在信息公开方面做出了规定。例如,在信息收集方面有环境影响评价制度、环境统计制度、环境监测制度等。在信息传播方面有环境信息公开制度、环境信息披露制度、环境事件应急通报制度等。针对核电信息公开,现有相关法律规定主要体现在可行性研究阶段核电厂厂址选择的环境评估工作上。比如,核电新项目在立项时,必须要编制《核电厂厂址安全评估报告》和《选址阶段环境影响报告书》。其中,《核电厂厂址安全评估报告》要依据《核电厂厂址选择安全规定》等法规编制,主要内容应该涵盖总体考虑、核电厂总体描述、安全管理、厂址评价、总体设计等15个方面的内容;《选址阶段影响评价报告书》要依据《环境保护法》《环境影响评价法》《放射性污染防治法》等法律法规来编写,主要内容应该包括建设项目概况、项目环境影响预测及拟采取的主要措施和效果、公众参与情况等。此外,《核安全法》第五章"信息公开和公众参与"对核安全信息公开及公众参与的途径、方法做出了规定。

(一)核电信息公开方面法律依据

1. 行政主管部门信息公开的法律依据

《环境保护法》规定,各级人民政府环境保护主管部门和其他负有环境保护监督管理职责的部门,应当依法公开环境信息,完善公众参与程序,为公民、法人和其他组织参与和监督环境保护提供便利。国务院环境保护主管部门统一发布国家环境质量、重点污染源监测信息及其他重大环境信息。省级以上人民政府环境保护主管部门定期发布环境状况公报。县级以上人民政府环境保护主管部门和其他负有环境保护监督管理职责的部门,应当依法公开环境质量、环境监测、突发环境事件以及环境行政许可、行政处

罚、排污费的征收和使用情况等信息。

《核安全法》规定，国务院有关部门及核设施所在地省、自治区、直辖市人民政府指定的部门应当在各自职责范围内依法公开核安全相关信息；国务院核安全监督管理部门应当依法公开与核安全有关的行政许可，以及核安全有关活动的安全监督检查报告、总体安全状况、辐射环境质量和核事故等信息；国务院还应当定期向全国人民代表大会常务委员会报告核安全情况。

《B省环境保护厅核与辐射安全监管信息公开方案(试行)》规定，B省环境保护厅核与辐射安全监管信息公开主要包括以下内容：B省核与辐射安全地方法规规章、规范性文件和规划，B省辐射环境工作信息；辐射安全许可证审批管理信息；民用核与辐射技术利用项目及电磁辐射项目环境影响评价及验收信息；放射性同位素和射线装置安全监管信息；放射性废物处理、贮存、处置的核与辐射安全监管信息；辐射应急准备和应急响应信息；辐射环境质量监测基本信息；核与辐射安全投诉和事故或污染纠纷调查、处理信息。

2. 企业信息公开的法律依据

《核安全法》规定，核设施营运单位应当公开本单位核安全管理制度和相关文件、核设施安全状况、流出物和周围环境辐射监测数据、年度核安全报告等信息。具体办法由国务院核安全监督管理部门制定。企业信息公开的途径包括公告、网站信息以及其他便于公众知晓的方式。此外，为了确保公众可以获取核安全信息，《核安全法》还规定，公民、法人和其他组织可以依法向国务院核安全监督管理部门和核设施所在地省、自治区、直辖市人民政府指定的部门申请获取核安全相关信息。

为维护公民、法人和其他组织依法享有获取环境信息的权利，促进企事业单位如实向社会公开环境信息，推动公众参与和监督环境保护，2014年12月，原环境保护部通过了《企业事业单位环境信息公开办法》。根据该办法，企事业单位应当按照强制公开和自愿公开相结合的原则，及时、如实地公开其环境信息；在具体措施上，企业应当建立健全本单位环境信息公开制度，由指定机构负责本单位环境信息公开的日常工作。

(二)核电公众参与方面法律依据

1. 相关法律

核电公众参与方面的相关法律主要有《核安全法》《环境保护法》《放射性污染防治法》《中华人民共和国固体废弃物污染环境防治法》《中华人民共和国电力法》等。例如，《核安全法》规定，核设施营运单位应当就涉及公众利益的重大核安全事项通过问卷调查、听证会、论证会、座谈会等形式征求利益相关方的意见，并以适当形式反馈；核设施所在地省、自治区、直辖市人民政府应当就影响公众利益的重大核安全事项举行听证会、论证会、座谈会,或者采取其他形式征求利益相关方的意见,并以适当形式反馈。同时,《核安全法》还规定,核设施营运单位应当通过多种形式,开展核安全宣传活动,具体包括:在保证核设施安全的前提下,对公众有序开放核设施;与学校合作,开展对学生的核安全知识教育活动;建设核安全宣传场所,印制和发放核安全宣传材料;等等。

2. 行政法规

核电公众参与方面的行政法规主要有《核电厂核事故应急管理条例》《中华人民共和国核材料管制条例》《民用核安全设备监督管理条例》《危险化学品安全管理条例》等。

3. 部门规章

核电公众参与方面的部门规章主要有:原国家安全生产监督管理总局发布的《生产安全事故信息报告和处置办法》和《危险化学品登记管理办法》等;国家核安全局发布的《核电厂厂址选择安全规定》《核电厂质量保证安全规定》《核电厂运行安全规定》等;原环境保护部发布的《放射性同位素与射线装置安全和防护管理办法》《民用核安全设备设计制造安装和无损检验监督管理规定》《环境影响评价公众参与暂行办法》;原国家质量监督检验检疫总局发布的《特种设备作业人员监督管理办法》等。其中,《环境影响评价公众参与暂行办法》规定了公众参与的几种方式,包括调查公众意见和咨询专家意见,召开座谈会、论证会以及听证会。该办法第十五条规定:"建设单位决定组织召开公众座谈会、专家论证会的,应当在会议召开的10个工作日前,将会议的时间、地点、主题和可以报名的公众范围、报名办法,通过网络平台和在建设项目所在地公众易于知悉的场所张贴公告等方式向社会公告。建设单位应当综合考虑地域、职业、受教育水平、受建设项目环境影响程度等因素,从报名的公众中选择参加会议或者列席会议的公众代表,并在会议召开的5个工作日前通知拟邀请的相关专家,并书面通知被选定的代表。"该办法第十八条规定:"建设单位应当对收到的公众意见进行整理,组织环境影响报告书编制单位或者其他有能力的单位进行专业分析后提出采纳或者不采纳的建议。建设单位应当综合考虑建设项目情况、环境影响报告书编制单位或者其他有能力的单位的建议、技术经济可行性等因素,采纳与建设项目环境影响有关的合理意见,并组织环境影响报告书编制单位根据采纳的意见修改完善环境影响报告书。对未采纳的意见,建设单位应当说明理由。未采纳的意见由提供有效联系方式的公众提出的,建设单位应当通过该联系方式,向其说明未采纳的理由。"

4. 其他规范性文件

核电公众参与方面的规范性文件主要有《核电厂核事故应急报告制度》《核电厂核事故应急培训制度》《核电厂消防安全监督管理规定》《核电厂运行经验交流实施规则(试行)》等。

五、A核电厂项目信息公开特点

（一）行业主管部门的信息公开特点

1. 部门与行业协会相结合

如前所述，核电厂项目需要经历厂址选择、建设、调试、运行和退役五个阶段。目前，A核电厂的一期工程处于调试阶段，二期工程尚处于建设阶段。因此，A核电厂在不同方面受到不同主管部门的监管。安全生产方面由国家安全生产监督管理部门、B省安全生产监督管理部门、A市安全生产监督管理部门、国家能源局B省监管办公室监管。质量方面主要由国家能源局B省监管办公室、A市质量技术监督部门管理。消防方面主要由国家能源局（场内）、地方政府消防管理部门（场外）管理。不同监管部门会将核电监督检查情况发布在各自的官方网站上。例如，核电厂项目的环境影响评价文件可以在生态环境部官方网站获取，关于核安全审批文件可以在国家核安全局获取。同时，中国核能行业协会作为全国性非营利社会团体，贯彻国家关于核能发展的方针政策，致力于为提高核能利用的安全性、可靠性和经济性提供服务，促进核能行业发展。其官网汇集了核电行业主管部门发布的关于核能与核电厂的所有公告。这种部门与行业协会相结合的机制，为公众提供了一个广大的信息获取平台。

2. 各级部门之间相互配合

核电项目作为涉及社会重大安全的项目，其立项工作必须慎之又慎，经层层把关，最终由中央部门同意批准。以A核电厂项目为例，2005年6月23日，A核电厂首先通过了B省环保部门对其选址阶段环境影响报告书的审查，然后在8月26日，原国家环保总局正式批复了A核电厂选址阶段的环境影响报告书。这样从省级到中央，A核电厂选址阶段环境影响评价报告书的审批情况都分别被公布在相应的官方网站上，公众能够清楚地看到A核电厂一期工程的进展情况以及可能造成的环境影响。省级环保部门先发布A核电厂项目情况，可以提前获取公众对该项目的反馈，然后结合反馈情况再上报中央，这种各级部门之间层层管理的机制为公众参与核电项目的筹划提供了可行之路。

（二）核电厂的信息公开特点

总体来看，A核电厂在信息公开上主要有以下三方面的特点。

1. 信息公开效果显著

B省在核电信息公开方面积极打造企业信息交流平台，分别通过公众交流、信息公告、社会责任三大板块公布A核电厂信息，并且实时通过《B省核电报》、企业官方微博等信息平台发布A核电厂的最新动态。此外，A核电厂内部还定期调查核电厂运行时产生的少量放射性排放物对外部环境的影响,并将调查结果定期公开发布,让公众及时了解相关信息。

2. 信息公开载体多元化

由于科技的飞速发展,现代社会信息载体多种多样,如电话、电报传真、手机短信、电视、网络等。A 核电厂的信息公开载体主要有以下三种。

第一,通过企业官网公开项目进展情况。企业官网会发布项目进展视频、项目检查信息等,并且为了保障公众能够更好地获取信息,还专门开通了公众沟通版块。

第二,通过第三方媒体平台,比如新浪微博,及时公布 A 核电厂的建设情况。

第三,从 2003 年开始,企业逐年发布社会责任报告,开创了国内定期发布在建核电项目社会责任报告的先河。该报告重点披露 A 核电厂的建设情况,通过实质性议题分析在建核电项目的安全情况和质量情况。

3. 信息公开内容社会化

核电信息不对称的原因之一是企业或主管部门发布的核电厂信息专业性极强,内容晦涩难懂,公众难以掌握。我们通过调研发现,A 核电厂无论是通过电子媒介发布的信息,还是通过纸质媒介发布的信息,内容都较容易为公众所接受。针对专业的核电理论研究人士,尤其是技术层面的信息,企业官网上专门有 AP1000 技术的信息介绍。针对非专业人士,企业官网上开辟了"核电知识"板块,采用简明的社会化语言进行表述,使非专业人士也能够及时了解 A 核电厂的具体情况。除此之外,企业的技术人员、管理人员也积极参与国际研讨会议,同时与研究机构、高校合作,为其提供调研机会、解答调研问题,积极开拓新的信息公开途径。

六、A 核电厂项目公众参与特点

为了提高公众参与度以及周边居民对核电厂的接受度,A 核电厂在项目建设期间做了一系列工作。例如,为了建设 A 核电厂,对周边村庄的居民进行了有条不紊的搬迁和安置工作。2005 年 4 月底,在地方各级政府和当地群众的大力支持下,共 1 042 户,约 3 000 人,历时 25 天完成搬迁。居民安置采取以集中安置为主、分散安置为辅的安置方式,由村民自愿选择。新建居民新村的基础设施及社会服务设施得到较大改善,生活质量得到明显提高,居民反映良好。此外,A 核电厂在公众参与方面主要采取了以下七项工作,以点带面,积极开展公众宣传工作。

1. 一名学生带动一个家庭

该工作主要面向重点中学及周边中小学,通过开展核电大课堂、英语辅导、消防急救课程、"阳光关爱"心理辅导等活动与学校建立良好的合作关系,使学生支持 A 核电厂,信任 A 核电厂,以 A 核电厂为荣。

2. 一座科技馆带动一个城市

2014 年 8 月,B 省建成了国内首个以核电为主题、面向公众(尤其是青少年群体)的核电科技馆。该核电科技馆填补了国内科技场馆在核电科普领域的空白,为公众理性认知核电、感受核电魅力打开了新的窗口,成为当地学生的第二课堂和 B 省的一张旅游名片,先后获得多项荣誉称号。

3. 一个公众开放日辐射全国

A 核电厂设立了公众开放日,邀请周边群众"走进来",通过切身体验消除人们对核电的神秘感和恐惧感。社会各界人士广泛参与其中,有效提升了 A 核电厂的形象,增进了周边公众的理解和支持。

4. 一个交流平台拓宽沟通渠道

A 核电厂充分利用新媒体力量,全方位打造核电信息交流平台,拓展与公众沟通的渠道,使信息更加公开透明,自觉接受公众的监督,树立了良好的核电企业形象。

5. 一名骨干带动一个村庄

A 核电厂依靠老党员、村干部等关键人物,通过开展核电大课堂、流动科普展、慰问老党员、科普知识走进驻地村民家庭等系列友邻活动进行科普宣传,效果显著。

6. 一颗爱心温暖一座小城

多年来,A 核电厂为地方贫困家庭儿童、慈善机构及各项公益活动捐款达 300 余万元。其中,爱心助学活动开展 7 年来,已累计资助学生 668 人次,资助金额近 50 万元,捐赠图书 5 000 余册。2014 年,A 核电厂青年志愿者服务队获得"中央企业优秀志愿服务团队"荣誉称号,2015 年又获得 B 省志愿服务大赛银奖。

7. 一个意见领袖带动多个环保组织

A 核电厂与 B 省环保公社意见领袖进行良好的沟通交流,通过意见领袖在网络的发言带动多个环保组织的一致支持和正面宣传,加深了公众对核电信息的了解。

七、核电厂调研的启示

(一)核电信息公开方面

本次调研活动期间,A 核电厂 1 号机组已进入调试阶段,下一阶段便是装料营运阶段。相比于核电厂前期的设计和建设,核燃料的使用、核电的运输、核废物的处置等营运问题将引起公众更大的关注度。为了化解公众恐慌、保证核电厂的正常营运以及核电的有效运用,信息公开应得到更多关注。我们建议,政府应依法强化核电安全监督工作,加强安全执法和监管,加大对核安全监管工作的人、财、物的投入,培育先进的核安全文化,积极开展核安全研究;继续加强核应急系统建设,制定事故预防和处理措施,建立并保持对辐射危害的有效防御体系;尽快完善核电安全方面的法律法规,制定和完善有关核电与核燃料工业的科研、开发、建设、安全等方面的管理办法。具体来说,可以从以下五个方面进一步促进核电信息公开。

1. 发挥第三方机构的作用

第三方机构通常是由来自各领域的专业人士组成,他们在核电信息的处理上更具专业性。此外,第三方机构通常是独立于政府和企业的非营利组织,因为没有利益选择的限制,所以它可以监督政府主管部门和企业。非营利组织或非政府组织是具有如下共同特征的社会组织:①组织性,即有一定的制度和结构;②民间性,即独立于国家和政府体系之外;③非营利性,即不以营利为目的,不分红;④自治性,即能够自主决策和自主活动;⑤志愿性,即组织的成员并非受某外在强制,而是秉持志愿精神自愿组成,其活动经费也来自志愿捐赠。利益的相关性使公众渴望获得核电厂相关信息,为了保障信息公开的客观性和一致性,第三方机构扮演着重要的作用。例如,美国忧思科学家联盟(The Union of Concerned Scientists,UCS)* 发布的 *The NRC and Nuclear Power Plant Safety in 2013* 中指出,美国核电主管部门曾经在无任何依据的情况下拒绝向公众公开部分核电厂的信息。这一行为正是非政府组织对政府主管部门监督的体现。

2. 完善信息流通机制

核电信息公开主体分别是政府主管部门和核电企业。因此,核电信息会在政府主管部门与公众以及核电企业与公众之间形成两种信息流通渠道。政府主管部门与公众之间的信息流通受到政府信息公开法律法规的限制,而核电企业与公众之间的信息流通因不同的地方规定而有所不同。目前,我国核电法律领域里的信息公开规定尚不充分,仅以某省为例,《某省环境保护厅核与辐射安全监管信息公开方案(试行)》就只规定了某省环境保护厅核与辐射安全监管信息公开主要内容,却没有企业如何公开核电信息、如何公开的相关规定。核电是特殊行业,核安全问题引起的社会效应不同于其他领域,所以相关法律法规对核电企业的信息公开应当提出明确要求。

除此之外,信息公开的目的是保障公众环境知情权的行使。公众环境知情权就是保障社会公众获得与环境有关的各种真实情况和资料的权利,其本质是保障公众参与环境事物的社会权利,包括接受信息的权利和寻求获取信息的权利。② 如前所述,A核

---

* 忧思科学家联盟成立于1969年,是一个非营利性质的非政府组织,由全球10多万名科学家组成。该组织最初由美国麻省理工学院的教授们倡议组建,主要目的是提出一些报告和忠告,避免科学技术遭到滥用。

② 刘萍,陈雅芝.公众环境知情权的保障与政府环境信息公开[J].青海社会科学,2010(02):183-186.

电厂信息公开方面并不存在公众主动向某省核电寻求信息的途径,A核电厂信息的公开方式也主要是企业主导,公众只是被动接受信息。只有完善信息的流通机制,将公众纳入信息公开中,了解公众的信息需求,保障公众的知情权,才能做到真正的信息公开。

3. 明确核电厂信息公开的主管部门

法国在其核电工业起步之初,就着手建立一套值得称道的以信息透明为基础向公众宣传、沟通的体系。法国核安全与辐射防护总局负责政府在这方面政策法规的制定和相关工作的具体实施,该机构不仅要在安全监管方面恪尽职守,而且必须随时将监管情况向公众通报。该机构拥有自己的杂志和网站,每年都要发表一份长达400多页的年报,披露各种信息,包括核设施检查中发现的隐患,并经常通过新闻发布会与媒体沟通,向社会释疑。我国国家核安全局对全国核设施安全实施统一监督,独立行使核安全监督权,负责核安全、辐射安全的监督管理。同时,生态环境部派出的执法监督机构——核与辐射安全监督站,根据法律法规授权,负责所辖区域内的核安全、辐射安全和辐射环境等相关监督工作。但是,我国核电厂的信息公开工作在具体主管部门的职责中并没有得到明确体现,当出现信息公开问题时,各主管部门的多重管理又会导致低效率。因此,明确信息公开主管部门及其职责对核电信息公开至关重要。

4. 完善信息公开纠纷救济机制

《中华人民共和国政府信息公开条例》第五十一条规定:"公民、法人或者其他组织认为行政机关在政府信息公开工作中侵犯其合法权益的,可以向上一级行政机关或者政府信息公开工作主管部门投诉、举报,也可以依法申请行政复议或者提起行政诉讼。"该条规定明确了公众可以采用行政复议或者行政诉讼的方式应对行政主管部门信息不公开问题。在核电厂的信息公开中,除行政主管部门的监督检查信息外,核电企业也应主动公开核电信息。《环境保护法》第六十二条规定:"违反本法规定,重点排污单位不公开或者不如实公开环境信息的,由县级以上地方人民政府环境保护主管部门责令公开,处以罚款,并予以公告。"根据此规定,核电企业不公开相关信息会受到行政主管部门的处罚,公众却不能采取直接主动的方式维护自己的知情权,只能向行政主管部门举报,由行政主管部门与核电企业交涉。相比于法院这种专业纠纷处理机构,行政主管部门的处理速度、处理程序、处理人员都有所不足。因此,国家应赋予公众法定的权利,让公众直接利用法律手段强制核电企业公开信息,其效果必然更好。

5. 构建企业环境会计信息制度

企业环境会计可以反映企业有关环境方面支出和收益情况,是企业环境信息公开的一部分。其基本原理是运用会计学,采用多种计量手段,对企业的环境保护成本和环境保护效果进行计量、分析和报告。目前,环境会计信息制度已经在美国、加拿大、日本等发达国家得到广泛应用。《中华人民共和国审计法》第一章第二条规定,国有企业财务收支必须接受审计监督。当企业的环境会计信息公布时,就是以数字报表的形式公开项目信息。除了环境监测,核电厂对于环境的投入会全部反映在企业环境会计报表中,构成企业环境信息公开的一部分。①

（二）核电公众参与方面

我国核电公众参与仍处于成长期,存在着诸多问题。从立法上看,《核安全法》仅仅是原则性规定,在诸多方面存在较大的操作空间。《国家发展改革委重大固定资产投资项目社会稳定风险评估暂行办法》的出台,为公众提供了一个稳定的参与环境及安全问题的社会机制。但是,风险分析报告评估机构多为地方咨询企业,缺乏相应的环境评价和核安全专业知识,也缺乏不偏不倚、利益中立、公平公正的立场。这些咨询企业进行公众参与的方式也是单向的调查、分析,提出风险等级建议等,而对于公众提出的环境和安全问题,既不能解释反馈和沟通互动,也没有采纳或者不采纳公众意见的机制。

目前,我国核电公众参与的主体一般是项目建设单位和地方政府,而普通公众难以参与到核电厂的规划、建设、营运过程中。建设单位和地方政府作为公众参与的组织者、实施者,缺乏相应的可信度,普通公众往往会质疑建设单位背后的企业利益,加之项目本身对所在地政府带来的投资效应和税收收益也大大降低了地方政府的权威性和信任度。同时,我们在讨论公众参与问题时,还应该明确公众参与的目的。公众参与是为了让真正利益相关的普通公众参与到决策中,让他们了解项目,并且反映自己的意愿,进而降低对项目的怀疑和恐惧。但是,公众参与不是目的,而是手段,不能片面强调社会公众参与,甚至让公众完全控制决策权力,因为普通公众的专业知识和发展眼界都比较有限,如果仅强调"公众参与论",极容易引发另一个极端,甚至被别有用心之人利用,进而演化成为"集体暴政"。

为了规避公众参与中的种种复杂问题,地方政府往往将核电项目建设在本行政区域边界处的位置、旅游度假地区或外地工作者聚集地,以弱化项目对核心区居民的影响。这些厂址的选择使公众参与问题更加复杂,因为仅在项目所在行政区以及常住人口中小范围征求意见,已经不能满足利益相关群体表达关切和参与监督的需求,可能还涉及跨行政区域的利益补偿问题。

针对公众参与方面的上述问题,首先,政府应该制定具有操作性的核电厂环境影响评价公众参与办法实施细则,让公众充分参与到核电厂的环境评价中来,并在环境影响

---

① 周一虹.我国企业环境会计信息披露探析[J].环境与可持续发展,2006(03):1-4.

和安全评价之后再进行对社会稳定风险评估;否则,如果在环境影响评价尚未开始之时就匆忙启动社会稳定风险评估,容易引发社会群体事件。其次,我国应借鉴国外核电厂环境评价中公众参与的经验。例如,美国公众对核电厂的接受度就很高,因为美国核管会作为美国核电厂环境评价中的责任主体,既针对公众关心的各种环境问题给出权威评估,又对公众参与的每条意见给出公开应答,可以从宏观和微观两个层面有针对性地化解公众疑虑。目前,我国虽然已形成独立监管的、不受其他部门干扰的核安全监督管理体系,但还应进一步加强我国核安全监管部门的执法权限,使其在核能项目环境影响评价的公众参与中发挥更大的作用。最后,相关部门应加强对公众的核电教育和科普工作,使普通公众了解核电知识和建设情况,更好地反映自己的诉求,保证自身权益,实现社会监督。

参考文献

[1] 张天祝,沈钢,张玮,等.核电"走出去"形势下的核安全监管[J]. 核安全,2015(04).

[2] 周一虹.我国企业环境会计信息披露探析[J].环境与可持续发展,2006(03):1-4.

[3] 刘萍,陈雅芝.公众环境知情权的保障与政府环境信息公开[J].青海社会科学,2010(02):183-186.

[4] 谢青霞,花明.信息公开与核安全——以法国《核透明与安全法》(TSN)为视角[J].华北电力大学学报(社会科学版),2014(01).

[5] 张卿.对我国民用核能公众参与现状的反思和建议——以江西彭泽核电争议为切入点[J].研究生法学,2014(02).

[6] 肖国兴.中国能源法研究报告[M].北京:法律出版社,2010.

[7] 谭柏平.中国能源法学[M].北京:法律出版社,2009.

[8] 安德鲁·芬伯格.可选择的现代性[M].北京:中国社会科学出版社,2003.

[9] 汪劲.环境法律的理念与价值追求[M].北京:法律出版社,2000.

乏燃料处置相关法律问题研究

撰写高校：河北大学
指导教师：马洪超、吴学飞
撰 写 人：蔡志丽、贾一凡、武云龙、王谦

　　核电站的运行需要核燃料，核燃料使用过后会产生大量的乏燃料，而乏燃料的处置问题目前已经成为国际核电产业发展面临的瓶颈。本报告从乏燃料的概念、特点，全球范围内乏燃料的处置规制方法现状，乏燃料处置规制中存在的问题以及对乏燃料处置规制的法律建议等方面对乏燃料的处置规制进行了论述，并基于我们在调研中发现的实际问题，提出了对我国核电发展的相关建议。

一、乏燃料概述

（一）乏燃料的概念

　　乏燃料是指核反应堆中不能继续使用的被辐照过的燃料，是传统观念上核废物的一种。人们通常把核废物依据不同的划分标准分成很多种类，例如，按照核废物的起源，核废物可分为包壳废物、铀尾矿、退役废物、乏燃料、军用废物和商业废物等。核电站的核燃料在核反应堆中经中子轰击发生核反应，之后，其在核反应堆中经过了18个月的循环周期后将不能再进行核反应，最后就变为乏燃料。

　　乏燃料尽管因低铀量无法再进行核反应，但其仍然拥有大量的放射性元素，具有很大的放射性，必须妥善处理，以防止造成环境污染和人身伤害。

（二）乏燃料的特点

　　（1）虽然乏燃料不能在核反应堆中继续发挥作用，但是其脱离了核反应堆之后自身仍然还在进行反应，所以会不断地产生热量。

　　（2）因其自身含有大量的放射性元素，乏燃料具有比较高的放射性。在实践中，核电机组上的乏燃料被拆卸掉后，需要及时将其放置在核循环水池中达5年至8年之久，而不是直接掩埋。这样做是为了不断冷却掉乏燃料所释放的能量，为下一步的安全处

置奠定基础。

（3）随着时间推移,乏燃料会与日俱增,从而导致处置乏燃料的地域面积需求大增。这种增量负担对于后续乏燃料的处理,譬如选址掩埋和运输等,都会产生不良影响。

二、乏燃料的处置方式

如何安全合理地处置乏燃料,尤其是放射性较强的乏燃料,已经成为制约核电产业可持续发展最为关键的一个问题。目前,乏燃料处置办法主要有以下三种。

（一）向海洋中投放乏燃料

该办法是指将装有乏燃料的容器置入深海(4 000~6 000米)底部黏土沉积物深处,借海底的黏土和海水将乏燃料进行永久隔离。自该办法开发研究以来,美国和欧洲一些临海国家计划将其作为今后处置乏燃料的方法之一。1972年,《伦敦倾废公约》明文规定,禁止向海洋投弃或向海底植入高放射性废物。但是,世界上大部分国家仍希望在共同协商和保证安全的前提下,有控制地将高放射性废物处置于海底沉积物中。因此,国际上对该处置方法尚有争议。①

（二）将乏燃料填埋至地下

该办法是指参照废置矿井填埋办法,在浅表地层,如在地下300~500米的深处,填埋易分解的低放射性乏燃料。

对于高放射性乏燃料,应选择在更深的地质层填埋。基于乏燃料高辐射、高毒性且长久半衰期的特点,要将这些危险物质与人民生活隔离,必须将其深度掩埋,以期达到安全隔离的目的。深地质层一般是指地壳岩层,在地下数百米甚至更深的地方,确保安全处置。

将高放射性乏燃料填埋至深地质层之前,要先让高放射性核废液经过固化处理,使其变为晶体,然后将其放置于金属容器里面,同时在地下500~1 000米深处寻找一块大面积的岩石块,将装有固化乏燃料晶体的金属罐放进去,然后用特殊加工过的回填材料将这个岩石块进行密封,从而达到恒久分割人类生存环境和高放射性乏燃料的目的。该处置方法安全性较高。

（三）乏燃料后处理

该处置方法主要采用分离法提取出核废料中的可转换材料和易裂变材料,同时筛选出不能再继续裂变或裂变可能性极低的材料进行终端处理。这种方法不仅有效地避

---

① 郝卿.核废料处理方法及管理策略研究[D].北京:华北电力大学,2014:24.

免了核废料中可转换材料和易裂变材料的流失,而且对核燃料进行了二次利用。尽管乏燃料后处理过程需要经过复杂、难度也相对较高的程序,但是在确保乏燃料安全处置方面,乏燃料后处理是一个有效安全的处置方法。目前,各个国家都在不断研究和改进乏燃料后处理技术,由此可见,未来乏燃料后处理技术将会得到广泛的推广和应用。随着我国核电产业的突飞猛进和科学技术的进步,我国在乏燃料后处理方面也取得了突破性的进展,尤其在后处理设备制造和技术研发方面取得了可喜的成绩。

三、乏燃料处置的技术风险

乏燃料的处置是核电产业发展中的关键问题。从技术角度来看,乏燃料主要分为低放射性、中放射性和高放射性乏燃料。其中,高放射性乏燃料中具备的高放射性元素严重危害人类健康,且其放射性最高可延续几十万年。对于这类乏燃料,首先,采取化学分解或物理分离的方法将其进行减容处理;然后,在其中加入玻璃晶体进行熔合淬炼,从而达到低浸出率的目的,使其成为玻璃晶体状态的乏燃料;最后,用带有屏蔽放射元素的金属容器盛装该乏燃料,将其填埋至坚硬稳固的地质深层,为了保证其安全,还要对其进行连续监测和随机抽查。对于那些中放射性乏燃料,对它们进行物理或化学减容处理后,通过将其与沥青或者水泥熔合使其变成固体状态,然后用带有屏蔽放射元素的金属容器盛装该乏燃料,将其填埋至坚硬稳固的地质深层。对于那些含有短半衰期和低放射性水平的乏燃料,一般使用陆地填埋法进行处理。

乏燃料中含有很高的放射性元素,对于乏燃料的处置稍有不慎就会造成泄漏并酿成大祸,尤其是乏燃料后处理厂的生产线和储存库中存在大量放射性材料,一旦发生安全事故,后果将不堪设想。例如,20世纪70年代初,美国的汉福特工厂军用核废料后处理厂就发生了大量放射性乏燃料泄漏事故;20世纪50年代末,苏联克什特姆军用乏燃料后处理厂因员工处理不当,发生了严重的高放射性乏燃料储蓄罐爆炸事故。此外,核工业处理技术水平较为先进的英、法两国也同样发生过严重事故:英国在21世纪初发生了核废料后处理厂乏燃料泄漏事故;法国在20世纪80年代也发生了乏燃料处理厂爆炸事故,造成6名工作人员伤亡。由此可知,乏燃料后处理厂存在很大风险,对技术保障、安全措施、管理都有很高的要求,相关部门应对其加强监督和管理,并制定完善的监督管理制度。

四、我国在乏燃料处置监管方面存在的法律制度风险

(一)缺少综合性的原子能方面的法律

《放射性污染防治法》是目前我国乏燃料处置方面主要的法律依据。就我国立法现

状分析,我国在核工业发展方面的法律体系并不完善,且法律位阶相对不高,这就导致我国在乏燃料处置监管方面缺乏明确的法律规制。在基本法层面,我国目前仅有一部《放射性污染防治法》,其相关的学术研究也相对匮乏。这就导致我国乏燃料处置过程中面临的种种问题无法得到有效解决。鉴于此,我国需要在一定程度上借鉴国际上先进的原子能方面的相关法律,寻求并健全适合我国国情的核电法律体系。

(二)对放射性污染物排放的规定不足

根据我国《放射性污染防治法》第四十条和第四十一条规定,有关单位在向周围环境排放放射性废液、废气时,必须符合国家放射性污染防治标准,并应当向审批环境影响评价文件的环境保护行政主管部门申请放射性核素排放量。但是,上述规定却并未要求相关排污许可证等,或者说,《放射性污染防治法》在实践中怎样和《环境保护法》相衔接这一问题,还有待进一步探索。

(三)缺乏完善的乏燃料处置程序

目前,我国对于乏燃料的处理方案并不是很成熟,在处理技术上还需要不断学习,在处理方法、处理程序上还很不严密,缺乏统一的制度规范指引。

(四)乏燃料处理过程责任规定不明确

目前,我国对于运输、储存、填埋、选址等乏燃料处理的细节性具体规定尚不明确;同时,在立法体系上,缺乏除政府之外其余管理者或其他人的责任分配、事故责任追究的相关内容。因此,不管是在乏燃料后处理过程中还是在运输、填埋过程中,都应当明确责任主体,使责任人增加责任意识,减少不必要的核事故的发生。

(五)监督管理制度不足

就当前我国乏燃料管理部门设置来讲,涉及国家能源局、国家国防科技工业局、公安部、国家核安全局等众多部门。尽管这些部门都有各自的分工,但是各部门之间经常会出现职权交叉情况,从而导致乏燃料处理问题管理混乱、监督检查制度不足、管理部门职责分工不合理等现象。

此外,我国目前缺少社会性质的乏燃料处理公司和乏燃料监督机构,应当根据市场化需求建立相应的公司、机构,并根据国家确定的标准统一处理核废料。同时,应当支持广大群众积极参与监督,使乏燃料管理制度透明化。

(六)运输事故应急措施不完善

目前,各国一致认为,对乏燃料最安全的处置方法是将乏燃料填埋在永久性处置库中。因乏燃料的高度危险性,乏燃料处置库基本是建在经济落后、人烟稀少的地区,而核电站一般都建在海边,这样就需要长距离的运输,且运输过程往往会经过人口众多的地区,如果在乏燃料运输过程中因人为或非人为因素引发意外或事故的话,将会造成严重的后果。例如,20 世纪 90 年代,我国台湾地区的一辆乏燃料运输车在行驶过程中,因司机操作不当使车辆遭遇撞击而翻倒,车上的乏燃料桶被撞飞跌落至附近的河流中,造成了大范围的高放射性乏燃料污染。尽管现实当中我国对于核燃料处置的监管力度一直很强,且制定了各种规章制度严格保障乏燃料低风险处理,但是由于事故发生后各部门单独行事,缺乏联动机制,故乏燃料运输安全事故应急处理机制无法得到高效实施。因此,建立乏燃料安全事故应急预案,加强各政府部门之间的协作,就显得日益重要。

(七)储存选址过程中公众监督途径缺失

由于大多数公众对于核电知识并不了解,导致很多人谈"核"色变,或者对核电安全漠不关心。虽然我国相关法律对公众参与乏燃料选址并表达相关诉求的权利进行了规定,但是实践中仍存在很多问题使得公众很难参与和了解乏燃料的选址和操作。例如,由于缺乏对核电相关知识的培训,大部分公众根本无法了解乏燃料的相关知识,甚至有些人不知道乏燃料对于自己生活的影响,更遑论可以提供建设性意见并积极参与其中了。[①]

(八)核损害赔偿法律制度缺失

对于核辐射给公民造成的损害,《放射性污染防治法》第五十九条规定:"因放射性污染造成他人损害的,应当依法承担民事责任。"但是,此条款只是对核辐射损害的法律责任进行了概括性规定,而未对具体的责任承担主体、损害种类以及责任承担方式等做出具体规定。

五、完善乏燃料处置风险法律保障的相关建议

(一)制定综合性的《原子能法》

我们通过上述分析可以发现,在核电站的建设、乏燃料的处置以及核损害的赔偿方面,我国亟须制定一部相关的综合性法律——《原子能法》。首先,制定《原子能法》应当基于我国当前国情。其次,我们需要积极研究国际上关于原子能规制水平较为先进的法律法规,为我国核法律体系建立提供良好的借鉴和启迪。最后,我国核电法律体系的完善不能局限于国内,应当立足全球视野,取长补短、去粗取精,从而使我国的立法水平后来者居上。

(二)建立放射性废物排放的排污许可证制度

放射性废物的排放直接关系到生态安全和人身健康。放射性废物的排放应依照国

---

① 王骞.我国核废料的监管机制研究[D].开封:河南大学,2015.

家规定的排放方式、排放标准进行排放,对那些依法不得向环境排放的放射性废液、废气、废渣,要进行妥善的处理,应在相关法律中对放射性废物的排放比照排污许可证制度做出明确规定。例如,排放放射性废气、废液、废渣的企业,应向环境保护行政主管部门申请领取相应的排污许可证,对其拥有的放射性废物处理设施、排放设施等进行申报,放射性废物排放的种类、数量、浓度等要严格依照排污许可证规定的标准;没有依法取得排污许可证的涉核企业,不得排放放射性废物,未经许可而排放的企业,应依法追究其责任,规范企业的排放行为,把核辐射风险减小到最低。

(三)建立完善的乏燃料处理制度

乏燃料的处理是核风险管理工作中的重点和难点。对此,我们需要不断加强国际交流合作,学习国外的先进技术和核电管理制度,并结合我国的实际情况,进行周密的规划,从乏燃料的运输到处置,对相关主体的法律责任以及所有流程都要做出详细的规定,使各程序之间紧密衔接,以避免核风险的发生。

(四)明确乏燃料处理过程中的责任

我国应当进一步明确核事故责任的规定,在乏燃料处置的全过程,无论是管理者还是其他参与者,均应对事故承担相应责任。

首先,乏燃料运输途中参与各方的责任应落到实处,确保责任方在事故发生时积极履行义务。

其次,在核废料储存选址方面,相关部门应当确保选址地区群众的知情权,加强对当地群众进行乏燃料知识的普及和培训,使群众充分了解乏燃料相关知识,正确认识乏燃料,以避免人民群众产生不必要的恐慌;同时,应对阻碍乏燃料填埋的群众进行教育,必要情况下可制定相关处罚举措。

此外,在乏燃料填埋时,关于填埋深度和相关填埋人员保护措施的一些标准应予以明确,并严格按照该标准执行,以避免因填埋操作不到位造成乏燃料泄漏事故。

(五)整合政府监管部门,建立多层次、多元化的监管主体

我国乏燃料处置规制的改进,可以借鉴英国的先进监管经验。在乏燃料监管方面,英国设置了多种管理机构,其中不仅包括原子能管理局、核退役管理局、国防部等官方政府监管机构,还包括很多非官方的监管机构,如核工业放射性废物管理小组、核燃料有限公司等,这些机构相互配合、联动管理。这种设置将政府监管部门与企业自治监管部门联合起来,多管齐下,有效确保多体系、多角度监管举措的实施。同时,英国还设置了相关的咨询机构,确保乏燃料监管的全面落实,如放射性废物管理委员会、皇家环境污染委员会等,这些咨询机构为多方提供了了解乏燃料知识的途径。

除了通过借鉴国外先进经验改进乏燃料处置规制,我国还可以自主创新。例如,建

立民间乏燃料监督组织,以及通过国家相关部门的授权加强群众的广泛参与和监督。只有把乏燃料监督主体多元化,我们才能更加从容地面对未来乏燃料处置规制过程中面临的各种问题。

(六)完善运输事故应急措施

鉴于当前我国乏燃料运输突发事件预警机制出现的各种问题和弊端,完善乏燃料运输事故应急举措显得十分必要。针对乏燃料安全事故突发情况,我国乏燃料管理各部门可以联合构建一个网上应急联动平台,以期在事故发生时可以有效、及时、快速、高效地进行反应处理;同时,应在事故频发地区整合资源,集中设置一个决策指挥系统[①],在事故发生时第一时间启动应急预案,避免因各地协调而延迟救援,从而将事故危害限制在最小范围内。

此外,道路运输调度中心在接到事故报告时,可以通过指挥系统启动核燃料运输事故应急预案和部门联合制动系统,调度交通部门资源来监管路况,将来往车辆集中至安全地带,并通过线上对讲设备全面监控事故的现场情况,及时调查事故发生原因、人员损伤情况并调度医疗救援资源等,多方面积极配合,将事故危害控制到最小限度,防止危险继续扩散。

(七)积极引导公众参与乏燃料处置过程

核电工业的发展对国民经济和能源安全具有重要意义,但公众往往因为对核电不了解而产生恐惧,抵制核电工业的发展。同时,公众参与对核电工业的发展也具有重要意义。因此,相关部门应当制定清晰明确的法律,引导并规范公众对核电建设的参与,发挥社会力量的作用。

针对本次调研主题,笔者建议,我国相关政府主管部门应加强乏燃料选址信息公开,鼓励公众积极参与协商,并进行必要的知识培训,使公众能够正确认识乏燃料处置,在民主参与过程中制定合理的乏燃料储存选址方案。

(八)建立核损害赔偿法律制度

核电发展有其自身的特殊性,我们只能通过各种手段防止核事故的发生,将核事故发生的概率降到最低。例如,核损害赔偿法律制度的建立就是要保障公众核损害赔偿的权利,把损害后果降到最低。此外,核损害赔偿法律制度的建立还有利于促进核能的安全发展。因为核损害赔偿法律制度的建立规范了涉核企业的赔偿责任,使涉核企业更加自觉地防范核风险、提高安全防护意识和防护责任。据了解,我国现行法律中涉核企业损害赔偿的责任较轻,赔偿金额也过低,这不利于核风险的降低。笔者认为,有

---

① 王锋.瑞典核废料管理经验与启示[J].生态经济,2013(09):128.

必要建立核损害赔偿法律制度,提高涉核企业的赔偿责任,降低核风险;另外,建议将保险制度应用于核安全风险和赔偿制度中,并在核电站运行前建立核安全风险基金,以保证对乏燃料处置风险进行更有效的管理和责任赔偿。

参考文献

[1] 徐凯.核废料玻璃固化国际研究进展[J].中国材料进展,2016(07).

[2] 刘昊宇.日本核废料处置现隐忧[J].人民周刊,2016(07).

[3] 李诗颖,庹先国,等.核废物深部钻孔处置的研究进展[J].科技通报,2015(11).

[4] 王锋.瑞典核废料管理经验与启示[J].生态经济,2013(09):128.

[5] 王驹.芬兰乏燃料最终地质处置研究历程及经验[J].世界核地质科学,2002(08).

[6] 于蓉.核废料运输安全事故应急管理研究[J].工程和商业管理,2011(03).

[7] 郝建中.世界各国乏核料和高放废物处置计划的现状[J].辐射防护通讯,2003(01).

[8] 李虎.核废物处理途径的探讨[J].黑龙江科技信息,2012(17).

[9] 辛文.日本核废物处理技术有新发展[J].国外核新闻,1999(06).

[10] 孙学智.有核国家如何处置乏燃料?[EB/OL].(2016-8-23)[2016-9-23].http://epaper.cenews.com.cn/html/2016-08/23/content_48861.htm.

[11] 胡帮达.中国核安全法律制度的构建与完善:初步分析[J].中国科学:技术科学,2014,44(3).

[12] 陈刚.国际原子能法汇编[M].北京:中国原子能出版社,2012:402.

[13] 胡象明、王锋.英国核废料管理的经验分析[J].环境保护,2012(17).

[14] 郭喜良.放射性废物管理的法规标准[J].辐射防护通讯,2009(02).

[15] 杨开祥.核废物的来源、特性与分类原则的研讨[J].四川环境,1994(02).

[16] 伍浩松.英国核废物贮存空间即将用尽[J].国外核新闻,2007(04).

[17] 吴浩.低、中放核废料处置用混凝土高整体容器及其性能的研究[J].中国建材,2015(03).

[18] 郝卿.核废料处理方法及管理策略研究[D].北京:华北电力大学,2014:24.

[19] 王骞.我国核废料的监管机制研究[D].开封:河南大学,2015.

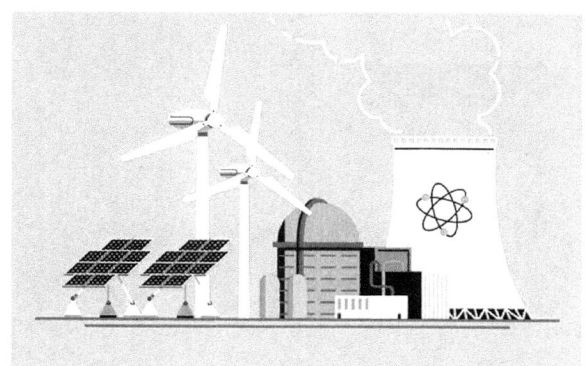

下 篇

煤炭清洁利用

粉煤灰综合利用和污染防治法律问题研究

> **撰写高校**：安徽大学
> **指导教师**：张辉
> **撰 写 人**：黄大芬、孙林玉、陈悦悦

粉煤灰是我国当前排放量较大的工业废渣之一。随着电力工业的发展，燃煤电厂的粉煤灰排放量逐年增加。大量的粉煤灰若直接排入大气会产生扬尘并污染环境，若排入水体会造成河流淤塞，其中的有毒化学物质还会对人体和生物造成危害。对于粉煤灰治理问题，各国通常同时采取综合利用和污染防治两种方法。我国在粉煤灰综合利用和污染防治方面还存在很多亟须解决的问题。例如，在粉煤灰综合利用方面，存在环保法律与政府监管的缺位问题；在粉煤灰污染防治方面，缺乏更具针对性的法律规定，并在执法上存在"有法不依"的问题。

本研究报告拟解决以下四个问题：一是推动政府加强对粉煤灰综合利用和污染防治的监管，促使政府部门更好地履行职责；二是提高企业对粉煤灰综合利用的积极性，使企业充分认识到粉煤灰污染防治的重要性并加强对粉煤灰的综合利用和污染防治；三是提高公众的环境权利意识，让公众主动参与粉煤灰处理的相关事务；四是推动相关部门对粉煤灰综合利用和污染防治方面的法律法规和政策进行健全和完善。

本研究报告针对我国在粉煤灰综合利用和污染防治中存在的问题，借鉴国内外粉煤灰处理的先进经验并结合本次调研活动得到的反馈，从法律法规和政策的制定、实施两个方面对我国粉煤灰的处理提出了相应的对策：一是要继续坚持"以用为主"的方针，通过技术创新提高粉煤灰的综合利用效率，大力推广粉煤灰制品的应用，使之成为其他能源的替代品之一；二是在对粉煤灰综合利用的基础上，要更加注重粉煤灰的污染防治，从粉煤灰的产生、堆放、运输到综合利用，全程跟踪粉煤灰的污染情况，减少粉煤灰对环境的污染。

一、我国粉煤灰综合利用和污染防治相关法律法规与政策现状

粉煤灰是一种从煤燃烧后的烟气中收捕下来的细灰,是燃煤电厂排出的主要固体废物。根据2013年1月5日国家发展和改革委员会等十部门联合发布的《粉煤灰综合利用管理办法》的定义:粉煤灰是指燃煤电厂以及煤矸石、煤泥资源综合利用电厂产生的烟气,经除尘器收集后获得的细小飞灰和炉底渣。一直以来,我国的能源结构过度依赖煤炭,超过七成的能源来自煤炭。其中,电力行业更是用煤大户,其耗煤量占到了全国煤炭消费总量的一半以上。随着经济的持续发展,未来一段时期内我国火力发电的主体地位不会改变,粉煤灰的排放量虽然不会有大幅增加,但仍将维持在目前的较高水平。

粉煤灰的综合利用通常有四种途径:制作建筑材料、农业应用、化工应用以及环保应用。随着科技水平的提高及技术的更新,我国粉煤灰的利用率也在不断提高。据统计,我国2005年的粉煤灰排放量为30×10^7吨*,利用率为66%;2010年的粉煤灰排放量高达48×10^7吨,利用率为69%。[①] 由此可知,我国粉煤灰的排放量和利用率呈同步增长趋势。同时,我国粉煤灰利用率的地区差异比较大,有些地方的粉煤灰利用率已经高达100%,如上海市[②],但是大部分地区,特别是一些经济不发达的地区,其利用率还比较低。总体来说,我国粉煤灰的利用率仍处于较低水平,只有年排放量的50%~55%,尚有45%~50%的粉煤灰没有得到充分的利用。[③]

现阶段,各电厂对粉煤灰的处理方法主要是建设粉煤灰堆场,即将厂内产生的粉煤灰加入水并通过管道排到所建的粉煤灰堆场内;此外,还有一种处理方式是将粉煤灰进行土地填埋。但这两种措施都存在着很大的弊端:一是粉煤灰堆放不仅需要占用大面积土地及投入巨额资金建设堆场,而且还易产生扬尘,导致大气污染,同时灰场受大气降水及灰水淋滤后,也会造成水体污染;二是土地填埋会使粉煤灰中潜在的毒性物质对土壤、地下水造成污染。除此之外,实践中也有不少企业选择直接将粉煤灰堆在厂内等待处理。

综上所述,我们选择这个调研主题的原因有以下两点。一是研究粉煤灰处理问题具有极大的现实意义。当前我国的能源结构仍是以煤炭为主,火力发电的主体地位仍

---

* 1吨等于1 000千克。
[①] 肖苗良,祝鹏烽,等.国内粉煤灰综合利用现状综述[J].基层建设,2015(27).
[②] 刘飞越.煤尘暴或将肆虐全国:粉煤灰含有毒重金属[EB/OL].(2011-04-15)[2017-07-15]. http://discover.news.163.com/special/coalashsandstorm/.
[③] 王亮.粉煤灰综合利用研究[D].天津:天津大学,2006.

将持续,而粉煤灰是火力发电厂必然产生的废物。二是当前我国在粉煤灰综合利用和污染防治中确实存在很多亟须解决的问题。表1为我国已出台的粉煤灰相关法律法规和政策。从表1可以看出:第一,目前有关环境保护和清洁生产方面的法律、政策

表1 粉煤灰相关法律法规、政策

类型	单位	生效时间	文件名称	相关规定
粉煤灰综合利用	全国人大常委会	2009年1月	《中华人民共和国循环经济促进法》	提出专项基金、财政资金、法律税收优惠、产业政策、价格政策及政府采购等激励办法,鼓励循环经济发展
	国家发改委等六部门	2010年7月	《中国资源综合利用技术政策大纲》	详细列举了粉煤灰综合利用的技术
	全国人大常委会	2012年2月	《中华人民共和国清洁生产促进法》	明确工作职责、奖惩措施、法律责任等,推动全社会从源头削减控制污染,提高资源利用效率
	国家发改委等十部门	2013年3月	《粉煤灰综合利用管理办法》	规范粉煤灰的产生、储运、综合利用等活动
	全国人大常委会	2018年1月	《中华人民共和国环境保护税法》	规定粉煤灰等固体废物的综合利用若符合标准可以免交环境保护税
粉煤灰污染防治	全国人大常委会	2015年1月	《中华人民共和国环境保护法》	明确环境保护坚持保护优先、预防为主、综合治理、公众参与、污染者承担责任的原则
	全国人大常委会	2015年4月	《中华人民共和国固体废物污染环境防治法》	指导包括粉煤灰在内的固体废物充分合理利用和无害化处置
	国家发改委、环境保护部、国家能源局	2015年12月	《关于在燃煤电厂推行环境污染第三方治理的指导意见》	对燃煤电厂实行环境污染第三方治理提出了具体目标和要求
	全国人大常委会	2016年1月	《中华人民共和国大气污染防治法》	对燃煤产生的大气污染作出专门规定
	全国人大常委会	2016年11月	《中华人民共和国海洋环境保护法》	明确了在海岸、沙滩附近的煤灰治理依据,对煤灰污染海洋环境作出规定
	全国人大常委会	2018年1月	《中华人民共和国水污染防治法》	对地表水体以及地下水体的污染防治作出规定

在数量上比较多,但是直接与粉煤灰相关的法律较少,大多都是以固体废物形式加以规定;第二,粉煤灰相关的法律、政策主要集中在粉煤灰综合利用方面,如《粉煤灰综合利用管理办法》,这是目前唯一一部专门对粉煤灰做出规定的行政规章。但我国在粉煤灰污染防治方面还没有专门的法律,对其处理主要适用《中华人民共和国固体废物污染环境防治法》(以下简称《固体废物污染环境防治法》)的相关规定。除此之外,其他污染防治方面的法律法规也对固体废物污染防治做出了相应的规定。*

为了鼓励企业主动对粉煤灰进行综合利用和污染防治,我国在税费优惠方面制定了一系列的法律政策(如表2所示)。第一,粉煤灰(渣)尚不属于建材产品,纳税人生产销售的粉煤灰(渣)应当按照增值税适用税率缴纳增值税。第二,纳税人将粉煤灰无偿提供给他人,应根据《增值税暂行条例实施细则》第四条的规定征收增值税。** 第三,从2018年1月1日起,我国将不再对粉煤灰征收排污费,而改征环境保护税。*** 为了鼓励企业主动利用粉煤灰,规定综合利用达到国家和地方环境保护标准的,免征环境保护税。

表2 国家支持粉煤灰综合利用税收优惠的主要政策

生效时间	税种	文件名称	相关内容
2018年1月	环境保护税	《中华人民共和国环境保护税法实施条例(征求意见稿)》	(1)纳税人综合利用的固体废物,符合国家和地方环境保护标准的,免征环境保护税 (2)明确了环境保护部门、税务机关以及地方人民政府在环境保护税征收管理中的职责 (3)对环境保护主管部门与税务机关工作配合机制作了具体规定

---

* 《中华人民共和国水污染防治法》《中华人民共和国大气污染防治法》等法律都对固体废物污染防治有一些比较原则性的规定,如《中华人民共和国水污染防治法》第四十五条第一款规定:"排放工业废水的企业应当采取有效措施,收集和处理产生的全部废水,防止污染环境。含有毒有害水污染物的工业废水应当分类收集和处理,不得稀释排放。"

** 《中华人民共和国增值税暂行条例实施细则》第四条规定,单位或者个体工商户将自产、委托加工或者购进的货物无偿赠送其他单位或者个人,视同销售货物。

*** 《中华人民共和国环境保护税法》第三条规定:"本法所称应税污染物,是指本法所附《环境保护税税目税额表》《应税污染物和当量值表》规定的大气污染物、水污染物、固体废物和噪声。"《环境保护税税目税额表》中规定的固体废物包括粉煤灰,且每吨征收税额为25元。

(续表)

生效时间	税种	文件名称	相关内容
2015年7月	增值税	《关于印发〈资源综合利用产品和劳务增值税优惠目录〉的通知》（财税〔2015〕78号）	（1）退税比例70%。①砖瓦（不含烧结普通砖）、砌块、陶粒、墙板、管材（管桩）、混凝土、砂浆、道路井盖、道路护栏、防火材料、耐火材料（镁铬砖除外）、保温材料、矿（岩）棉、微晶玻璃、U型玻璃：产品原料70%以上来自所列资源；②水泥、水泥熟料：42.5及以上等级水泥原料20%以上来自所列资源，其他水泥、水泥熟料的原料40%以上来自所列资源；纳税人符合GB4915—2013《水泥工业大气污染物排放标准》规定的技术要求 （2）退税比例50%。氧化铝、活性硅酸钙、瓷绝缘子、煅烧高岭土：氧化铝、活性硅酸钙生产原料25%以上来自所列资源，瓷绝缘子生产原料中煤矸石所占比例30%以上，煅烧高岭土生产原料中煤矸石所占比例90%以上
		《关于新型墙体材料税整的通知》（财税〔2015〕73号）	新型墙体材料增值税即征即退50%
2008年9月	所得税	《关于执行资源综合利用企业所得税优惠目录有关问题的通知》（财税〔2008〕47号）	企业以《资源综合利用企业所得税优惠目录》规定的资源作为主要原材料,生产国家非限制和禁止并符合国家和行业相关标准的产品取得收入,减按90%计入收入总额
		《关于资源综合利用企业所得税优惠管理问题的通知》（国税函〔2009〕185号）	
2008年1月		《资源综合利用企业所得税优惠目录（2008年版）》（财税〔2008〕117号）	产品标准要求粉煤灰制建材产品原料70%来自相关资源

二、粉煤灰综合利用和污染防治存在的问题

（一）法律法规和政策制定层面

粉煤灰相关法律法规和政策在制定层面存在的问题主要是缺乏专门性的污染防治规定,现有的相关规定又多是鼓励性规定,缺乏刚性法律规范,尤其是在法律责任的规

定方面不够明确,处罚力度较弱,对企业不具有威慑力。

1. 粉煤灰综合利用缺乏刚性法律规范,鼓励性政策缺乏配套措施

强制性是法律的特征之一,如果没有国家强制力的保障,法律的实施将难以保证。《粉煤灰综合利用管理办法》中规定的强制性措施较少,而指导性和鼓励性的措施占了相当大的部分。*

2013年,为鼓励、引导粉煤灰的综合利用,国家发展和改革委员会等十部门修订的《粉煤灰综合利用管理办法》专门规定了一系列的鼓励支持政策。** 但是,政策措施不够具体,量化不到位。现行的《煤炭工业粉煤灰综合利用管理办法实施细则》还是1996年颁布的,其依据的原法已经失效。此外,用灰单位申报资源综合利用认定程序烦琐,认定时间长,交易成本大,严重削弱了申请者的积极性。因此,法律法规和相关政策虽然明确规定鼓励对粉煤灰进行综合利用,但这些鼓励性措施要么没有相应的保障措施,要么实施成本过高,最终导致法律与政策的实施效果大打折扣,甚至流于形式,达不到预期的目的。

2. 粉煤灰长期被作为固体废物加以规定,易造成法律适用空白

在污染治理方面,粉煤灰长期以来被作为一般固体废物适用现行环境保护法律的规定。其中,《固体废物污染环境防治法》是调整粉煤灰污染防治的主要法律。*** 但是粉煤灰并不等于固体废物,用固体废物污染防治的相关法律来治理粉煤灰污染,会造成粉煤灰污染治理的法律适用空白。例如,粉煤灰进入利用环节以后,其存在形态从固体废物变为各种产品或者制成品(如混凝土、煤灰砖、路基、大坝等),无法作为固体废物继续适用环保方面的法律加以治理,因此导致粉煤灰利用方面法律与政府监管的缺位。与欧盟对于粉煤灰进入再利用环节以后继续以化学品条例加以监管的做法相比,目前我国在这方面的主要问题是无法可依,亟须明确相关的行为规范。

3. 粉煤灰的相关规定以综合利用为主,缺乏专门的污染防治规定

目前,我国对粉煤灰的相关规定都是以综合利用为主,几乎没有专门的粉煤灰污染

---

* 《粉煤灰综合利用管理办法》第三章章名是"鼓励措施",从第十六条到第二十二条都是对粉煤灰进行综合利用的各种鼓励措施作出规定。其第四章对法律责任的规定只有四条,且缺乏明确的处罚条款,强制性措施比较缺乏。

** 《粉煤灰综合利用管理办法》第三章专门规定鼓励措施,主要有鼓励对粉煤灰进行高附加值和大掺量利用;鼓励在具备条件的建筑、筑路等工程中使用符合国家或行业质量标准的粉煤灰及其制品;鼓励对粉煤灰大掺量、高附加值关键共性技术的自主创新研究;用灰单位可以按《国家鼓励的资源综合利用认定管理办法》有关要求和程序申报资源综合利用认定,申请享受资源综合利用相关优惠政策等。

*** 目前有关粉煤灰污染治理的相关法律规定,主要是一些现行的环保法律规定,大多都是作为固体废物或工业废物进行原则性的法律规定,没有直接对粉煤灰作出规定。其中,《固体废物污染环境防治法》是调整粉煤灰污染防治的主要法律规定。

防治规定。* 国家出台大量的法律法规和相关政策,其最终目的应该是为了保护环境,减少粉煤灰的污染,但是现有规定的内容都侧重于促进粉煤灰的资源化利用,而针对粉煤灰污染防治的专门规定较少。

4. 相关法律责任规定不够明确

关于粉煤灰的法律责任规定,无论是粉煤灰综合利用还是粉煤灰污染防治方面,都存在责任不明确的问题。首先,在粉煤灰综合利用方面,根据《粉煤灰综合利用管理办法》**,火电厂每年要向发改委、环保部门和统计部门这三个政府部门上报其粉煤灰回收利用率。但目前粉煤灰综合利用相关法规中没有明确规定利用率的汇报监管由哪个政府部门负责,而且对谎报粉煤灰综合利用率的企业或个人,我国法律并未设置相应的法律责任。其次,在粉煤灰污染防治方面,粉煤灰一直被作为固体废物受《固体废物污染环境防治法》的规制,我国没有根据粉煤灰自身的特点,对粉煤灰堆场的选址及粉煤灰的产生、储存、运输、处理等设计针对性制度,从而导致行政部门无法可依,无明确法律责任,环境执法无法落实。最后,在责任承担方式上,针对未按规定处理粉煤灰的企业,我国目前主要采取罚款的方式。如《固体废物污染环境防治法》第六十八条规定,对于粉煤灰企业未建设贮存设施、场所安全分类存放或者未采取无害化处置措施等情况,处1万元以上10万元以下的罚款。对于企业来说,这样的罚款金额远远低于其违规生产和建设所获得的利益,不具有威慑力,难以达到处罚的效果和目的。

5. 粉煤灰污染防治的强制性标准过少

粉煤灰污染防治的标准有很多项,但只有两项是强制性标准***,且这两项强制性标准都是针对火电厂大气污染物的污染防治标准,而粉煤灰污染防治标准基本上都是推荐性标准。这意味着不管粉煤灰污染防治的标准有多少,内容有多完善,这些标准终究缺乏强制性规定,很难真正发挥作用。

(二)法律法规、政策实施层面

粉煤灰相关法律法规与政策在实施过程中存在的问题主要体现以下五个方面。

1. 政府监管不足,各监管部门之间缺乏沟通机制

首先,在粉煤灰综合利用方面,政府监管不到位,中央和地方的监管部门不对应、不

---

* 专门对粉煤灰做出规定的法规只有《粉煤灰综合利用管理办法》以及《中国资源综合利用技术政策大纲》,两者都属于粉煤灰的综合利用范畴。

** 《粉煤灰综合利用管理办法》第九条第二款规定:"地市级环境保护部门、资源综合利用主管部门负责统计和掌握本地区粉煤灰产生、贮存、流向、利用、处置等数据信息。各省(区、市)环境保护部门和资源综合利用主管部门应于每年6月底前,将本地区上年度统计数据报环境保护部和国家发展改革委。"

*** 这两项标准分别是《火电厂大气污染物排放标准 GB13223—2003》和《燃煤电厂大气污染物排放标准 GB13223—91》。

统一。中央主要是由国家发展和改革委员会*和国家能源局**对粉煤灰综合利用进行监管,主要是起统筹和指导作用。地方在粉煤灰综合利用方面的监管部门各不相同,如石家庄市是由建设行政主管部门负责,重庆市是由经济主管部门负责。这导致地方粉煤灰综合利用的监管部门过于多样,不利于中央的统一管理。此外,一些地方的粉煤灰综合利用由几个经济管理部门共同落实。以上海市为例,《上海市粉煤灰综合利用管理规定实施细则》中明确规定,上海市建设委员会是上海市粉煤灰综合利用的主管部门,另有上海市经济委员会、上海市计划委员会等13家单位或机构协同上海市建设委员会对粉煤灰综合利用进行管理和协调。这容易导致各部门之间相互推诿,或者各部门制定的政策冲突或重复,没有统一的决策权。

其次,在粉煤灰污染防治方面,政府监管不力。根据相关规定,粉煤灰污染防治的监管部门是环保部门***,但实践中存在很多环保部门监管不力的现象。一方面,粉煤灰堆场选址乱的现象大量存在。虽然《粉煤灰综合利用管理办法》第十一条规定了粉煤灰堆场选址、设计等要符合一定的标准****,但实践中环保部门考虑更多的是对电厂的监督管理,对粉煤灰乱堆乱放往往视而不见。另一方面,粉煤灰主要产生在燃煤发电过程中,火电建设项目的环境影响评价对粉煤灰的排放具有重要影响,但实践中为了让更多的建设项目进驻当地园区,环保部门的环境影响评价并没有严格按照国家标准进行评定。

由上可知,粉煤灰的综合利用和污染防治分属不同部门监管,但实践中粉煤灰综合利用和污染防治的监管部门之间缺乏合理的沟通机制,导致两者制定的政策差异巨大,无法相互衔接和信息共享。此外,粉煤灰综合利用和污染防治之间缺乏一个具有统一

---

* 国家发展和改革委员会作为国务院的职能机构,是指导经济发展和改革的宏观调控部门。它与粉煤灰治理有关的职能主要是:推进可持续发展战略,负责节能减排的综合协调工作,组织拟订发展循环经济、全社会能源资源节约和综合利用规划及政策措施并协调实施,参与编制生态建设、环境保护规划,协调生态建设、能源资源节约和综合利用的重大问题,综合协调环保产业和清洁生产促进有关工作。

** 国家能源局主要负责煤炭、电力等能源行业的管理,其主要职责是制定与能源有关的发展规划政策并组织实施,加强与环保部等部门协调合作。

*** 《粉煤灰综合利用管理办法》第二十三条规定:"新建电厂兴建永久性储灰场违反第十一条规定的,由国土资源等部门监督其限期整改。对环境造成污染的,由环境保护部门依法予以处罚"。《粉煤灰综合利用管理办法》第十一条规定:"新建电厂应综合考虑周边粉煤灰利用能力,以及节约土地、防止环境污染,避免建设永久性粉煤灰堆场(库),确需建设的,原则上占地规模按不超过3年储灰量设计,且粉煤灰堆场(库)选址、设计、建设及运行管理应当符合《一般工业固体废物贮存、处置场污染控制标准》(GB18599—2001)等相关要求"。可见,新建电厂违反规定建设永久性储灰场的由国土资源等部门监管,粉煤灰污染防治的监管部门则是环保部门。

**** 《粉煤灰综合利用管理办法》第十一条规定:"新建电厂应综合考虑周边粉煤灰利用能力,以及节约土地、防止环境污染,避免建设永久性粉煤灰堆场(库),确需建设的,原则上占地规模按不超过3年储灰量设计,且粉煤灰堆场(库)选址、设计、建设及运行管理应当符合《一般工业固体废物贮存、处置场污染控制标准》(GB18599—2001)等相关要求。"

决策权的议事协调机构。

2. 粉煤灰堆场建设、营运不合理

根据《粉煤灰综合利用管理办法》和《一般工业固体废物贮存、处置场污染控制标准》的相关规定,粉煤灰堆场的设立同样需要进行环境影响评价,综合评价其对周围环境、居住人群的身体健康、日常生活和生产活动的影响。我们通过调研发现,一些粉煤灰堆场直接与农田接壤,离居民区也不是很远,已经影响了居民的日常生活。此外,很多堆场没有正常的营运机制,仅仅是用于堆放粉煤灰,堆场采取的防扬散、防渗漏、防流失措施远不足以达到有效防治粉煤灰环境污染的目的。粉煤灰堆场的选址以及后期营运都存在问题,对周边环境的影响十分严重,对居民的正常生活也造成了不利影响。

3. 用灰企业自主创新能力差,缺乏创新意识

目前,我国粉煤灰综合利用技术有近200项,其中得到实施应用的近70项,但其大多是对粉煤灰粗放型的简单再利用技术,精细化、高附加值的工业化利用技术很少。

如图1所示,我国现有的多数粉煤灰综合利用企业虽然发展现状良好,但企业自主开发能力弱,没有专门的技术研发或创新机构,研发设施落后,没有稳定的研发队伍,缺乏必要的研发投入,又不能有效保护自己的技术知识产权。造成这种局面的原因除了体制、人才、资金等,关键因素是企业创新意识落后,对市场竞争缺乏洞察力,重视程度不够,缺乏战略眼光。

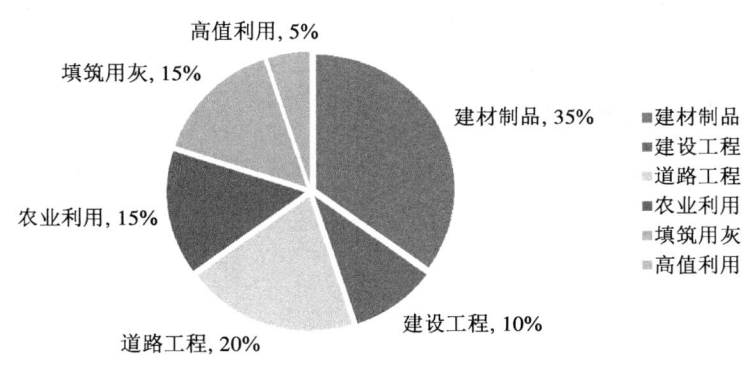

图1 我国粉煤灰利用方式图①

---

① 李文颖,朱林.日本粉煤灰综合利用对我国的启示[J].粉煤灰综合利用,2010(03):54.

4. 粉煤灰综合利用市场混乱,无序竞争问题突出

粉煤灰的开发利用需要市场和政府共同发挥作用。但在粉煤灰市场中,同行业之间存在无序竞争。由于国家加大了对粉煤灰综合利用的政策支持,市场上出现了更多的用灰企业。但是各用灰企业所处的地域不同,对粉煤灰的综合利用手段、技术不同,它们在综合利用上并非处于同一起跑线,很多用灰企业利用自己的地理优势和先进技术,降低粉煤灰产品的价格,迫使很多同行退出市场。当用灰企业数量有限时,就会形成垄断,迫使供灰单位用更低的价格处理粉煤灰,最后,当供灰单位无利可图时便不愿花费精力处理粉煤灰了。另外,在市场无法发挥作用的同时,政府对粉煤灰的优惠政策又没有落实,这就进一步加剧了粉煤灰不能被有效利用和处理。

5. 公众环境权利意识淡薄

从我国粉煤灰利用和污染防治法律法规来看,公众在环境事务中的参与还是受到重视的。* 我们在本次实地调研中发现,很多粉煤灰堆场的建立已经影响了居民的正常生活和身体健康,但是他们面对灰场的不利影响时,都是选择默默忍受,很少采取有效的维权手段来保护自己的合法权益。

三、粉煤灰综合利用和污染防治的经验借鉴

随着燃煤发电产业的不断发展,粉煤灰排放量也在逐年增加。如何提高粉煤灰综合利用率、促进资源循环利用、减少粉煤灰对环境的污染一直是国内外研究的热点问题。我们在调研中发现,我国部分城市以及其他国家在粉煤灰综合利用及污染防治领域中都有一些先进的经验值得我们借鉴。

(一)我国部分城市的经验

我们调研了上海市、唐山市等六个城市关于粉煤灰综合利用方面的相关规定,并从利用原则、主管和协管部门、资金管理、优惠待遇、处罚规定及环保规定等几个方面进行了对比分析(见表3)。

---

* 《固体废物污染环境防治法》第九条规定:"任何单位和个人都有保护环境的义务,并有权对造成固体废物污染环境的单位和个人进行检举和控告"。《环境保护法》第五十七条规定:"公民、法人和其他组织发现任何单位和个人有污染环境和破坏生态行为的,有权向环境保护主管部门或者其他负有环境保护监督管理职责的部门举报。公民、法人和其他组织发现地方各级人民政府、县级以上人民政府环境保护主管部门和其他负有环境保护监督管理职责的部门不依法履行职责的,有权向其上级机关或者监察机关举报。"

表3　部分省市粉煤灰综合利用管理规定

省市规定	生效时间	利用原则	主管部门/协管部门	资金管理	优惠待遇	处罚规定	环保规定
《上海市粉煤灰综合利用管理规定》（已废止）	1997年12月	无	上海市建设委员会/市建委所属的上海市建材业管理办公室	专款专用,并纳入财政部门专户储存管理	投资政策、建设资金给予支持,减免税优惠	罚款	粉煤灰的运输、储存、使用,应当防止对环境造成污染
《唐山市粉煤灰综合利用管理条例》	2013年9月	因地制宜、多种途径、各方协作、鼓励利用和谁产生、谁治理、谁利用、谁受益	市人民政府建设行政主管部门/市粉煤灰综合利用管理机构	由同级人民政府财政按年度列支,专项专用	享受科研物资、优先贷款、税收减免等优惠		用灰单位和运灰单位在利用、装运粉煤灰时,应当采取相应措施,不得造成环境污染
《哈尔滨市粉煤灰综合利用管理条例》	2013年8月	谁排放谁治理,谁利用谁受益和统一规划、总量平衡、科学管理、鼓励利用	市计划部门/市粉煤灰综合利用管理机构	财政专户存储,专款专用	减免税、优先安排资金等优惠		建设粉煤灰贮存、处置的设施、场所不符合环境保护标准的,责令期改正,并向市环境保护部门缴纳排污费
《南京市粉煤灰综合利用管理条例》	2004年7月	因地制宜,多种途径,各方协作,鼓励用灰和谁排放、谁治理,谁利用、谁收益	市人民政府计划部门/市粉煤灰综合利用管理机构	纳入财政专户储存,专款专用	物资、贷款、减税、减收免收养路费、土地资源开发费等优惠		粉煤灰运输和综合利用单位,应当加强对运灰、贮灰、用灰及其设施的管理,防止和控制二次污染
《南昌市粉煤灰综合利用管理条例》	2003年3月	谁排放、谁治理,谁利用、谁受益	市城乡建设行政管理部门/市粉煤灰综合利用管理机构	未设立专项资金或基金;所需经费,列入市、县财政预算	科技贷款、使用补助、免交路桥通行费、减免税等优惠		运输粉煤灰的车辆、船舶应当配置防扬散、防流失、防渗漏以及其他符合环境保护的设施
《石家庄市粉煤灰综合利用管理条例》	2010年8月	谁排放、谁治理,以用为主,谁利用、谁受益	市建设行政主管部门/市粉煤灰综合利用管理机构	由同级人民政府财政按年度专项列支	减免税、优先安排推广、给予补助等优惠		运输粉煤灰单位或个人的车辆应按照环境保护规定,配置防扬撒、防流失、防泄漏等防护设施

从表 3 可以看出,以上六个城市对粉煤灰综合利用的管理规定主要涉及以下三点。

第一,关于粉煤灰综合利用的主管和协管部门。各地在主管部门的规定上差异较大,有的是市建设委员会,有的是市发改委。关于粉煤灰综合利用的协管部门,即负责日常具体工作的部门,各地规定基本相同,除了上海规定由市建设委员会所属的上海市建材业管理办公室作为协管部门,其他城市都是规定由市粉煤灰综合利用管理机构负责日常工作。

第二,关于粉煤灰综合利用资金的管理。除了南昌市未设立粉煤灰综合利用资金*,其他城市都设立了粉煤灰综合利用资金或基金。各地对资金的管理分两种,一种是唐山市、石家庄市规定由同级人民政府财政按年度专项列支;另外一种是上海、哈尔滨、南京等市规定纳入财政专户存储,专款专用。**

第三,关于粉煤灰综合利用的优惠规定。相对于国家发布的《粉煤灰综合利用管理办法》中对粉煤灰综合利用的优惠规定***,各地的优惠措施更加细致,更易于落实。以南京市为例,《南京市粉煤灰综合利用管理条例》第十八条规定:"综合利用粉煤灰可以适用下列优惠规定:(一)列入市科技发展计划或者南京地方级重点新产品试制、鉴定计划的粉煤灰综合利用科技开发项目,在科研物资、科技贷款、产品试销价格、国外智力引进等方面适用有关优惠规定;(二)新建粉煤灰综合利用项目,投资方向调节税可以按照国家规定适用零税率,项目投产后可以按照国家规定征、免增值税和所得税;(三)农村使用粉煤灰复垦坑洼废地,纳入土地复垦计划,每造 1 亩耕地,由市、县(区)共补助 300 元,补助资金从耕地占用税留给地方的农业发展专项基金中支付,5 年内免征农业税;(四)粉煤灰综合利用生产项目,经计划部门和银行审核,可以优先安排贴息或者低息贷款;(五)粉煤灰综合利用生产项目,有关部门应当优先安排能源供应;(六)装运粉煤灰的专用车、船,喷涂统一的专用标志,在运输粉煤灰时,可以减收、免收养路费、航道养护费和过路、过桥、过闸费;(七)从事粉煤灰制品生产的企业,利用 1 吨灰可以提取

---

* 《南昌市粉煤灰综合利用管理条例》规定,粉煤灰综合利用所需经费,列入市、县财政预算。

** 如《南京市粉煤灰综合利用管理条例》第十七条规定:"加强粉煤灰综合利用专项资金管理。资金来源有:(一)排灰单位按火力发电量折算,扣除本企业综合利用部分后,每排放 1 吨粉煤灰缴纳 1.5 元,每新增堆存 1 吨粉煤灰缴纳 1 元,按季结算;(二)排灰单位新征土地建设灰场和生产实心黏土砖瓦的企业新征(占)土地取土,每亩缴纳 1 000 元综合利用扶持附加费;(三)从征收的排灰单位排污费总额中提取 10%。粉煤灰综合利用主管部门不得扩大收费范围、提高收费标准。粉煤灰综合利用专项资金必须纳入财政专户储存,专款专用。该项资金主要用于粉煤灰的科学研究、综合治理、开发利用等。"

*** 《粉煤灰综合利用管理办法》中第十八条规定:"用灰单位可以按照《国家鼓励的资源综合利用认定管理办法》有关要求和程序申报资源综合利用认定。符合条件的用灰单位,可根据国家有关规定,申请享受资源综合利用相关优惠政策。"该规定未能落到实处。

1元,用于有关职工的补贴;(八)掺用粉煤灰的建材制品,适用新型墙体材料的有关优惠规定,对利用粉煤灰取代黏土制砖的生产企业,可以免收土地资源开发费。适用优惠规定的单位应当向粉煤灰综合利用主管部门申报,经市计划、财政、税务、交通、土地等有关部门批准后方可享受。减免税款必须用于粉煤灰综合利用的再生产或者还贷,不得挪作他用。"这一规定从各个方面对粉煤灰综合利用享有的优惠以列举的形式逐一进行了明确,方便落实。

除此之外,各地在粉煤灰管理方面还有一些创新性的规定,主要有以下几点:一是规定建立粉煤灰综合利用目标责任制,如哈尔滨、南京、南昌等市的规定。* 二是规定有条件使用粉煤灰的建设项目必须使用粉煤灰,如哈尔滨、南京等市的规定。** 三是规定专门部门组织开展科技研发与推广,如石家庄市的规定。***

(二)国外的经验

国外一些发达国家非常重视粉煤灰资源,开展粉煤灰综合利用工作也比较早。例如,美国早在1933年就开始对粉煤灰在混凝土中的应用进行了系统的研究。目前,发达国家粉煤灰资源化程度已经很高,如日本、荷兰的粉煤灰利用率已达100%。

1. 日本

日本土地资源匮乏,政府对燃煤电厂粉煤灰的排放量做出了严格的限制,并对其综合利用给予了极大的技术支持和政策鼓励,其粉煤灰综合利用率位居世界前列。

1)*科研支持方面*

日本产业经济省资源能源厅于1999年设立了21世纪煤炭技术战略研究会,集结政府和企业形成燃煤废渣的供需网。此外,政府还委托研究部门制定燃煤废渣利用技术手册,如日本的环境技术协会——日本飞灰协会于1995—2002年每年发布《燃煤废渣手册》,详细分析日本全国各地的用煤企业中燃煤废渣的发生量及有效利用状况;日本煤炭能源中心自2003年开始发布《日本清洁燃煤技术》手册,对日本清洁燃煤技术和粉煤灰利用技术进行总结分析。

作为粉煤灰的产生大户,日本九大电力公司及各个电力相关企业也一直在研发粉煤灰综合利用技术。例如,电源开发株式会社从20世纪90年代后期起,定期在其发行

---

* 《哈尔滨市粉煤灰综合利用管理条例》第八条规定:"粉煤灰排放单位应当按照粉煤灰综合利用规划和计划建立粉煤灰综合利用目标责任制,开展粉煤灰综合利用。"

** 《南京市粉煤灰综合利用管理条例》第十三条规定:"凡具备粉煤灰综合利用条件的建设项目,其设计部门必须按照设计规范将采用粉煤灰及粉煤灰制品纳入设计,建设、施工单位必须按照设计使用粉煤灰及符合质量标准的粉煤灰制品。"

*** 《石家庄市粉煤灰综合利用管理条例》第十一条规定:"市建设行政主管部门应组织开展粉煤灰综合利用项目的科技开发、科研成果的转让和推广应用,以及技术、咨询和信息服务。"

的相关刊物上刊登关于燃煤废渣应用技术开发状况的论文。此外,资源能源厅直属的煤炭利用综合中心定期拨出专用款项委托专家调研,并于 2003 年出版了《燃煤废渣全国调研报告书》。

2)法律政策方面

日本政府在 1968 年颁发的《大气污染防治法》第二条中,把燃煤废渣定义为飞灰和块状煤渣,并规定了消费者有效利用的义务;在 1991 年 4 月开始实施的《再生利用法》以及在其基础上修改、扩充并于 2001 年颁布的《资源综合利用促进法》中,把燃炭废渣规定为特定副生物,规定业主有义务进行技术开发、设备改良,以便进一步提高特定副生物作为资源的循环利用率,加强对提高燃煤废渣利用率的法律约束;1993 年出台的《环境基本法》,对燃煤废渣中的水银、有机磷化合物、铅、氟、硼酸等可能对土地、水源、空气形成污染的物质含量规定了严格的检测基准;2000 年 6 月开始实施的《循环型社会形成推进基本法》和 2005 年 4 月 1 日开始实施的《废弃物处理法》规定,不法投弃燃煤废渣的企业应依法受到处罚,并有清洗被污染现场使其恢复原状的义务。

3)税收优惠方面

日本政府在通过能源供给构造改革促进财政投资的税收制度中,对粉煤灰的再生处理设备投资给予减税和退税的优惠:凡是用于将粉煤灰转化为水泥、混凝土等建筑材料或者排烟脱硫用脱硫剂的设备投资,其所得税或者法人税将减除相当于设备投资额 7% 的税额;另外,所得税税额的 30% 予以退税优惠。

此外,日本政府还在税收上对从事粉煤灰利用途径和相关技术的科学研究及技术开发活动给予相当于研究经费 6% 的减税待遇。其优惠对象为从事将粉煤灰做水泥轻质骨料、高流动性混凝土(比重小于 2.0)、路基碎石的替代品以及未燃尽碳素分离技术等方面的科研活动。

2. 美国

美国是粉煤灰资源开发和综合利用比较先进的国家,其在粉煤灰处理过程中十分重视国家立法的作用。

1)法律方面

美国的《固体废物处置法》于 1984 年被重新修订,更名为《资源保护回收法》,该法就是专门针对粉煤灰等固体废物处理利用的一项法案。对于处理固体废物的处置问题,在美国不仅是一个环境问题,也是一个需要负法律责任的问题。

2)粉煤灰综合利用方面

美国的粉煤灰综合利用途径较少,但其对粉煤灰综合利用的科技含量较高且划分细致、利用率高。例如,在冶金领域用粉煤灰制造公共汽车的铸件;在道路建设领域采用沥青混凝土添加粉煤灰铺路,用于美国乡村沙砾路改造和机场跑道建设等。这些先进的技术都是结合具体情况进行研发和市场化运作的,十分具有针对性,值得我国加以借鉴。

3）市场作用方面

美国联邦政府在进行粉煤灰综合利用研究开发初期,各州并没有出台相关优惠政策,完全依靠市场化运作。美国电厂大多数使用稳定的煤源,可以保证粉煤灰中各元素含量稳定,这有利于电厂与粉煤灰利用商建立长期合作关系。由于人工成本过高等因素,美国电厂对粉煤灰的处理一般以整体外包的形式为主,即由粉煤灰综合利用企业为燃煤电厂产生的粉煤灰提供专业化的服务。企业和燃煤电厂签订合同后,买断粉煤灰的处置权,明确由该企业负责处理电厂产生的粉煤灰,其服务合同期为3~5年,同时还要对未销售和利用的粉煤灰进行无害化处置。

综上所述,日本、美国在粉煤灰处理中有以下几点值得我们借鉴:一是注重粉煤灰综合利用技术研发,在科研投入方面力度较大;二是重视国家立法的作用,粉煤灰相关法律法规较为完善;三是注重完善和落实粉煤灰综合利用和污染防治方面的税收优惠政策;四是发挥粉煤灰市场的能动作用,寻求利益的最大化。

四、完善粉煤灰综合利用和污染防治的对策

（一）法律法规及政策制定方面

法律的制定来源于社会生活。粉煤灰相关法律法规及政策的制定离不开粉煤灰综合利用和污染防治的实践。未来粉煤灰相关法律法规、政策的制定和完善应该从税费优惠、粉煤灰污染防治立法、法律责任的细化以及加大处罚力度等方面进行。

1. 降低税费优惠的适用门槛,扩大适用范围

对于用灰单位,要实行有力的税收减免和财政补贴政策。目前,我国可以享受优惠政策的粉煤灰制成品适用范围不广,局限在水泥、砖、混凝土等建筑材料和部分墙体材料,而且优惠政策的适用门槛较高,这势必会影响企业的用灰热情。因此,我国应建立有效的经济政策,对用灰单位尤其是采用创新技术对粉煤进行深加工的企业,从建设项目立项、信贷等多方面给予政策优惠,鼓励和刺激企业积极、主动用灰,有效提高粉煤灰综合利用率。

2. 制定专门性的粉煤灰污染防治规定

目前,我国在粉煤灰污染防治方面缺乏专门立法,而实践中因为缺乏粉煤灰污染防治法律的约束,导致粉煤灰二次污染现象严重。未来,我国粉煤灰的处理除了坚持"以用为主"外,更要注重对粉煤灰污染的防治。因此,建议我国应该尽快出台粉煤灰污染防治办法,专门对粉煤灰的污染防治进行规制。

3. 明确相关法律责任,加大违法处罚力度

未来,我国应该进一步细化粉煤灰相关法律责任的规定,包括对产灰单位、运输单位、用灰单位以及监管部门责任的明确。首先,在粉煤灰综合利用方面,要明确规定粉煤灰回收利用率的汇报监管部门,通过法律法规明确谎报粉煤灰综合利用率的企业或个人的法律责任。其次,在粉煤灰污染防治方面,应尽快设立专门针对粉煤灰污染防治的法律规范,并根据粉煤灰自身的特点,设计针对粉煤灰堆场的选址、产生、储存、运输、处理等环节的具体制度,明确粉煤灰污染的责任主体,让行政部门有法可依。再次,针对粉煤灰堆场违法建设处罚力度弱的问题,可以借鉴《环境保护法》中的"按日计罚"制度,对其进行罚款处罚,倒逼企业及时处理粉煤灰堆场。最后,要明确监管部门的职责,加大对监管部门执法不力的处罚。

4. 完善粉煤灰标准制度,增加粉煤灰污染防治的强制性标准

我国在完善粉煤灰污染防治标准内容的同时,应适当增加粉煤灰污染防治的强制性标准,相应减少推荐性标准。例如,组织专家开展论证会,并充分听取监管部门、企业、公众等相关主体的意见,重新评估现有粉煤灰污染防治标准的适用效果,对于有必要转化为强制性标准的推荐性标准要及时修改,使这些标准得以真正落实。

5. 探索建立健全生产者责任延伸制度

在生产者责任*延伸制度下,工业固废的无害化、资源化、减量化处置责任从社会、政府身上全部或部分地转移到了生产者身上。当前,欧美发达国家都非常重视生产者责任延伸制度的落实,一般是在严格实施有关法律法规的基础上,通过宣传教育、支持企业获得经济利益等手段引导企业参与固废的利用,在这个过程中,政府的推动作用得到了凸显。就粉煤灰而言,燃煤电厂作为粉煤灰的生产者,对粉煤灰的综合利用和污染防治是其作为生产者责任延伸的重点,政府要充分发挥政策的指导和引领作用,推动燃煤电厂主动承担粉煤灰综合利用和污染防治的责任。

6. 建立环保押金制度

为了达到粉煤灰污染防治的目的,环保部门可以在燃煤电厂生产之前让其缴纳一定数额的环保押金,该押金可以由环保部门负责管理,也可以交由专门的第三方机构管理。在燃煤电厂妥善处理粉煤灰后,经过审查合格的,由环保部门将押金返还给电厂;造成污染事故的,该押金则用来抵充部分的环境修复费用。

(二)法律法规、政策实施方面

法律的生命力在于实施。国家制定法律法规、政策只有得到充分的落实,才能发挥

---

* 生产者责任具体包括法律责任、经济责任、环境责任、社会责任和信息责任等。

其应有的作用。

1. 设立粉煤灰综合利用和污染防治专项资金

地方政府可以设立粉煤灰综合利用和污染防治资金,吸纳社会资本,扶持粉煤灰综合利用产业发展和粉煤灰污染防治。资金来源主要包括地方财政投入、环保押金、社会资本投入等,做到专款专用。目前,我国已有部分省市设立了粉煤灰综合利用基金,如上海市。但是从全国范围看,粉煤灰污染防治缺乏资金投入,导致粉煤灰污染防治不到位,加剧了生态环境损害。因此,除了设立粉煤灰综合利用基金外,更有必要设立粉煤灰污染防治基金,加大对粉煤灰污染防治的资金投入。

2. 落实政府的监管职责

首先,在粉煤灰综合利用方面,地方在粉煤灰综合利用方面的监管部门应统一,方便中央统一领导,及时了解各地粉煤灰综合利用情况;二是地方综合利用监管部门之间不能孤立办事,要协调合作,在政策制定上要统一各部门的决策权,避免各部门制定的政策、规划冲突或重复。其次,在粉煤灰污染防治方面,各级环保部门对粉煤灰堆场的选址、设计要进行严格监督,对粉煤灰乱堆乱放现象要严格按照相关规定进行处理;同时,各级环保部门要落实《环境保护法》中的环境影响评价制度,严格按照国家标准进行评定,并且保证各级环保部门按照法律规定监管粉煤灰污染防治,不受任何单位和个人干扰。最后,粉煤灰综合利用和污染防治的监管部门之间需要协调联动,尽快落实高层次的议事协调机构,既要保证综合利用和污染防治监管部门之间的信息共享,又要落实沟通机制和冲突解决机制。

3. 加强对粉煤灰堆场的营运管理,加大对粉煤灰利用的科技研发

首先,在粉煤灰堆场的建设和营运方面,企业可以指定专门人员负责粉煤灰堆场的营运,包括粉煤灰堆场建设、日常管理、环境保护等方面,将责任落实到人。在堆场的选址中,企业要充分听取公众的意见,减少不必要的环境污染。在营运堆场时,企业可以在粉煤灰废水排放口上游建造一个沉淀池,将粉煤灰废水中的粉煤灰成分沉淀出来,这样既可以做到粉煤灰的回收利用、变废为宝,也可以保护环境、避免污染。其次,在粉煤灰综合利用方面,企业要增强自主创新能力,形成自主知识产权。近年来,粉煤灰综合利用发展很快,但因为缺乏自主创新能力,在市场竞争中始终处于劣势。从长远来看,粉煤灰综合利用企业要建立自己的技术研发中心,建立保护知识产权的管理机构,培养专业化人才队伍,加大企业自身对粉煤灰开发与研究的投入,逐渐形成综合利用企业自身的技术创新体系和自主知识产权体系,成为粉煤灰技术研究开发的主体和竞争性企业,形成自己的核心竞争力,这样才能激烈的市场竞争中发展壮大、占据优势。

4. 规范粉煤灰竞争市场，发挥市场激励作用

粉煤灰综合利用的一个重要障碍在于，用灰企业之间存在无序竞争，导致供灰单位利润变小。因此，必须规范粉煤灰的竞争市场，放宽粉煤灰企业市场准入条件，让更多的企业进入粉煤灰市场，避免个别企业对粉煤灰市场进行垄断。此外，还可以通过财政、税收等多种手段，设计有效的激励约束机制，从源头上实现粉煤灰竞争市场的良性循环，发挥市场的积极作用。

5. 加大环保知识宣传教育，提高公众环境权利意识

公众环境权利意识淡薄的主要原因在于缺乏相关环境知识，因此，加强对公众环境知识的宣传教育是十分必要的。首先，相关部门要对公众进行粉煤灰污染防治重要性的宣传教育，让他们了解到应该去保护环境；其次，相关部门要对公众进行环境权利的宣传教育，让他们了解自己拥有的环境权利；最后，相关部门要对公众进行环境维权教育，即当环境权利受到侵害时教育公众应当如何维权。具体到粉煤灰污染防治方面，相关部门更需要加强公众对粉煤灰的认识，以及粉煤灰对环境污染等方面的知识宣传，让公众积极主动地参与粉煤灰的污染防治。

参考文献

[1] 王新.粉煤灰在混凝土中掺量的选用[J].科技风,2012(24).

[2] 潘慧敏,赵庆新,付军.早龄期混凝土受扰性能研究进展[J].硅酸盐通报,2017(01).

[3] 王立久,李慧芝.磁化水混凝土的研究现状及进展[J].建材技术与应用,2007(01).

[4] 胡炜,李文兴.干湿环境下水分在混凝土中的迁移规律[J].低温建筑技术,2016(12).

[5] 骆亚生,李靖,徐丽.掺土粉煤灰的工程性质试验研究[J].岩土力学,2009(02).

[6] 章华.粉煤灰的力学性能[J].现代交通技术,2009(05).

[7] 王永庆,史晓杰,孙川.粉煤灰的综合利用研究现状[J].广州化工,2009(07).

[8] CCPA粉煤灰材料分会.2016年粉煤灰行业发展报告[EB/OL].（2017-01-20）[2017-07-15]. http://www.360doc.com/content/17/0120/10/33066337_623653401.shtml.

[9] 肖苗良,祝鹏烽,等.国内粉煤灰综合利用现状综述[J].基层建设,2015(27).

[10] 刘飞越.煤尘暴或将肆虐全国：粉煤灰含有毒重金属[EB/OL].（2011-04-15）[2017-07-15]. http://discover.news.163.com/special/coalashsandstorm/.

[11] 王亮.粉煤灰综合利用研究[D].天津：天津大学,2006.

[12] 李文顾,朱林.日本粉煤灰综合利用对我国的启示[J].粉煤灰综合利用,2010(03)：54.

井工煤矿开采中的环境风险监管法律问题研究

撰写高校： 广东外语外贸大学
指导教师： 陈熹、任颖
撰 写 人： 卢佳婷、廖文、吴易轩、徐侃

煤炭作为我国重要的自然资源，在其开采的过程中会产生相应的法律问题，如开采前缺少总体的统筹规划和生态评估，开采中环境信息不公开，开采后无具体的复垦实施方案等。本调研报告通过对井工煤矿开采中的环境风险监管进行实地考察，立足现实问题，探索建立一个开采前规划（风险防范）、开采中监督（风险监管）、开采后治理（风险控制）的模式，并提出了完善相关配套措施（如信息公开、保证金制度）、规范煤炭开采行为、保护煤炭开采中的生态环境等具体法律问题的相关建议。

一、井工煤矿开采前的环境风险防范法律问题

（一）现状与治理困境

在矿区管理中，井工煤矿开采的安全风险和分级监管是重中之重，但也是最难以彻底解决的问题。因此，煤矿企业在煤矿开采前要以风险内容为视角，从三个方面着手进行风险防范和应急准备：第一，评估煤矿开采存在的显性和隐性安全风险，如采空区、矿井周边空区和水害等；第二，避免操作不当或者失误引起的人为事故风险；第三，评估矿区开采时引发的土壤污染、生态恶化等环境风险。本次调研主要侧重于对第三个方面相关法律问题的调查研究，致力于通过计划、组织、制度、管理及评估，削弱风险发生的损失程度。

1. 井工煤矿开采缺乏规划，国家监督管理机制不健全

据调查，我国目前的煤矿产业状况为小型、中型、大型企业并存，而且还有不少乡镇、集体和个体矿山、矿点，这些矿点存在集约化程度过低、粗放开发甚至破坏矿产资源的问题。此外，一直以来，我国煤矿企业在煤炭开采过程中还存在着众多问题，如开采中越层越界、无资格开采、过度开采等。这些不规范的矿业权市场化现象是矿业权有偿

取得制度导致的煤炭资源无序开发的严重后果。①

目前,我国还未设立专项基金支持矿产资源的综合利用和煤炭企业的开采、发展规划。有些资金较差的企业因为融资渠道不畅,所以自身效益无法得到保障,此时若无财政的支持,就难以有充足的资金用于矿产资源开采。因此,要解决煤矿开采前的规划问题,政府需要从政策和立法层面给予更多的扶持与监督管理。

2. 开采前矿区居民搬迁方案单一,未重视生态环境保护

煤矿企业在勘探到煤炭资源后,面临合理迁移原居民的问题,因为部分井田上方是有居民区的,所以要进行煤矿开采就必须迁移居民区。也就是说,企业在煤矿开采前存在着与民争地的问题。但是在我国的城市化进程中,城市建设用地和农村集体用地供应之间本身就存在着这种冲突。首先是土地用途的转化,依据现有的法律规定,土地利用总体规划、土地利用年度计划都对土地用途有着明确的规定,耕地用于开采会受到严格的制约。其次是土地权属转移的问题,如农村集体土地的流转以及居民搬迁、补偿、安置等问题,若涉及几个集体经济组织,还会出现协商难的问题。此外,在城市建设用地指标的限制下,新居民区的地址可选范围缩小,若选择的范围不当,无论是环境污染还是土地塌陷,都会造成居民的二次搬迁。这样既增加了企业处理房屋的费用成本,同时居民的生命财产安全也存在极大的隐患。

为了使井田上方的居民区搬迁工作能够顺利实施,目前一般采取整体搬迁和异地搬迁措施,或者在原址上采用抗变形技术实施房屋重建,但这些措施均存在很多共性突出问题。例如,前文提到的新村征地困难、新村选址落地困难和搬迁过程会产生大量的沟通成本和补偿费用等问题。如果村庄搬迁的用地需求无法及时满足,搬迁工作就会停滞不前,这样不仅会影响矿井开采的进度,也会给村民的正常生产生活带来诸多不便。此外,如果采用抗变形技术进行原地重建,则需要考虑该技术的成本问题,若其成本完全由煤矿企业承担,而没有政府财政的支持,则该项技术也不能得到大面积的推广。因此,矿区居民搬迁新模式的探索势在必行。

3. 煤矿专项环保规章制度缺位,工作人员风险防范意识欠缺

我们在调研过程中发现,在煤矿企业多项规章制度中并无专项的环保规定,再加上煤炭行业自身的特殊性,因此,管理、制度、人员等多方面因素成为影响我国煤炭行业"绿色发展"的重要掣肘,主要体现在煤炭开采的技术装备与工艺落后、对煤炭资源的循环利用不够、研发与自主创新能力薄弱等方面。事实上,从立法总体情况上看,政府在煤炭工业管理中大量运用行政管理手段,我国煤炭工业的相关法律法规缺乏,这严重影

---

① 梁战耀.煤炭资源开发利用中存在的问题、成因及对策[J].煤炭工程,2006(02).

响了国家对煤炭工业的管理和调控。国家对中小型煤矿企业虽然进行了严格的监督和管理,但煤矿企业从成本和利益的角度出发,为了获取更多的经济效益,往往会忽略工作人员的生命安全。

此外,我们在调研中还发现,煤矿工作人员风险防范意识欠缺,环境保护动力不足。他们对煤炭资源节约与资源综合利用的重要性和迫切性的认识还存在欠缺,而且偏向于短时利益,不重视长远发展和社会责任的承担。这导致我国煤矿企业存在大量浪费、粗放开发、低效率利用以及效益低下等问题。

(二)完善煤矿开采前环境风险防范法律制度的建议

基于以上调研,以矿区居民搬迁为例,我们认为,煤矿企业应因地制宜地制定多元化的搬迁方案。

首先,农民的生存根本是耕地,为尽量减小搬迁对农民生产生活的影响,矿区村庄在搬迁时应按照就近搬迁的原则,尽量使搬迁农民的新住址距离耕作的土地较近。搬迁工作应由企业出资,由地方政府组织实施,依据行政村、所属乡镇的归属进行安置地的选择,避免在具体安置实施过程中出现人员、财产及房屋土地等补偿统计的遗漏和偏差。①

其次,企业和政府在制定搬迁方案时,应该尽力以少占耕地和生态保护为原则,尽可能实现补偿方式多样化,提高补偿标准;同时,在企业出资的基础上,政府应提供相应的财政支持,并开办转业培训班或者职业教育,以保障搬迁居民的生活质量。此外,企业和政府在合理规划新村布局的同时也要考虑环境的污染问题,减少对环境的破坏,重视搬迁中的生态环境保护问题,因地制宜,最终形成合理、和谐的搬迁模式。这样才能有效缓解搬迁居民与煤矿企业之间的矛盾,维护社会稳定,促进矿区经济更好地发展。

绿色矿区的建设,既能改善矿区居民的生活质量,又能促进人与自然的和谐共处。各个矿区要根据本矿区的实际情况,在强调以人为本、实现社会效益和环境效益相统一的出发点上建设和谐社会。

二、井工煤矿开采中的环境风险监管法律问题

(一)现状与治理困境

1. "三同时"制度未得到全面落实

"三同时"制度是我国环境保护领域的一项举措。"三同时"制度于1973年在国务院制定的《关于保护和改善环境的若干规定(试行草案)》中被正式提出。1989年,《环境

---

① 乔皎,徐海红.各地压煤村庄搬迁模式探索[J].环境影响评价,2014(06).

保护法》正式从法律层面确立了该制度,之后,各时期有关环保法律法规均提出了对"三同时"制度的执行要求。①

煤矿企业在煤炭开采过程中极易造成生态破坏和环境污染等后果,如水源污染、土地破坏以及空气污染等。这些问题如果不能及时防治和解决,将对矿区周边的居民生活造成较大的安全隐患。因此,煤矿企业在开采煤炭资源的过程中应切实落实"三同时"制度。但在实践中,许多煤矿企业并未将"三同时"制度落实到煤炭开采的过程中,导致其在煤炭开采过程中对矿区环境和生态资源造成了难以修复的危害。

2. 环境信息公开制度有待完善

1）环境信息公开制度缺乏实操性

环境信息公开相关法律法规规定,市场主体责任与义务的界定需要参照环境污染的严重程度。但是确定环境污染程度不仅是一项技术专业度很高的工作,同时也需要花费大量的人力和物力。因此,大部分环保部门难以在实践中对煤矿开采企业进行环境信息公开的监管。虽然我国有关部门在不断完善环境信息公开制度,如进一步明确环境信息公开的内容与方式、扩大强制公开环境信息的煤矿企业范围等②,但是在实际操作过程中,对环境信息公开的方式与内容的认定,以及对污染企业的认定,仍缺乏一定的实际操作性。

2）环境信息公开内容要求有待完善

在我国,大部分煤矿企业的环境信息公开描述不仅缺乏实质性内容,同时也缺乏具有公信力的环境信息公开媒介。大部分煤矿企业的环境信息公开仍采取较为单一的模式,公开的环境信息重文字、轻数据且缺乏丰富性。此外,部分煤矿企业只是将环境公开信息有关内容附在公司年报或者董事会有关报告中,对于环境信息的有效公开缺乏重视,在环境信息公开内容上有待完善与加强。②

3. 政府有关部门监管力度有待加强

实践中,部分煤矿企业所在地的政府有关部门为避免因煤矿企业公开环境信息对社会稳定发展造成不利影响,会减弱对煤矿企业环境保护工作的检查与监管。此外,地方环保监管机构由于工作内容多、范围广、执法权限有限,难以对煤矿企业的环保工作进行较为全面的监管与落实。对此,政府有关部门应协调一致,加强对煤矿企业环保工作的监管。

---

① 任婧.浅析我国"三同时"制度[J].法制与社会,2010(05):143.
② 何育妍.突发性环境污染事件中企业环境信息公开制度探讨[J].新余学院学报,2017(02):98.

(二)完善煤矿开采中环境风险监管法律制度的建议

1. 全面落实"三同时"制度,有效保护矿区环境

首先,"三同时"制度的全面落实,不仅需要煤矿企业对"三同时"制度进行严格有效地执行,同时也要求政府有关部门加强对煤矿企业防治污染设施设计、施工与投产使用工作的检查与监督,以保证煤矿企业的防治污染设施符合相关环境影响评价文件的要求。

其次,"三同时"制度的全面落实,还应在我国现有法律法规的基础上完善制度实施的相应措施。其中,针对环境信息公开存在的问题,国家应进一步规范环境信息公开制度,推进煤矿开采中环境保护工作的开展。此外,企业在煤矿开采前应遵循源头控制、过程控制及风险防治原则,以有效落实"三同时"制度。

最后,在完善"三同时"制度各类配套措施的同时,国家应不断弥补相关法律法规的漏洞并加强有关部门的执法力度,使煤矿企业在设计、施工以及使用开采设备与设施时全面落实"三同时"制度。这样才能更加全面地保证煤矿企业在开采中保护矿区环境并实现绿色发展、可持续发展的目标。

2. 不断完善环境信息公开制度,落实煤矿企业承担相关法律责任

1)完善环境信息公开主体有关制度

为不断加强有关法律法规的实操性,规范环境信息公开主体,控制环保部门在认定环境信息公开主体过程中的自由裁量行为,国家环保部门应根据实际调查情况制定污染企业认定指南,明确环境信息公开主体的认定原则及认定方式,并将认定指南下发至地方环保部门,指导地方环保部门的工作实施,保证不错误或遗漏认定环境信息公开主体。

2)丰富环境信息公开内容

首先,在完善煤矿企业环境信息公开的内容方面,有关部门应对数据信息在环境信息公开报告中的占比提出更高的要求,减少环境信息公开报告重文字、轻数据的现象,丰富煤矿企业环境信息公开内容,并为公众了解环境公开信息提供更多的渠道。其次,有关部门应为煤矿企业环境信息公开提供更加权威的公共平台与公开媒介,并完善环境信息公开报告的编制要求与标准。例如,要求煤矿企业必须以专门的环境信息公开报告形式公布有关环境信息,并加强对其环境信息公开报告编制的监督与检查工作。

3)加强环境信息公开的监督力度

首先,受硬件设施不足的限制,环保部门在处理煤矿企业环境信息公开有关事件时难以得到充分施展。因此,政府应在设备支持与引进、经费拨付等方面加大对环保部门工作的支持力度。其次,各级环保部门应不断完善环境监管流程、规范执法过程,尤其要避免地方政府干扰环保部门严格执法。最后,有关环保部门应完善煤矿企业环境信息公开事件的调查流程、取证方式以及立案处罚程序等,以全面有效地加强对煤矿企业环境信息公开的监督力度。

4)落实煤矿企业应承担的相关法律责任

目前,我国对煤矿企业的环境法律责任追究存在一定缺失,这不利于我国环境信息公开制度的完善。对此,有关环保部门应加大力度落实煤矿企业应承担的相关法律责任。煤矿企业不履行环境信息公开义务的,可通过设立惩罚性赔偿机制提升煤矿企业环境信息公开的主动性与积极性;煤矿企业因违反环境信息公开有关制度损害公民权益的,应设立专门的诉讼渠道有效落实煤矿企业的法律责任。此外,环保部门还可与税务部门等其他有关部门联合采取措施,监督煤矿企业全面落实环境信息公开有关制度与措施。

3. 通过保证金制度加强矿区环境监管,完善煤矿企业监察机制

保证金制度是指通过要求煤矿企业缴纳保证金,保证煤矿企业在煤矿开采过程中对矿区采取回填、回植等恢复性保护措施的一项制度。有关部门应分阶段对煤矿企业的采矿过程进行监督与认定,对矿区环境恢复达到验收合格标准的,有关部门应将保证金及其利息退还给相应煤矿企业;对于没有达到验收标准的煤矿企业,有关部门可责令其限期恢复,甚至对其缴纳的保证金及其利息可予以没收,用于恢复矿区环境。①

保证金制度是将保证金作为煤矿企业恢复矿区环境的担保费用,不仅不会增加煤矿企业的经济负担,同时还能促使煤矿企业更加积极主动地履行矿区环境恢复与保护的责任,是利民利企的环保举措,有利于煤矿企业所在地方的社会、经济与环境的可持续发展,同时也是对国家实行煤矿企业环境治理和生态恢复责任机制的具体落实。

三、井工煤矿开采后的环境修复与风险控制法律问题

(一)现状与治理困境

1. 矿区环境风险评估与国家环保政策的要求存在较大差距

1)环境风险评估的配套机制保障缺失

目前,在国家"绿色发展"战略框架下,煤矿企业未将矿区环境风险评估工作具体化,也没有出台相应的配套机制来保障开采后的矿区环境修复。同时,我国在环境修复方面的相关立法存在缺位的现象,相关管理部门之间存在职能的交叉和重叠,容易造成各部门相互推诿与扯皮的现象。当前,我国在环境保护中起主导作用的主要是行政机

---

① 李艳. 风险社会视域下矿区失地农民生存权的法律保障[D].武汉:中南民族大学,2012.

关,但行政机关从执法职能上主要是利用行政权来解决污染防治的问题,这些部门却并没有自己的执法机构,难以保障环境执法的力度和深度。

此外,从调研结果看,煤矿企业在环境守法环节也存在相应的弊端。这些弊端主要来源于煤矿企业与其工作人员的遵守环境保护法律观念不足。从法律规则的功能角度出发,环境法所调整的是人与自然之间的关系,从发挥人的主观能动性层面上看,更需要依赖于人的自觉。环境保护不仅需要立法、执法,更需要的是自觉地守法。因此,加强煤矿企业及其工作人员的环境守法观念尤为重要。

2)矿区土地复垦与生态恢复的责任机制不完善

《中华人民共和国土地管理法》(以下简称《土地管理法》)第四十三条规定:"因挖损、塌陷、压占等造成土地破坏,用地单位和个人应当按照国家有关规定负责复垦;没有条件复垦或者复垦不符合要求的,应当缴纳土地复垦费,专项用于土地复垦。复垦的土地应当优先用于农业。"此项规定明确了土地复垦的基本原则为"谁破坏、谁复垦",并明确了企业与政府应责任分担。

虽然上述规定明确了矿区土地复垦与生态恢复工作的责任分担,但在实践操作中,矿区土地复垦与生态恢复的工作却仅仅强调了企业的责任与义务,这无疑加重了企业方面的负担。虽然企业本身应兼顾经济效益与社会责任,但若片面地强调企业的责任,会打击企业对土地复垦与生态保护的积极性,同时也会削弱社会监督机制的意义,导致复垦与生态恢复的进展缓慢且成效难如人意。①

2. 环境风险监管机制激励性不足,企业复垦积极性未能充分调动

环境风险监管不仅是一种监管举措,同时还需充分发挥其激励性作用——通过调动企业的复垦积极性推动矿区环境优化。但在实践中,一方面,企业承担的经济责任过重,不利于土地复垦与生态恢复。土地复垦与生态恢复是一项长期的工作,需要投入大量的人力、物力与财力,若仅由企业来主导,恐难以显现成效。此外,土地复垦与生态恢复缺乏完善的市场运作机制,许多煤矿企业对土地复垦虽然有很大的热情,但苦于资金的不足,同时复垦后的收益也得不到保障,很多企业对此都望而却步,缺乏积极性。另一方面,依据现行法律法规,耕地征用价格不仅包含了土地补偿费、安置费、附着物和青苗补偿费,还包括耕地占用税、复垦费、造地费等,这些费用的征收主要是用于土地的复垦和环境的恢复。从这些规定上看,如果仅要求煤矿企业承担土地复垦和生态恢复的全部费用,会造成企业资金成本较高,无力再承担额外的土地复垦费。

---

① 廖翔,徐文权.矿区土地复垦与生态恢复问题研究[J].科技资讯,2017(1).

(二)完善煤矿开采后环境修复与风险监管法律制度的建议

1. 建立健全煤矿土地复垦管理法规,全面落实环境效益监管政策

1)将被煤矿生产破坏的土地视为暂时使用土地

目前,世界上其他的主要煤炭生产国有将因采煤破坏的土地作为暂时使用土地的例子,我国可借鉴此类情况制定相关的法规,要求企业将能够复垦的土地全部复垦,并将复垦所需的所有资金全部计入煤价或由国家财政列支。① 此种方式能有效提高土地的使用率,也能保障不影响土地的耕种功能,既减轻了企业的负担,也使农民有地可耕,可以最大限度地发挥土地的价值。此种方式的推行能够深化企业在开发过程中的环境保护意识,并进一步做好土地开采前、开采中的环境保护工作。

2)推行"以地换地"方案

前文提到,大部分煤矿企业更倾向于选择土地复垦,但苦于复垦后的经济效益难以实现而无法实施。建议政府对已复垦完成的土地推行"以地换地"方案,即煤矿企业将开采后的土地复垦为农田、林地、养殖水面等可供利用的土地后,由政府出面将其估价用以交换煤矿企业生产将要破坏的土地,这样既可以使煤矿企业看到经济效益,激发其开展土地复垦的积极性,也能将煤矿开采后的土地进行再改造、再利用,避免土地资源的浪费。

3)设立土地复垦基金

资金缺失是土地复垦最大的阻碍,国家应加大对复垦和生态恢复的资金投入,通过设立土地复垦基金的方式,广泛吸收市场的资金。例如,要求各个企业在煤矿开采前就存入一定数额的土地复垦费,在后续开采完成后,企业再从复垦基金中取出这笔费用进行土地复垦。同时,建立企业复垦基金还可避免企业的短期行为,因为土地复垦是长期的持续性投资行为,通过此种方式可以使缴纳存入资金的企业在复垦业务中得到土地修复费用的长期补给保障支持。

2. 引入PPP模式*,提高企业复垦的积极性

针对环境风险监管的激励性作用不足、企业复垦积极性未能充分调动问题,我们建议在环境风险监管中引入PPP模式,释放环境风险监管的激励机能。传统的土地复垦治理模式存在机制不灵活、资金投入短缺、结构和渠道单一、效益低下等多种问题,而当前社会中存在大量寻求投资渠道的社会资金,政府如果在环境风险监管中引入PPP模

---

① 王杰.土地复垦法研究[D].青岛:中国海洋大学,2008.

* PPP(public-private-partnership)模式是指政府与私人机构合作,共担风险的一种项目运作模式,即政府通过授权私人机构特许经营权营运项目,并对营运成本进行补贴,最终共同分享收益。

式,则可以吸引这些社会资本投入,达到提高土地复垦效益的目的。①

PPP模式是一种政府与私人组织合作、共享收益、共担风险的新型项目管理方式。具体到土地复垦领域,即政府给予私人组织长期的特许经营权和收益权,由其负责吸收社会资本、参与土地的复垦建设及复垦后的经营,以解决当前土地复垦难的困境。土地复垦需要政府、企业、社会的"三方合力",而不是单方的"挣扎",若能将PPP模式引入复垦区的环境治理和生态修复项目,既能缓解资金短缺,也能提升土地的使用效率,还能提高社会资本的使用效率和政府的执政能力,形成"多赢"的局面。对于土地复垦和生态恢复的PPP模式应用设计,政府可以依据城市规划需要将复垦土地分为几部分打包给中标单位,允许中标单位对部分土地进行适度开发,让投资资金获得相应的投资回报,并提前设计好投资资金的安全退出路径。② 此外,政府还可以通过已有的基金会或减免特定的税赋对特殊项目增加补助的方式鼓励中标企业参与土地复垦与生态恢复。

四、结语

本调研报告围绕井工煤矿开采中的环境风险监管法律问题展开研究与分析,通过对我国井工煤矿开发中的环境风险监管进行实地考察,立足调研过程中发现的现实问题,从法律视角提出了解决这些问题的对策建议。第一,在煤矿开采前的环境风险防范方面,加强煤炭矿场资源的规划管理,合理有序开发利用煤炭资源,尽快完善煤炭资源规划方面的立法;因地制宜制定多元化搬迁方案,重视搬迁中的生态环境保护,避免在具体安置实施过程中出现补偿统计偏差。第二,在煤矿开采中的环境风险监管方面,全面落实"三同时"制度,严格控制矿区环境遭受破坏;完善环境信息公开制度,细化煤矿企业环境信息公开法律责任;通过保证金制度完善矿区环境风险监管,健全煤矿企业的督责监察机制。第三,在煤矿开采后的环境修复与风险控制方面,建立健全煤矿土地复垦管理规章,全面落实环境效益监管政策,将煤矿生产破坏的土地作为暂时使用土地,实行"以地换地"方案,建立土地复垦基金;在环境风险监管中引入PPP模式,提高企业复垦的积极性。

参考文献

[1] 刘大胜,高礼奎.多举措并举推进采煤塌陷区村庄搬迁安置工作[J].煤炭工程,2014(03).
[2] 赵曦阳,李义玲,陈志超,等.矿区生态整治技术研究[J].创新科技,2013(12).

---

① 刘亦晴,许春冬.废弃矿山环境治理PPP模式:背景、问题及应用[J].科技管理研究,2017(06).
② 刘亦晴.基于SWOT分析的废弃矿山环境治理PPP应用分析[J].中国矿业,2016(12).

［3］宋蕾.美国矿山修复治理保证金的构建和启示［J］.资源与产业,2011(01).

［4］郑娟.采煤塌陷地治理研究［J］.科技资讯,2011(31).

［5］吴鹏.浅析生态修复的法律定义［J］.环境与可持续发展,2011(03).

［6］杨爱荣,刘少峰.煤炭城市生态环境存在的问题及治理对策［J］.煤炭技术,2010(07).

［7］卢全生,张文新.煤矿塌陷区土地复垦的模式［J］.中州煤炭,2002(04).

［8］王巧妮,陈新生,张智光.我国采煤塌陷地复垦的现状、问题和原因分析［J］.能源环境保护,2008(05).

［9］黄铭洪,骆永明.矿区土地修复与生态恢复［J］.土壤学报,2003(02).

［10］刘仁芙.我国土地复垦形势与政策建议［J］.中国土地,2002(03).

［11］张绍良,张国良.我国矿区土地复垦研究的回顾与展望［J］.煤矿环境保护,1999(04).

［12］李连济.煤炭城市采空塌陷及经济转型［J］.晋阳学刊,2006(05).

［13］吕国生.煤矿矿区生态环境问题及治理［J］.煤矿安全,2006(07).

［14］胡振琪,杨秀红,鲍艳,等.论矿区生态环境修复［J］.科技导报,2005(01).

［15］宿洪涛.煤炭资源开发生态补偿机制构建与运作研究［J］.山东农业大学学报(社会科学版),2009(03).

［16］李晓冰,李富平.我国矿山土地复垦存在的问题及对策［J］.河北理工学院学报(社会科学版),2002(04).

［17］何芳,徐友宁,袁汉春,等.煤矿地面塌陷区的防治对策［J］.煤炭工程,2003(07).

［18］张资江.澳大利亚矿产资源开采的复垦工作［J］.矿产保护与利用,1992(06).

［19］吴鹏.论采煤塌陷区生态修复法律制度的完善——以淮南市采煤塌陷区为例［J］.资源科学,2013(02).

［20］程琳琳,胡振琪.我国矿区土地复垦保证金制度浅析［J］.中国矿业,2008(09).

构建我国煤炭清洁利用的综合法律保障机制

撰写高校：山西财经大学
指导教师：郝伟明
撰 写 人：高哲、张楠、刘纪泽、李强、贺子芸

  我国的能源结构为"富煤少油"，在保障我国能源安全与生态环境保护齐头并举的情况下，煤炭清洁利用成为我国煤炭行业转型升级的重要方式。依靠"限煤"去产能、依靠"禁煤"治理环境污染，依靠"去煤"调节能源供给，这样的政策措施不仅不利于煤炭行业的可持续发展，更无法解决当下我国面临的能源供给结构问题、能源安全问题和环境保护问题。在过去很长一段时间里，我国的煤炭开发利用一直是粗放式发展，国家自然资源所有者权益未得到保障、煤矿采掘地的生态环境遭到破坏、对煤炭二次利用的环境污染未得到有效控制等问题凸显。

  鉴于我国特有的煤炭资源特征以及能源消费现状，我国今后长期以煤炭作为主要能源的现状难以迅速改变。但是由于煤炭在开采和使用中会对环境造成污染，它在给我们带来了经济腾飞的同时，也对我们的生活环境和自然生态产生了巨大影响，并反过来又影响了我国经济的发展和人民的生活。因此，在清洁能源依然不能替代煤炭作为主要能源的情况下，煤炭清洁利用是关乎国计民生的重要举措。

  本调研报告结合煤炭清洁利用的相关理论及我国现行法规政策，分析了目前我国煤炭清洁化利用的主要法律问题，并结合域外经验提出了适合我国国情的一些建议，以期促进我国煤炭的清洁化利用和经济发展。

一、我国煤炭清洁利用的现状、法律保障及发展路径

（一）煤炭清洁利用的内涵和必要性分析

  煤炭目前约占全球能源消费量的四分之一，是仅次于石油的第二大能源，也是成本最低的发电原料之一。但由于燃烧煤炭会造成严重的环境污染问题，煤炭的形象不佳，应用受到限制。为此，发达国家近年来加快了洁净煤技术的开发和应用步伐。"洁净

煤"(clean coal)一词是在 20 世纪 80 年代初期,由美国和加拿大关于解决两国边境酸雨问题谈判的美国特使德鲁·刘易斯(Drew Lewis)和加拿大特使威廉姆·戴维斯(William Davis)提出的,其目的是希望通过洁净煤技术减少环境污染和碳排放,从而减少酸雨的形成。洁净煤技术(clean coal technology,CCT)是指旨在减少污染和提高效率的煤炭加工、燃烧、转化和污染控制等一切新技术的总称。当前,该技术已成为世界各国解决环境问题主导技术之一,也是高技术国际竞争的一个重要领域。

煤炭是我国的优势资源和基础能源,为我国国民经济长期、高速度的增长提供了可靠的廉价能源支撑。然而随着社会的发展,煤炭行业单纯依靠上规模、扩产能的外延式粗放发展方式,已经难以适应新形势发展的需要。大量煤炭直接燃烧和简易的污染控制设施对环境造成了严重污染,对人们的健康造成了危害;同时,煤炭燃烧还造成二氧化碳的大量排放,加剧了全球气候的变化。因此,发展清洁能源、促进煤炭的清洁利用是治理环境污染、应对气候变化的必然选择。在我国"十三五"规划纲要中,已将"煤炭清洁高效利用"列为一百项国家重大工程项目之一,并位列第八项,这充分说明推动煤炭生产和消费转型升级已经刻不容缓。

大量示范工程和利用实践充分证明煤炭是可以清洁高效利用的,造成燃煤严重污染的主要原因是消费侧燃煤数量过于集中、使用方式不科学、消费布局不合理、燃煤污染物末端控制措施过于简易低效、监管监控不到位。控制燃煤污染的核心是清洁生产和清洁利用,作为煤炭生产者和提供商,除了要做好自身的清洁生产工作,更要积极主动地参与煤炭清洁高效利用的宣传和推广工作,必须向以煤为基、产品清洁多元、效益最大的"清洁煤炭+清洁电能+清洁热力+清洁油气+清洁化学品+清洁利废建材"一体化的清洁能源综合体方向转变。[1]

(二)我国煤炭清洁利用的现状

自 20 世纪 90 年代以来,我国已经认识到洁净煤的重要性,越来越重视推广洁净煤技术,并逐步制定了促进洁净煤技术发展的多项政策。特别是在过去的几年中,我国一直在大力研发洁净煤技术,同时,各种洁净煤技术政策正在逐步完善。

中国洁净煤技术的发展可以分为两个阶段。首先,从 20 世纪 90 年代中期到 21 世纪初,我国逐渐将煤炭工业发展的重点放在洁净煤技术的发展上,这是一种战略决策,是具有宏观指导意义的原则性引领。其次,从 2006 年开始,洁净煤技术在我国得到了实际执行和重点发展,煤炭清洁化利用成为我国现阶段能源发展的核心方向。在密切

---

[1] 张绍强.发挥资源优势,加大清洁高效利用,促进煤炭企业转型发展[J].煤炭加工与综合利用,2016(05).

关注煤炭清洁利用技术的过程中,我国政府也在不断向民众和社会强调清洁利用能源的重要性。同时,我国不断加大能源技术创新投入力度,推动大型煤炭企业加入联合国钻探与技术促进项目。经过这些年的努力,我国煤炭清洁化利用取得了明显的进步,主要表现在:原煤入洗率逐年提高,原煤深加工程度加深,范围变广,比例变大,直接燃烧利用的比例稳步下降;工业用煤比例增加,水聚煤技术发展迅速;煤炭气化技术已比较成熟,煤气在越来越多的方面代替了天然气的角色;正在进行煤炭液化的性能和技术条件试验以及煤炭液化商业化、产业化的可行性研究。

(三)我国煤炭清洁利用的法律保障

煤炭清洁利用作为保护环境、减少污染、应对气候变化的新型产业,需要相关法律的支持和保障。在实践中,与煤炭清洁利用相关的法律法规首先体现为煤矿开发方面的环境保护规范。

1986年,全国人大常委会第十五次会议审议通过的《中华人民共和国矿产资源法》(以下简称《矿产资源法》)规定,开采矿产资源必须依法缴纳资源税及资源补偿费。1991年,全国人大常委会第二十次会议审议通过的《中华人民共和国水土保持法》(以下简称《水土保持法》)规定,任何企事业单位在建设生产过程中对水土保持产生影响的,必须采取应对措施;若造成水土流失现象,则必须负责治理。1993年,国务院规定,对包括土地、矿产在内的自然资源开发征收生态效益补偿费。1998年,国务院相继颁布《矿产资源开采登记管理办法》《探矿权采矿权转让管理办法》等,对于矿产资源的开采及转让从法律制度层面给予了保障,让矿业权二级市场交易有法可依。进入21世纪,我国颁布了《环境影响评价法》,明确提出采矿单位进行开采前必须首先进行调查和预测,合理评估开采活动对矿区周边居民生产生活环境造成的影响,并给出应对的对策措施。2008年,《中华人民共和国水污染防治法》(以下简称《水污染防治法》)被修订,对煤矿开采区的水资源保护提供了法律依据。

总体来看,《中华人民共和国节约能源法》《中华人民共和国电力法》《中华人民共和国煤炭法》(以下简称《煤炭法》)均对煤炭清洁利用做出了原则性规定,《中华人民共和国大气污染防治法》(以下简称《大气污染防治法》)和《中华人民共和国清洁生产促进法》中涉及煤炭清洁利用的条款相对较多。此外,我国的《环境保护法》《土地管理法》《土地复垦条例》《矿产资源法》《矿山安全法实施条例》《煤矿安全监察条例》《排污费征收使用管理条例》《矿产资源勘察区块登记管理办法》以及《矿产资源开采登记管理办法》等法律法规中的部分条款也对煤矿矿区生态环境保护做出了规范。由此可见,我国从国家层面上对矿区环境保护的法律规范已初成体系。

目前,在煤炭资源生产中保护环境的主要法律制度有以下五项。

1. 建设工程"三同时"制度

《水土保持法》规定,开办矿山企业,必须遵循水土保持方案,实施"三同时"制度;建设矿产资源开发利用项目,应先进行环境评价,并实施"三同时"制度。

2. 矿区生态环境保护专项制度

《矿产资源规划管理暂行办法》规定:"为使开发环保并重,提高利用率,设立矿山生态环境保护专项规划制度,对矿山开发建设生态环境保护,矿山开发利用与三废处理,矿山土地复垦与土地保护利用,矿山环境污染与生态破坏的治理,及矿区地质灾害监测与防治进行统筹规划并保障实施。"

3. 土地复垦制度

在矿区环境保护制度中,很重要的一项规定就是土地复垦。我国的《土地复垦条例》和《土地管理法》都对土地复垦的原则做出了规定,对促进土地复垦工作的有效开展起到了巨大的推动作用。此外,2009年出台的《中华人民共和国循环经济促进法》第二十二条明确规定:"采矿许可证颁发机关应当对申请人提交的开发利用方案中的开采回采率、采矿贫化率、选矿回收率、矿山水循环利用率和土地复垦率等指标依法进行审查;审查不合格的,不予颁发采矿许可证。"

4. 矿产资源开发损害补偿制度

《矿产资源法》规定:"开采矿产资源给他人生产、生活造成损失的,应当负责赔偿,并采取必要的补救措施"。《中华人民共和国水法》规定,开采矿藏导致地下水位下降、枯竭或地面塌陷,对他人造成损失的,采矿单位应采取补救措施,负责赔偿。另外,我国对矿产资源开采造成的生态破坏和环境污染进行生态补偿的相关法律法规还有多种,但尚无具体的生态补偿标准。

5. 污染物集中处置及达标排放制度

《水污染防治法》和《中华人民共和国海洋环境保护法》对企业污水达标排放进行了明确限制,对超标排放罚款,对达标排放征收排污费,严禁有毒废水排放。

(四)我国煤炭清洁利用的发展规划

我国政府高度重视煤炭清洁利用,2014年,国务院办公厅印发《能源发展战略行动计划(2014—2020年)》,提出"坚持发展非化石能源与化石能源高效清洁利用并举,逐步降低煤炭消费比重,推进煤炭清洁高效开发利用"。2015年4月,国家能源局印发了《煤炭清洁高效利用行动计划(2015—2020年)》,从煤化工、燃煤锅炉、煤炭产品质量、燃煤发电、民用散煤治理、废弃物资源化利用、煤炭分级分质利用等多个领域提出了推进煤炭清洁利用的具体指引,同时还提出了坚持政府引导、企业为主、社会参与、市场驱动、科技支撑的主要任务和行动目标。

（五）我国煤炭清洁利用的消费侧及生产侧路径

近年来，党中央、国务院明确将煤炭清洁高效利用作为能源转型发展的首要任务和根本立足点。其中，大力推进煤炭清洁高效利用更是我国《国民经济和社会发展第十三个五年规划纲要》中有关能源发展规划的核心内涵。作为确保我国能源安全、推进能源转型的重要路径，煤炭清洁高效发展必然成为能源发展的重要战略问题。《国民经济和社会发展第十三个五年规划纲要》分别从煤炭清洁化利用的消费侧路径和生产侧路径做出了如下具体安排。

1. 消费侧路径

1）推进煤炭深加工产业示范

以国家能源战略技术储备和产能储备为重点，在水资源有保障、生态环境可承受的地区开展低阶煤分质利用、煤制化学品、煤制油、煤制天然气、煤炭和石油综合利用等升级示范，提升经济效益、环保水平和煤炭转化效率，进而充分发挥煤炭的原料功能。

2）加强散煤综合治理

在民用煤炭消费集中地区建设洁净煤配送中心；在大气污染防治重点地区实施煤炭消费减量替代，加快淘汰低效层燃锅炉，推广高效煤粉工业锅炉并加强散煤使用管理；鼓励发展集中供热供暖，分阶段替代分散燃煤锅炉。

3）加强商品煤质量管理

必须严格限制硫分、灰分、有害元素等指标，通过制定民用煤炭产品等标准，完善商品煤标准体系；同时健全商品煤质量监管体系，重点加强流通环节煤炭质量跟踪监测和管理，限制劣质煤炭销售和使用。

4）推进重点耗煤行业节能减排

推进煤炭分质分级梯级利用，鼓励"煤、化、电、热"一体化发展，提高电煤在煤炭消费中的比重；严格执行钢铁、建材等耗煤行业能耗、环保标准，强化污染物排放监控等有效措施，发展清洁高效煤电。

2. 生产侧路径

1）发展矿区循环经济

通过支持煤炭企业按等容量置换原则建设洗矸煤泥综合利用电厂、发展煤矸石和粉煤灰制建材、推进矿井排水产业化利用等措施，提高资源综合利用水平，进而统筹矿区综合利用项目及相关产业建设布局，最终实现提升循环经济园区建设水平。

2）加强矿区生态环境治理

秉承积极构建开发式治理、市场化运作的核心理念，加大历史遗留矿山地质环境问题治理力度。同时,加快推进植被恢复、采煤沉陷区综合治理、矿区损毁土地复垦等生态建设。

3）发展煤炭洗选加工

大力发展高精度煤炭洗选加工,实现煤炭深度提质和分质分级。同时,着力推进千万吨级先进洗选技术装备研发应用,降低洗选能耗、介耗和污染物排放,并且大中型煤矿应配套建设选煤厂或中心选煤厂,提高原煤入选比重。

4）推行煤炭绿色开采

在加强生产煤矿回采率管理的同时,研究制定矿区生态文明建设指导意见,建立清洁生产评价体系,建设一批生态文明示范矿区。此外,因地制宜推广煤与瓦斯共采、矸石不升井、保水开采、充填开采等清洁开采技术;限制开发高砷、高硫、高灰、高氟的煤炭资源。

二、我国煤炭清洁利用存在的主要法律问题

（一）现有煤炭矿区环境法律保护制度仍未达到生态化的要求

生态化要求人类的开发行为必须符合自然生态规律。凡是人类的行为会影响生态环境的,都应受到一定的制约。但是传统的价值观念总是以"对人类有用"为参考标准,对有利于人类的自然资源进行保护和繁殖,对不利于人类的自然资源则肆意破坏。从我国煤炭矿区环境法律保护制度的现状来看,其内容和规定远没有达到生态化的要求。例如,将煤炭开采与环境保护截然分开,高度关注煤炭资源而忽视了环境保护的重要性;又如,一些环境保护措施可操作性不强,缺乏严格的监管制度,也未形成统一协调的法律体系。

（二）公众参与制度的不足

公众参与的目的是让公众尽可能地参与社会公共事务,最大限度地表达自己的真实意愿。实现公众参与最有效的方法是通过不同的途径,以公众代表表达的方式集中公众的意见,并使之制度化、系统化、法制化。在实际生活中,环境保护公众参与制度可以保障公民参与环境行为的合法性。公众参与是可持续发展概念的基础,也是生态化理念的重要内容,它可以监管各级政府及有关部门的环境决策行为。当前,我国煤炭清洁化利用中的公众参与制度相对来说尚不具体,缺乏一定的可操作性,只是概括地设定单位和个人享有检举和控告的权利,而这还远远不够,仍需继续探索完善。

（三）环境行政许可制度不完善

煤炭资源的行政审批环节包括煤炭资源的勘查、开发、开采和排污等,但这些有关审批的法律法规大都分散在国家及地方的不同法律法规之中,如《矿产资源勘察区块登

记管理办法》《矿产资源开采登记管理办法》《探矿权采矿权转让管理办法》等。这些法规虽然对煤炭矿区环境的保护发挥了十分重要的作用,但有些法规较为陈旧,一些标准无法适应现在具体的情况。此外,在煤炭资源的行政审批实践中出现的任意授权审批、审批部门重叠交叉、审批标准不统一等问题严重影响了煤炭矿区环境保护的综合整治工作。

(四)环境监管制度不力

目前,我国涉及煤炭矿区环境保护的法律有《矿产资源法》《环境保护法》《土地管理法》《水土保持法》《土地复垦条例》等。这些法律制度虽然对矿区的环境保护起到了保障作用,但是在环境监管方面还存在许多问题,如涉及监管方面的法律制度不健全、条款较为分散、监管机制不完善、执法力不高、监管执法队伍落后、监管法律制度之间缺乏有机联系以及各执法管理部门之间职责交叉、监督管理职能脱节等。这些监管制度的缺失和不完善将不利于煤炭矿区环境保护的生态化。

(五)租赁农民集体土地的法律问题

1. 租用法律地位不明

根据《土地管理法》的相关规定,农用地改变土地用途需办理相应的手续。虽然煤矿企业所租用的土地主要为农民集体的农业用地,按相关规定不需要变更土地的用途,但这部分被租用的农业用地若遭到破坏后不能恢复为农业用地,该如何处理?此外,实践中存在部分企业长期租赁农业用地,其性质又应当如何确定?这些问题都值得商榷。

2. 租金确定依据不清

通常情况下,土地租金的确定主要以土地的价值作为依据。但是,若煤矿企业租用的是农业用地,则该部分农业用地的单位价值量要远低于建设用地的单位价值量。当前,由于该部分租用土地的法律地位尚无定论,因此其租金的确定依据也相应地存在问题。虽然大多数的煤矿企业在确定租金额度时主要以土地的农业生产能力作为确定依据,这样的数额也使得当地村民表示满意。但笔者认为,村民满意只是一方面,但并不能作为租金确定是否公平的标志。实际上,除了获得理所当然的租金以外,当地村民也应参与土地转让增值收益的分配,这样的方式更为公平。

3. 因煤矿开采而造成土地破坏的恢复问题

由于煤矿企业租用土地的主要目的是从事地下资源的开采,这必然会使土地的性质发生明显的变化。对于被破坏的土地,煤矿企业有责任将其复垦或恢复至原有生产能力并交还给农民使用。实际上,将土地恢复至原有生产能力并不意味着土地的价值没有贬损,因为煤矿开采很可能导致土地被隐性破坏。例如,因塌陷而造成的土地破坏,通过采用煤矸石回填技术可将土地重新复垦,经过复垦的土地虽然在短期内可以从事农业生产,但由于煤矸石中含有其他元素可能对农产品造成污染,其生产能力的持续性已经受到国内外专家的质疑。这部分损失不仅短期内无法察觉,甚至存在潜在性的影响,这使农民的利益在无形之中受到了侵害。

三、域外国家煤炭清洁利用的现状及法律保障机制

在全球能源安全、气候变化等能源环境问题日益显现的情况下,以美国为代表的发达国家从能源发展的长远利益考虑,相继开始了煤炭高效清洁利用的研究工作,并以社会可持续发展为导向进行长期规划,采取制定政策法律框架和科学技术研究等措施积极推进煤炭高效清洁利用。

(一)美国煤炭清洁利用的现状及法律保障机制

1. 美国煤炭清洁利用现状

发展洁净煤技术的目标是最大限度地利用技术进步、提高效率、降低成本和减少排放。为此,美国在2009年的经济刺激计划中对22个洁净煤项目投入了超过5.75亿美元的资助,以加快对碳捕获和储存技术以及工业资源开发的研究。美国政府希望通过这些投资掌握具有成本效益的碳捕获技术和存储技术,并在世界范围内成为该领域和清洁煤技术方面的领先者。

按照美国能源部的部署,对美国现有煤电厂进行洁净煤技术改造将使污染大量减少,同时可以控制温室气体排放。现有的洁净煤技术将使现有煤电厂的二氧化硫排放量减少95%,氮氧化物排放量减少90%。此外,使用新技术还可以提高发电效率,而发电效率每提高1%,可使生产每度电排放的二氧化碳降低2%。美国国家煤炭理事会估计,通过提高现有电厂的效率,相当于新增4 000万千瓦的发电能力。未来,美国将建立发电力为1.5亿千瓦的新型煤电厂,并鼓励这些新发电厂采用最新和最先进的技术,验证碳捕获和永久储存技术的安全性、经济性和可行性。

2. 美国煤炭清洁发展计划

(1)"煤炭研究计划"(CRI):支持能源部国家能源技术实验室(National Energy Technology Laboratory,NETL)开发清洁煤技术,如开发创新污染控制技术、煤气化技术、先进的燃烧系统、汽轮机和碳储存技术。

(2)"洁净煤发电计划"(CCPI):主要支持企业与政府建立伙伴关系,建立清洁煤电厂示范,对具有市场导向前景的先进技术予以验证。

(3)美国能源部的碳收集项目:将在未来10年内花费4.5亿美元,与七个区域合作伙伴进行相关实验,如二氧化碳收集、运输、注入和长期储存,以验证二氧化碳可以安全、永久且经济地进行封存,这也是美国在亚太清洁发展与气候伙伴关系计划下的主要

行动之一。

3. 美国煤炭清洁利用的法律保障机制

美国于 2005 年通过的《国家能源政策法》第 1307 条规定,美国政府将向洁净煤项目提供总计 16.5 亿美元的税收优惠,其中:8 亿美元的税收优惠给予综合气化联合循环发电项目,该项目将大致平均分配给使用烟煤、次烟和褐煤发电的整体煤气化联合循环发电系统(IGCC);5 亿美元的税收优惠给予除 IGCC 项目以外的创新先进煤炭发电技术;非电煤气化技术的税收优惠为 3.5 亿美元,这些煤气化技术不是用于发电,而是用于生产化工产品。

此外,美国自 1970 年就制定了《清洁空气法》,并于 1977 年和 1990 年多次修订完善。该法注重对空气污染物排放源的管理,严格控制煤炭污染种类,极大地促进了美国煤炭行业的清洁发展。

(二)日本煤炭清洁利用的现状及法律保障机制

1. 日本煤炭清洁利用现状

日本的一次性能源消费长期以来一直以石油为主,其石油能源主要依赖进口,但 20 世纪 70 年代的石油危机对日本的经济发展产生了巨大的影响。在石油危机之后,日本将注意力重新集中在储量丰富的煤炭资源上,试图摆脱对石油的过度依赖。于是,日本的煤炭消费量从 20 世纪 70 年代的石油危机以来持续增长,特别是在福岛核事故之后,日本的煤炭消费开始进入新一轮快速增长。

日本的煤炭消费长期以来完全依赖进口能源,再加上其有限的土地面积和较低的环境承载能力,因此,其煤炭清洁利用技术主要侧重于提高燃煤效率和减少煤炭消耗,其次是减少污染排放和保护环境。日本早在 20 世纪 90 年代初,在其关于煤炭利用的政策中就规定,其煤炭技术的主要重点应该是洁净煤技术。1993 年,日本政府成立了洁净煤技术中心,致力于 21 世纪煤清洁利用技术的发展。

此外,日本对煤炭清洗利用技术的研究具有很强的前瞻性,其研究分为两个层次,一种是目前的应用技术,如流化床燃烧技术、烟气净化技术等,另一种是未来应用技术,如燃料电池发电、磁流体发电、二氧化碳净化和有效利用技术等。

2. 日本煤炭清洁利用的法律保障机制

煤炭消费量的大幅增加产生了大量温室气体,使日本难以实现节能减排的预期目标。2014 年,日本政府发布了新的《能源基础计划》,将煤电确立为"基础电源",明确了推进煤炭清洁化利用的战略方针。《能源基础计划》指出,应通过推广最新一代技术,加强 IGCC 技术的研发,在旧电站的改造和新电站的建设中,大幅度提高煤炭发电效率,从根本上减少温室气体排放量。此外,为了支持洁净煤技术的发展,日本还出台了一系列优惠政策支持煤炭清洁利用方面的科学研究和开放合作,并通过电力自由化政策为燃煤发电站审批提供便利。同时,日本通过国际协力银行为国内火电项目提供低成本融资支持,并帮助日本煤电设备公司和煤炭清洁高效使用项目"走出去"。①

四、完善我国煤炭清洁利用综合法律保障的建议

(一)立法完善

与欧洲、美国、日本等发达国家和地区相比,我国洁净煤技术的研发起步较晚,洁净煤技术发展的总体布局和协调实施以及相应的法律制度尚不完善,而且各省市也缺乏响应国家政策的规章制度。在影响我国煤炭清洁发展的诸多问题中,政府职能部门缺乏法律制度支持和宏观协调最为突出。目前,我国在煤炭清洁利用方面的法律制度不健全,法律法规、产业政策、金融政策、环境政策、节能政策与综合利用政策不一致,许多法规政策缺乏配套的实施细则,使得洁净煤技术的发展和实际应用受到极大的制约。这就迫切需要通过完善相关立法对洁净煤技术提供保障支持,充分发挥政府的公共管理职能,利用各种政策工具积极促进洁净煤技术的发展和广泛应用。

1. 树立可持续发展的立法理念

党的十八届四中全会强调,改革的立法和决策要相互衔接,重大改革要遵守法律,立法应主动适应改革和经济社会发展的需要。这是对法律在国家治理结构中地位的肯定。能源法和相关立法工作必须抓住这一机遇,更加现实地推动适应能源革命的法律进步。在能源发展和能源革命的趋势下,煤炭立法方面的可持续发展理念就是推动煤炭清洁利用,让煤炭在我国能源消费转向可再生能源和清洁能源的过程中发挥更大的作用。

2. 建立环境信息公开法律制度

在现代社会,人们需要更多真实、可靠的信息,包括政府和企业提供的有关生命、健康和财产的环境信息和生态状态信息。一般来说,环境信息本身不能直接改变政府以及企业的环境行为,但公众对环境信息的了解是政府和企业采取有效污染防治行为的最根本的压力和动力,也是纠正环境保护领域政府措施不力的重要手段。就工业企业而言,环境信息的披露可以通过市场和社会公众等多种途径间接地对企业产生巨大的影响,可以帮助企业加强环境管理,提高污染防治水平,自愿开展清洁生产活动,以进一步促进环境保护。

此外,与环境信息披露相对应的是公众对环境的知情权。环境知情权是环境权的

---

① 周杰,周溪峤.日本如何实现煤炭的清洁高效利用[N].中国能源报,2016-03-28(04).

重要内容之一,是实现环境参与权的基本前提,是督促环境行政机关履行其法定职责的有力工具之一,也是促进企业加强污染防治、实行清洁生产的重要手段。

3. 源头控制——建立严格的许可证制度

许可证制度是环境管理的关键环节,例如,采矿许可证是采矿前必要的法律程序,没有采矿许可证的矿山不得进行开发活动。采矿许可证明确规定了采矿业主在环境保护和矿山土地复垦领域的责任和特殊要求,如建筑物布局、废物排放、堆放场地、矿山环境改善、土地复垦等。

目前,我国《煤炭法》立法的目的和任务是开发利用煤炭资源的经济价值,但对煤炭资源生产过程中的环境保护要求不高。在环境保护方面,煤炭生产许可证已经失去了应有的保障作用,从其规定来看,主要是对煤炭资源开采和安全生产的技术要求,但对环境保护的要求没有反映在许可证中。因此,建议在煤炭的开采、生产和利用过程中建立严格的许可证制度,而且要在相关制度中加大环境保护的内容和规定,使之对煤炭的清洁利用更具可操作性。

4. 尾部治理——完善煤炭资源生产生态补偿机制

关于矿产资源生态补偿的理论,可以追溯至古典经济学家关于地租的经典论述。由于矿产资源的稀缺性、耗竭性、不可再生性,从理论上说,矿产资源应在当代人与后代人之间合理分配和公平分享,如果当代人透支矿产资源并加速其耗竭,势必影响后代人利用资源的选择权。因此,当代人应就其造成的资源耗竭损害给予补偿。此外,矿产资源使用权人在开发利用矿产资源的过程中,必然会产生负的外部性或外部不经济性,对生态环境造成损害。因此,国家应该对污染环境者或利用自然资源者征收一定数量的费用,并利用该资金恢复生态环境。

1) 完善生态补偿政策

我国现行的矿产资源生态补偿机制存在一个关键的缺陷,那就是在立法上没有突出体现对资源耗竭和环境损害的补偿作用。美国、加拿大等矿产资源产业大国,其石油、天然气等资源都处在政府的全力控制之下,地方政府能够以开采税、租赁税、财产税和企业所得税等多种形式获得资源租金。我国的情况却相反,自然资源数量巨大的广大西部地区成为贫困的资源输出地,不少矿业城市在资源开采枯竭后成为废墟城市。这是不符合"污染者付费、受益者补偿"的环境法基本原则的。我国应当制定政策,对矿区土地所有者、建筑物占有者以及周围社区通过给予货币或非货币的形式加以补偿,并建立复垦基金制度,要求采矿企业在获得生产许可证之前必须做出生态重建的具体金融安排。

目前,我国《矿产资源法》对环境恢复补偿机制也有着明文规定:"开采矿产资源,应当节约用地。耕地、草原、林地因采矿受到破坏的,矿山企业应当因地制宜地采取复垦利用、植树种草或者其他利用措施。开采矿产资源给他人生产、生活造成损失的,应当负责赔偿,并采取必要的补救措施。"此外,《水土保持法》和《土地复垦条例》也都规定了"谁破坏、谁复垦、谁复垦、谁受益"的原则。但是,这些规定还不够全面具体,操作性不够强。西藏自治区出台的黄金矿山地质环境恢复保证金制度规定,凡在西藏自治区内开采黄金者必须承担因采矿而破坏的矿山地质环境的恢复与治理责任,预缴矿山环境恢复保证金。这一制度值得推广或上升到国家法律层面,作为矿区生态环境恢复的资金保障制度。

2)确立具体的生态补偿标准

我国《土地管理法》中关于量化生态补偿的内容可以对建立煤炭资源生产中的生态补偿机制提供参考。《土地管理法》规定,污染者不愿承担治理污染的责任时,可以向其收取恢复破坏土地复垦的费用,由政府专门部门代替企业执行土地复垦;当企业拒绝执行时,土地管理部门可申请法院强制执行,并对企业主要负责人追究相应的法律责任。例如,《土地管理法》第四十三条规定了土地复垦费:"因挖损、塌陷、压占等造成土地破坏,用地单位和个人应当按照国家有关规定负责复垦;没有条件复垦或复垦不符合要求的,应当缴纳土地复垦费,专项用于土地复垦。复垦的土地应当优先用于农业。"第三十至三十二条规定了耕地开垦费:"国家实行占用耕地补偿制度。非农业建设经批准占用耕地的,按照'占多少,垦多少'的原则,由占用耕地的单位负责开垦与所占用耕地的数量和质量相当的耕地;没有条件开垦或者开垦的耕地不符合要求的,应当按照省、自治区、直辖市的规定缴纳耕地开垦费,专款用于开垦新的耕地。省、自治区、直辖市人民政府应当制定开垦耕地计划,监督占用耕地的单位按照计划开垦耕地或者按照计划组织开垦耕地,并进行验收。""县级以上地方人民政府可以要求占用耕地的单位将所占用耕地耕作层的土壤用于新开垦耕地、劣质地或者其他耕地的土壤改良。""省、自治区、直辖市人民政府应当严格执行土地利用总体规划和土地利用年度计划,采取措施,确保本行政区域内耕地总量不减少、质量不降低。耕地总量减少的,由国务院责令在规定期限内组织开垦与所减少耕地的数量与质量相当的耕地;耕地质量降低的,由国务院责令在规定期限内组织整治。新开垦和整治的耕地由国务院自然资源主管部门会同农业农村主管部门验收。个别省、直辖市确因土地后备资源匮乏,新增建设用地后,新开垦耕地的数量不足以补偿所占用耕地的数量的,必须报经国务院批准减免本行政区域内开垦耕地的数量,易地开垦数量和质量相当的耕地。"第四十八条规定了征地费用:"征收土地应当依法及时足额支付土地补偿费、安置补助费以及农村村民住宅、其他地上附着物和青苗等的补偿费用,并安排被征地农民的社会保障费用。征收农用地的土地补偿费、安置补助费标准由省、自治区、直辖市通过制定公布区片综合地价确定。制定区片综合地价应当综合考虑土地原用途、土地资源条件、土地产值、土地区位、土地供求关系、人口以及经济社会发展水平等因素,并至少每三年调整或者重新公布一次。征收农用地以外的其他土地、地上附着物和青苗等的补偿标准,由省、自治区、直辖市制定。对其中的农村村民住宅,应当按照先补偿后搬迁、居住条件有改善的原则,尊重农村村民意愿,采取重新安排宅基地建房、提供安置房或者货币补偿等方式给予公平、合理的补偿,并对因征收造成的搬迁、临时安置等费用予以补偿,保障农村村民居住的权利和合法的住房财产权益。县级以上地方人民政府应当将被征地农民纳入相应的养老等社会保障体系。被征地农民的社会保障费用主要用于符合条件的被征地农民的养老保险等社会保险缴费补贴。被征地农民社会保障费用的筹集、管理和使用办法,由省、自治区、直辖市制定。"

笔者建议,我国在制定煤炭资源生产和利用的生态补偿相关法律制度时可借鉴以上《土地管理法》的相关规定,对于煤炭生产和利用过程中对环境造成的污染和损害,国家应向污染者征收生态补偿金。

(二)强化政府法律义务

1. 设立政府产业引导基金

政府产业引导基金是国家技术创新体系中不可或缺的一环,在宏观层面上,该基金能够对高科技产业的健康发展起到非常积极的作用;在行业层面上,该基金在刺激技术创新方面的作用相当明显;在企业层面上,该基金能够大幅促进科技成果转化。[①] 政府部门要充分履行其法律义务,设立政府产业引导基金,资助洁净煤技术项目和相关投资项目,促进洁净煤技术的发展和应用。政府产业引导基金的资金来源包括煤炭税费、非法开采煤炭罚款等。在该基金的设立过程中,财政部、中国人民银行、中国银行保险监督管理委员会等部门要严格控制和制定基金支持标准,并严格执行监管,确保资金用于最需要的项目。

2. 政府把关洁净煤技术的自主研发与择优引进

从根本上说,我国煤炭资源的大规模清洁利用取决于核心技术的进步。一项技术从研发初期到成熟再到工业化,是一个长期的过程,因此,我们要不断创新与探索,使洁净煤技术形成一系列自主知识产权,并在自主创新的基础上,将高科技与先进适用技术相结合,加强示范应用。许多国家都有专门的洁净煤技术发展研究所,如日本新能源综

---

① 章金平.地方政府创业投资引导基金的发展与管理策略研究——结合安徽省政府创业投资引导基金的分析[D].合肥:安徽大学,2010.

合开发机构中的洁净煤技术中心。1994年,我国也成立了煤炭工业清洁煤炭工程技术研究中心,研发具有自主知识产权的洁净煤技术。与其他研发部门相比,专门性研究中心更了解区域经济发展水平和洁净煤技术市场,更能坚持长期研发,解决技术相对落后的问题和洁净煤技术在市场上的应用,实现科研和应用的无缝衔接。

在加强自主研发的同时,我国政府科技部门应加强国际技术交流,引进先进的科技,更多地参与清洁生产和煤炭技术论坛活动,与技术发达国家合作,沟通和交流新技术。关键技术的引进、消化和吸收可以缩短我国与国际先进水平的差距,快速提升我国的洁净煤技术水平。值得注意的是,技术的引进也需要选择,不完善的引进机制会使我国成为国外洁净煤技术的"试验场"。因此,政府在积极履行法律义务时,应该对自己的行为负责,通过行政立法,在精简审批程序的同时,对引进洁净煤技术进行规范,并创建绿色通道,完善审批程序。

3. 建立洁净煤技术的应用与推广机制

到目前为止,我国使用洁净煤技术的企业多为政府支持的国家示范企业。随着洁净煤技术的不断应用,其管理可能会涉及多个部门,这容易导致部门间推诿扯皮。只有成立专门的洁净煤技术开发领导管理机构,整合洁净煤研发应用管理工作,才能将洁净煤技术的推广应用落到实处。相关部门须各司其职、密切配合、认真执法,形成洁净煤技术推广的合力。此外,应明确各地煤炭清洁化利用技术发展指导部门的主要职能:一是建立区域内煤炭产业发展目标;二是在区域内大力宣传煤炭清洁利用技术的作用、影响以及优惠政策;三是提供具体技术、研发资金和相关咨询。这三项职能是一个逐步引导的过程,先是整顿区域煤炭产业,其次是使企业看到煤炭清洁利用技术的重要性,最终是协助企业完成技术体系建设。例如,针对粉煤灰的综合利用,应当加强国内外高等院校、科研机构与企业的合作,定期开展有目的、有针对性的学术和技术交流,及时掌握国内外粉煤灰研究及利用动态,避免因重复研究而造成浪费。同时,建议成立专门的科研机构负责研发新产品、新技术,在必要情况下引进先进技术,对原有粉煤灰综合利用技术进行改造,这样可以节约时间和成本。粉煤灰综合利用部门要相互联系,相互交流粉煤灰综合利用的经验,取长补短。同时,由于各地经济发展不均衡,粉煤灰的综合利用水平也参差不齐,应加强各区域、各行业间的合作,实现先进技术资源共享,最终实现共同发展。

4. 提供煤炭清洁利用技术开发与应用方面的税收优惠及财政补贴

对于使用煤炭清洁利用技术的企业,国家在税收方面应给予鼓励和优惠政策,提高企业应用新技术的积极性。具体的税收优惠政策,可以从企业所得税和土地使用税的减免优惠等方面入手来具体制定。例如,对于应用煤炭清洁利用技术的企业,免征一定年限的企业所得税,或者减少一定的税率;对于建设煤炭清洁利用技术项目的土地,免征一定期限的土地使用税。

制定税收优惠政策,提供财政补贴,可以使企业更加积极地开发煤炭清洁利用技术项目。煤炭清洁利用技术中的财政补贴主要是指,在开发过程中政府给予财政补贴或承诺给予承担示范项目的企业低息贷款等资金支持。除此之外,政府还可以给予技术支持,即政府对有意应用洁净煤技术的企业无偿提供技术支持,并在新技术安装和使用过程中安排相关技术人员进行技术指导。

五、小结

当今世界上几乎每个国家都面临发展能源清洁生产、节能减排的挑战,我国能源清洁利用技术也在不断探索发展中。煤炭资源是我国主要的能源,其生产和利用技术的发展变化关系到我国的能源安全。随着社会经济的不断发展、科学技术的进步以及人们认识水平的提高,越来越多的人开始重视煤炭的清洁利用,而且,我国促进洁净煤技术推广应用的法律体系也在不断完备。虽然现今我国洁净煤技术法律制度及国家政策仍在一定程度上使洁净煤技术的发展受限,但每一个完整的法律体系都有一个从缺失到完善的过程,我们希望在今后的发展中,洁净煤技术能够在全社会的共同参与中得以有计划、分步骤地实施。

我国煤炭清洁利用并非坦途,成败与否关键要看政策的执行和监管是否到位。我们必须对煤炭清洁利用的生产侧、消费侧两手抓。因为煤炭企业属于上游生产企业,其产品畅销与否完全由下游的消费者决定,即使我们拥有再好的清洁利用技术,但若成本无法与市场供给匹配,终究不能形成可持续发展的循环经济。从煤炭的进口来看,必须鼓励进口优质煤炭,加强炼焦煤进口,严格控制低热值煤、高硫煤等劣质煤进口。从煤炭清洁利用的技术研发来看,必须加大投资力度,从法律法规层面激励企业进行技术研发,为煤炭清洁利用提供技术支撑。从煤炭清洁利用的政策来看,现有的《煤炭工业发展"十三五"规划》还远远不够,国家必须出台相关法规对市场进行"硬约束",用"有形的手"撑起煤炭清洁利用的"蓝天"。

参考文献

[1] 王文海.我国煤炭工业循环经济发展的模式研究[D].杭州:浙江大学,2009.

[2] 吴竑璋.促进山西省煤炭产业循环经济发展法律问题研究[D].太原:山西省财经大学,2012.

[3] 张绍强.发挥资源优势,加大清洁高效利用,促进煤炭企业转型发展[J].煤炭加工与综合利用,2016(05).

［4］顿耀龙,王军,白中科,等.基于灰色模型预测的矿区生态系统服务价值变化研究——以山西省平朔露天矿区为例.资源科学,2015(03).

［5］李仑,王宇.山西省煤炭供给侧改革实施细则三连发[N].中国煤炭报,2016-05-27.

［6］赵康杰.矿区生态环境治理与农民利益保护——以山西省平朔矿区为例[J].农业现代化研究,2013(07).

［7］白中科,郧文聚.矿区土地复垦与复垦土地的再利用——以平朔矿区为例[J].资源与产业,2008(10).

［8］杜振川.中煤平朔集团企业土地复垦质量管理体系研究[D].北京：中国地质大学,2015.

［9］黄溆战.论煤炭清洁利用中的政府法律义务[J].生产力研究,2010(11).

［10］章金平.地方政府创业投资引导基金的发展与管理策略研究——结合安徽省政府创业投资引导基金的分析[D].合肥：安徽大学,2010.

［11］张建松,吴复民.警惕我国沦为国外煤气化技术"试验场"[N].经济参考报,2006-9-23.

［12］肖国兴.能源革命背景下能源发展转型的法律抉择[J].法学,2014(11).

［13］周杰,周溪峤.日本如何实现煤炭的清洁高效利用[N].中国能源报,2016-03-28(04).

［14］王晓苏.德国绿色转型变成煤炭转型——煤炭发电比例创7年新高[N].中国能源报,2014-04-21.

［15］刘虹.德国能源转型与煤炭的命运[J].煤炭经济研究,2017(06).

［16］刘明明,辛未,杨富强.煤炭消费减量化和清洁利用国际经验[J].中国能源,2014(11).

我国煤矿区生态修复研究调研报告

撰写高校：河北大学
指导教师：马洪超
撰 写 人：姜月丽、王谦、崔红宇

我国在能源利用上以煤炭为主，是世界上最大的煤炭生产国和消费国。但是，煤炭开采带来的环境污染、生态破坏问题却不容忽视——煤矿区生态环境问题突出，地质灾害时有发生。为了平衡煤炭开采活动和生态环境保护，生态修复作为一项有效措施，受到诸多关注。

近几年，各省煤矿区都在尝试进行生态修复。山西省作为采煤大省，出台了《山西省土地复垦实施办法》《山西省矿山环境恢复治理保证金提取使用管理办法（试行）》等诸多政策法规为煤矿区生态修复保驾护航，还启动了山西省工矿区土地沉陷防治、复垦与生态重建研究*和资源转型城市矿区生态修复关键技术与示范**等重大项目与工程。

本调研报告首先对生态修复的概念、重要性和应遵循的原则作了阐述，然后对调研矿区的真实生态修复数据、资料进行了分析，明确了该矿区在生态修复过程中遇到的技术、资金和土地的困难，以及存在的生态修复法律体系、主体和标准的问题，最后提出了相关的可行性建议，以期为我国煤矿区生态修复研究提供一些借鉴。

一、煤矿区生态修复概述

煤矿区生态修复工作的切实有效开展，需要深入的理论研究作为基础保障，只有了解生态修复工作实践中存在的问题和面临的困难，并针对性提出相应的改进建议、措

---

* 2006年3月，山西省科技厅启动重大科技攻关项目——山西省工矿区土地沉陷防治、复垦与生态重建研究，该项目利用实地监测、雷达遥感等手段系统研究不同开采方式下土地沉陷规律，研制开发矿区土地复垦和生态重建信息系统。

** 2012年7月10日，由山西省科技厅组织、山西省生物研究所主持承担的"十二五"国家科技支撑计划——资源转型城市矿区生态修复关键技术与示范课题在太原成功启动。课题开展资源转型城市矿区生态修复关键技术研究与示范，形成露井联采矿区生态重建技术体系、技术规程和煤化工场地修复技术体系。

施,才能推进生态修复工作、改善煤矿区生态环境。

(一)煤矿区生态修复的概念

理论界对生态修复并没有统一的定义,学者们根据自己的研究方向,往往赋予其不同的内涵。同时,随着社会的发展和研究的深入,生态修复的含义不断扩展、完善。生态修复比生态恢复、土地复垦等概念的内涵更宽,综合来说,可将生态修复定义为生态系统的自我恢复以及人为地对被破坏的生态系统进行重建和改建。由此可见,生态修复包括自我修复和人为修复两种修复方式,被破坏的生态系统可以通过自我调节或人为的重建、修理实现可持续发展。

煤矿区生态修复是指对因采矿行为造成生态功能失调、环境污染的区域,采取生物、工程等多种手段来恢复或提高该区域生态系统的功能,实现人类的采矿行为与自然环境的和谐,促进该区域的可持续发展。

(二)煤矿区生态修复的重要性

煤炭是埋藏在地下的一种资源,如果露天开采煤炭资源,需要剥离土地表面的岩土,排弃大量的岩石,无疑会对土地造成一定破坏,同时,排土场和煤矸石等固体废弃物也会压占土地;如果对埋藏更深的煤炭资源进行地下开采,土地资源不仅会被大量的煤矸石侵占、压塌陷,还会被洗煤水侵蚀污染,使土壤结构遭到破坏,造成水土流失、土壤肥力大幅降低等不良后果。煤炭开采过程中要使用大量的水资源,抽排的矿井水、洗煤后的煤泥水等废水对地表水和地下水都会造成污染,引发水环境系统的破坏。此外,煤炭开采过程中还会存在粉尘、有毒气体,从而造成大气污染。煤矿区土地、水体和大气等生态环境要素的污染、破坏,导致矿区生态功能失调,生物多样性减少,甚至会造成地质灾害。[①] 生态修复综合运用生物、工程等多种手段,可以提高植被覆盖率和生物多样性,恢复耕地,改善矿区的生活和生产环境,从而实现矿区的可持续发展。因此,生态修复作为解决矿区开采带来的各种危害的有效途径,极其重要。

(三)煤矿区生态修复应遵循的原则

1. 整体性与综合性原则

生态系统内的各环境要素并不独立,而是相互作用的,大气、水体、土壤,任何一个要素被污染或破坏,都会产生连锁反应,使生态系统整体的平衡受到影响。因此,在对煤矿区进行生态修复时,应综合运用生态学、经济学、环境学、法学等学科的知识,除对煤矿区系统中的单个环境要素进行专项修复外,还要综合考虑、统筹兼顾、多措并举,对煤矿区整体进行系统性修复。

---

① 姜月丽.煤矿区生态修复法律问题研究[D].保定:河北大学,2018.

2. 因地制宜原则

开展煤矿区生态修复时,要选择适合当地自然、经济等条件的修复方式,因地制宜,综合考虑措施的可行性和修复的实效性。因为不同地方的煤矿区,其降雨量、土壤酸碱性、矿区开发历史、经济承受力都有所不同。因此,国外和其他地方的修复方式很难直接移植,应该充分考虑当地实际,合理规划,确定切实可行的修复措施。①

3. 生态效益原则

生态修复的目的是构建和谐的生态系统,恢复生物多样性,促进煤矿区的和谐、可持续发展,这必然要求在生态修复的过程中始终把生态效益放到首位。煤矿区生态修复更多的是一种社会责任,需要巨大的经济投入,这就需要将关注点放在煤矿区生态环境质量的提高上。

4. 远期目标和近期目标相结合的原则

在煤矿区生态系统中,由于诸多要素都遭到了破坏和污染,目前的科学技术无法有效快速地实现生态修复,且修复过程中也会受到人类活动行为的影响,因而,生态修复是一项复杂而艰巨的大工程,不能一蹴而就,需要长期推进。这就要求进行煤矿区生态修复时,坚持远期目标和近期目标相结合的原则,目光长远,计划周全,保证修复能够持续进行。

二、调研煤矿区生态修复现状

(一)调研煤矿区概况

调研煤矿区地处黄土高原的东部,南北长23千米,东西宽22千米,总面积大约为380平方千米。从1987年中美合作建成的被誉为改革开放"试验田"的露天矿开始,调研煤矿区至今已有30多年的开采历史,并创造了多项全国第一。目前,调研煤矿区以三个露天矿为主,另外也有三个井工矿。调研煤矿区所在地区为半干旱大陆性温带季风气候,干旱少雨,年平均降水量为380~420毫米,最低的时候仅为340毫米,最高的时候也没有超过450毫米,少雨的同时年平均气温又高,致使年蒸发量在2 000毫米以上。① 这样的气候要求植物必须耐旱,因此该矿区土地植被覆盖率很低,多是长芒草、扁穗冰草等,在农作物方面则适宜种植马铃薯、玉米等。②

(二)调研煤矿区生态修复方式

调研煤矿区在生态环保上累计投入50多亿元人民币,响应国家政策要求,积极进

---

① 姜月丽.煤矿区生态修复法律问题研究[D].保定:河北大学,2018.
② 张耀,周伟.安太堡露天矿区复垦地植被覆盖度反演估算研究[J].中南林业科技大学学报,2016(11).

行矿区生态修复。其中,在生态修复上所做的主要工作是对矿区进行绿化、恢复原有植被,将矿区采矿后的植被覆盖率由采矿前的不足10%提高到了95%以上,并采用乔灌草相结合的方式,有效改善了矿区土壤环境。目前,该矿区实现复垦土地4万余亩,生物品种数量逐步恢复,现有植物213种,动物300多种,昆虫600多种。

1. 煤矸石的处理

煤炭开采过程中产生的煤矸石差不多会达到煤炭产量的20%之多,其大量堆放会导致诸多问题,如占用宝贵的土地资源、经风吹日晒雨淋后易自燃、风化后还会产生粉尘等。因此,合理地处理煤矸石是煤矿区生态修复的重要方面。调研煤矿区的煤矸石量占其煤炭总产量的26%~28%,因而该矿区十分重视并积极探索对煤矸石的综合利用。该矿区的具体做法是将煤矸石用于发电、矿区道路修复、制成粉煤灰。目前,该矿区有自己控股的矸石发电厂,将煤矸石变废为宝,同时也减少了运输成本。但是,这些利用是非常有限的,仅占煤矸石总量的一小部分,特别是在"去产能"背景下,发电量逐年降低,利用量也随之减少,剩余的绝大部分煤矸石都是采取掺杂式深埋的处理方式。

2. 土地的复垦

对于土地复垦,调研煤矿区总共使用土地12万亩左右,现共实现土地复垦4万余亩,其中,恢复林地约2.5万亩,恢复耕地约1.5万亩。该矿区在土地复垦上将重心放在植物覆盖上,对于重金属污染没有防治,目前也没有很好的重金属污染防治办法。由于当地降水量很少,该矿区在进行植物覆盖时,选择了抗旱、抗寒、抗尘的植物,没有安装灌溉设施,而是仅仅依靠自然降水。具体来说,该矿区主要通过绿色植物覆盖来实现土地复垦,即采用乔木、灌木和草相结合的方式,因地制宜地种植新疆杨、榆树、刺槐、柠条等。土地复垦除了通过种树种草提高植物覆盖率外,还应恢复耕地。对此,该矿区目前的规划是采矿周期结束并经当地自然资源部门验收达到耕地条件后,复垦的土地由农民重新进行耕种。

3. "农—林—牧—生态旅游"产业的开展

调研煤矿区积极顺应时代发展潮流,并不满足于绿化复垦这种单一的生态治理模式,而是大力发展文化创意产业,致力于打造多元化产业,建设集工业旅游、农业观光和产业为一体的生态文化产业园区。目前,该矿区已初步形成了以土地复垦为主线的"农—林—牧—生态旅游"产业链。

调研煤矿区复垦的4万余亩土地的性质均为农业用地,因此,该矿区大力发展农业,进行农作物种植,并将农业定性为智慧农业、生态观光农业。该矿区从2008年开始对农作物种植进行了尝试,此后又专门成立了一个现代农业产业分公司,进行农业的现代化生产,种植了适合当地气候环境的马铃薯、荞麦、莜麦等农作物。经过9年左右的种植,该矿区土壤肥力逐步提高,马铃薯的产量每亩可达七八百斤。相比普通土地,煤矿区农作物的产量较低,复垦肥力仍不够,中国农业科学院也曾在矿区通过生物技术快速提高土壤肥力、熟化土壤,但成本很高。该矿区现有还300个日光温室,主要用来种植应季蔬菜。在养殖方面,该矿区从2006年开始在两个矿的排土场尝试开展养殖业,最初养殖了绵羊和肉牛,2008年和2009年又分别新增了蛋鸡和肉猪的养殖项目。[①]

在煤矿区修复措施中,建设矿山公园是一种投入最小的修复方式,不用填盖矿坑,保留开采原貌,人们可以观看煤炭开采旧址。该矿区根据自身实际情况,规划在采矿遗址和开采废井基础上建设矿史博物馆、露天遗址博物馆、井工遗址博物馆、零碳创意馆和民俗文化博物馆"五馆一体"为主线的国家AAAAA级矿山公园,此外,为吸引游客,真正发挥公园的功能作用,还计划充分利用矿区排土场起伏的地势建设滑雪场、走马场。目前,矿史博物馆已经建成,主要是对该矿区的开采历史、成就、员工的废旧材料创意作品等的展示。[①]

三、我国煤矿区生态修复存在的问题

(一)煤矿区生态修复经济投入问题

矿区生态修复是一个长期而艰巨的任务,需要大量的资金投入。以本次调研的煤矿区为例,其在复垦土地、发展现代农业和生态旅游方面已累计投入20.97亿元。矿区作为国有企业,应承担相应的社会责任,响应国家的要求积极进行生态修复,但也必须考虑企业的经济效益和修复成本。巨大的生态修复成本问题是企业在矿区生态修复过程面临的一大困难,给企业造成经济压力的同时,也会削减企业进行生态修复的积极性。

(二)煤矿区生态修复的技术问题

生态修复需要技术作为保障,没有修复技术,再多的资金投入与努力也是枉然。我国现有煤矿区虽大力开展生态修复工作,进行了诸多修复尝试,但仍缺乏相关的专业的研究人员,无法掌握、研究出新的、有效的生态修复技术,只能利用现有的修复措施进行修复,使得修复效果、周期不尽如人意。

(三)煤矿区生态修复试点区域的土地使用权问题

我国《土地管理法》规定,临时用地的使用期限为2年,考虑到矿产开采的特殊性,可申请延续批准一次,即延长2年,再加上生物复垦可延长1年,因此矿区土地复垦的

---

① 姜月丽.煤矿区生态修复法律问题研究[D].保定:河北大学,2018.

试点期限为 5 年。① 矿产开采时间是决定矿区土地复垦期限长短的重要因素,以本次调研的煤矿区为例,目前该矿区三大露天矿的复垦试点区域大多为采坑状态,有的区域甚至仍未剥离表土,这就使得复垦土地无法按照 5 年的试点期限归还。

此外,在煤矿区的生态修复过程中,有些修复措施(如修建滑雪场、走马场、农业观光园等)会改变矿区土地的用途,而改变土地用途的审批又非常烦琐,从而导致这些修复措施很难实施。

(四) 煤矿区生态修复立法问题

煤矿区的生态修复现已受到国家政府和人民群众的重视,各个矿区都在进行生态修复尝试,国家也出台了不少政策法规来保障煤矿区生态修复工作的开展。但是,这些法律和相关规定都分散在环境保护和资源管理类的法律规范中,目前尚无专门性的矿区生态修复法律。山西省作为采煤大省,高度重视煤矿区生态修复工程,积极颁布政策法规并推进实施。在政策上,《山西省"十三五"环境保护规划》明确把推进矿山生态修复作为一项重点任务,并出台了《山西省矿山环境恢复治理保证金提取使用管理办法(试行)》《山西省矿山地质环境保护与恢复治理竣工验收管理办法》,为该地生态修复的开展提供了重要依据。此外,英国、美国、德国等国家均已完成了矿区生态修复基本立法,构建了专门的矿区生态修复法律体系。与这些国家相比,我国在矿区生态修复方面的法律制度还很不完善,没有专门性的统一规范,出台的政策也没有配套的实施细则,操作性不强。同时,在立法过程中,公众的参与程度不够,尤其是对煤矿企业意见的听取力度不够,造成立法与实践相脱离。

(五) 煤矿区生态修复主体问题

我国法律虽然没有明确规定矿区生态修复的责任主体,但《土地复垦条例》规定了"谁毁损,谁复垦"的原则,《环境保护法》规定生产经营者应对其造成的环境污染、生态破坏带来的损害依法承担责任。煤矿区的环境污染和生态破坏问题是由煤矿开采公司的开采行为造成的,且煤矿开采公司从中获益,因而煤矿开采公司对其造成的损害应承担修复责任。但实践中,在矿区生态修复主体确定上存在以下问题:对法律还没规定修复责任时开采的矿区、开采结束之后发生的生态环境问题以及新企业进入到已开采过的煤矿区后新旧行为叠加而造成的生态破坏等特殊情况下的修复主体确认尚不明确。除修复责任主体外,矿区修复主体还包括参与主体。目前,国家和煤炭生产企业都参与了矿区生态修复的责任,但社会公众作为利益相关者在矿区生态修复中的参与度还不够。

---

① 姜月丽.煤矿区生态修复法律问题研究[D].保定:河北大学,2018.

（六）煤矿区生态修复标准问题

生态修复标准作为衡量生态修复工作成效、检验修复资金收益的手段，在煤矿区生态修复工作中不可或缺。目前，我国虽在政策上积极推进矿区生态修复工作，但并没有矿区生态修复标准的具体规定。这就使得许多煤矿区在进行生态修复时，仅是进行简单的、投入较少的修复，如对大量的煤矸石采取深埋方式进行处理，并不能真正恢复或提高矿区的生态功能。煤矸石被覆盖后，从表面上虽已看不见煤矸石，但它对土壤的实际污染仍然存在。对此，相关部门应尽快制定矿区生态修复的标准，从制度上保障矿区生态修复的有效实施。

四、煤矿区生态修复问题的解决建议

（一）煤矿区生态修复的资金支撑

生态修复的实施必须有资金支撑，而且所需资金数目庞大，因此，解决生态修复资金的来源问题是生态修复得以实施的关键。根据"谁污染、谁治理，谁受益、谁治理"的原则，一般来讲，对已有正在开发的煤矿区，生态修复资金的主要来源应该是开采煤炭资源的最直接受益者——企业，因为煤矿区环境问题是由于煤炭开采造成的，采矿受益者在获得利益的同时也应该承担责任。但是，长期以来，人们只注重经济利益而忽略了对环境的保护，很多矿区附近的生态问题是长时间开采造成的，不能将责任只归咎于目前的开采者。众所周知，在我国，煤炭等矿产资源是国有资源，是国有经济的重要支柱。在煤炭开采中，开采者是直接受益者，国家是最终受益者，因此，国家财政资金也应该成为生态修复资金的来源之一。另外，以煤炭产业为主的地区，煤炭对开采地经济增长贡献也很大，而生态环境恢复以后，最大的受益者是当地的政府和人民，根据"谁受益，谁治理"的原则，当地政府应该出资进行生态修复，当地人民也应积极协助，保障当地煤矿区生态修复顺利进行。

矿区生态修复是一项长期而艰巨的工作，需要大量的资金投入，而绝大多数情况下煤矿企业作为修复责任主体承受着较大的资金压力过大，从而导致其对生态修复的积极性不高。煤矿区生态修复过程艰难而持久，需要先进的技术和大量的资金，在资金方面，国家必须建立专门的生态修复基金予以支持，并利用税收政策以及信贷工具予以扶助。同时，国家要建立合理而规范的矿区生态修复激励机制，对煤矿区生态修复给予资金政策支持，对企业作为责任主体实施的修复进行一定的补偿。目前，我国对煤炭开采企业征收的税费主要有资源税、土地使用税、煤炭可持续发展基金、矿产资源补偿费、水资源补偿费、排污费等，以及明确规定用于生态环境修复的矿山生态环境恢复保证金。这些税收可以作为生态修复基金的来源，此外，也可以发挥社会群众的力量，鼓励群众和社会企业把资金融入该项基金。具体来说,就是在政府的许可下,采取"谁投入,谁受益"的办法,进一步引入民间、社会资金,在实现公益理想的前提下,也达成投资者个人利益的回报。国家和政府通过完善法律制度,调动全社会对矿区生态污染的修复,引导社会公益性资金的投入和公众的参与,拓宽投资、修复渠道。[①]

生态修复基金能否真正运用于生态修复以及修复效果如何,这就需要政府规范基金的申请程序、申请条件,并加强对基金的监管和对修复工作的监督。具体来讲,生态修复基金需要由固定部门统一监管。例如,政府可以设立生态修复基金管理委员会,修复基金按期统一上交到该部门,由该部门负责基金的管理和发放。此外,地方政府还可以设立生态修复监督部门,定期对煤矿区生态修复的成果进行检验、验收,对生态修复工作进行监督,保证该基金确实用于煤矿区生态修复。企业在进行生态修复时,应向监管部门提出经费申请,并上交修复措施可行性报告书。监管部门聘请专业人员对修复项目的可行性进行审查,审查通过后再发放资金。同时,监管部门应实行持续性监管机制,即生态修复结束后要对修复结果进行验收,对验收不合格者采取返工或者收回资金等措施,确保生态修复工程的顺利开展。

(二)煤矿区生态修复的技术保障

目前,煤矿企业在生态修复中面临很严重的技术瓶颈,其技术人员只能进行表层或者小范围的简单修复,不能彻底扭转生态恶化的现状。此外,目前生态修复方面的科研机构大多仅进行理论上的研究,较少去煤炭矿区实地考察,无法保证技术的正确性和实用性。为了使煤矿企业能够掌握最新的、顶端的生态修复技术,科研机构需要将理论与实践相结合,进行更加有效的技术研究,例如,科研机构可以和企业直接合作,能够针对性地根据企业在生态修复中出现的问题,实时进行指导。除此之外,我国还应借鉴相关国家在矿区生态修复方面的企业内部管理机制,特别是在协调修复资金、人力资本方面,避免相关企业因对修复资金的管理方面不尽科学而导致资金浪费。

(三)煤矿区生态修复的土地政策支持

在修复实践中,经常会出现土地复垦期限较长、不能及时归还农民的现象,特别是复垦期限超过使用期限以及企业多样化的生态修复手段中所涉及的土地用途的更改等问题,对此,国家应出台相应的土地政策来保证煤矿区生态修复工作的实施。例如,根据实际情况,积极进行采矿临时用地政策改革,延长煤矿区的临时用地使用期,通过调研论证煤矿区使用期的时间标准等。为避免无法按期还地,政府和企业还可以探索新的还地模式,如异地归还、等面积置换,即先将煤矿区另一块实现复垦的土地交给原土

---

① 董美云.铜川市煤矿区生态修复研究[D].西安:陕西师范大学,2010.

地使用权人,作为补偿。另外,增加试点用地的类型,也可以摆脱临时用地期限的限制。例如,煤矿区以修复后的土地为基础开展农业观光、休闲旅游产业,打造多功能景区,包括地质公园、采摘园、农家乐等,这些都需要对土地性质、用途进行变更。但由于我国现行的变更手续还很烦琐,实际项目从计划到营运需要花费很长时间,消耗大量的人力物力。因此,应当简化土地审批手续,放宽对煤矿区生态修复用地土地用途的管理,真正为煤矿区的生态修复提供发展空间。

(四)建立完善的煤矿区生态修复法律体系

要根本上实现煤矿区生态环境的治理,离不了科学、高效的生态修复法律体系。但是我国目前缺乏专门的矿区修复法律,相关法律没有配套的实施细则,不具可操作性,地方的政策法规所属的法律效力级别过低,为此,我国要加快煤矿区生态修复的立法进程。这需要实务界和理论界大量的研讨,需要严格的立法流程予以保障。此外,对于公众较少能够参与立法的问题,相关部门应积极拓展公众参与的途径,积极向社会公众征求立法意见,广泛听取各界声音,使立法更加公平、合理。

(五)明确煤矿区修复责任主体,扩大煤矿区修复参与主体

煤矿区生态修复责任制度是关键一环,只有明确责任主体,才能确保修复资金的募集以及保证修复过程的顺利完成。根据"损害担责"的原则,煤矿区开发利用者对煤矿区造成了破坏,理应作为煤矿区生态修复的责任主体。

对于实践中存在的问题,可以考虑借鉴域外经验。以美国为例,美国从立法层面对煤矿区进行了划分,其中包括立法生效前已废弃的煤矿区和立法公布后出现环境问题的煤矿区。就其责任主体的设计来看,对于立法生效前已废弃的煤矿区,由于问题企业已难以查明,国家应直接承担修复责任;对于法律颁布后出现生态破坏的煤矿区,其生态修复责任应由煤矿企业承担。此外,两者责任承担的方式也有所不同:对于前者,国家通过拨款建立治理基金的方式组织修复;对于后者,依据"谁破坏,谁复垦"的原则,煤矿企业自行承担全部的修复责任。鉴于此,为保证与"法不溯及既往"相一致,我国也可从立法层面进行相关规定,在法律生效前,国家为修复责任主体,由专项的修复基金保障修复工作的实施;在法律生效后,煤矿企业负责煤矿区的生态修复,并负有完全的修复责任。新的煤矿企业进入老的煤矿区进行开发的,原煤矿企业还存在的,两者都属于责任主体;原煤矿企业不存在的,矿区修复可使用修复基金。对于煤矿开采完成后发生的环保问题,煤矿企业还存在的,应当由企业负担矿区生态修复工作;煤矿企业因为破产、强制解散等原因不存在的,应当由国家负责废弃煤矿区的生态修复。

此外,为提高公众对煤矿区修复的参与度,我国应从法律层面上对此加以规定,鼓励公众主动支持和参与煤矿区的修复与监督,特别是应建立利益激励机制,让煤矿区附

近居民可利用生态修复的机会开展经济活动,如进行畜牧养殖、种植果树等。

(六)制定煤矿区生态修复标准

煤矿区的生态修复需要明确修复标准。目前,我国在重视提高对煤矿区生态修复程度的同时,缺乏相应的检测和验收标准,整体而言还是走"先污染、后治理"的老路,缺乏先期的预防措施。例如,在土地复垦方面,其标准基本就是恢复到破坏前土地质量的百分之70%,其他的参数标准尚无规定。

在土地复垦标准方面,美国相关法律分阶段对土地复垦验收制定了详细的标准和流程。该生态修复标准与修复工作本身的复杂性、综合性和长期性基本特点相适应,非常注重循序渐进,逐步提高修复成效,对生态修复进行阶段性的验收。首先是要求达到土地可利用即可;其次是适度提高标准,要求植被增加,土地生产力恢复;最后是土地用途和植被覆盖率的完全达标。此外,美国还从土地特征、土地生产力、水质、植被覆盖率等诸多方面对土地复垦规定了具体标准。美国的标准设定理念、具体要求都可为我国的土地复垦提供有益的借鉴。同时,我国的煤矿区生态修复标准也应合理确定修复期限和阶段,并明确各阶段的具体目标、任务,满足生态修复的长期性要求,循序渐进地完成生态修复。

在具体的土地复垦评估立法方面,德国制定了《联邦自然保护法》《联邦矿山还原法》《联邦土壤保护法》等专门性法律法规。其中,《联邦自然保护法》规定,对因开采、施工而塌陷的矿区,责任主体应当及时进行土地复垦,恢复原有自然植被,尽可能还原原有的生态系统。《联邦矿山还原法》对此也有类似规定。此外,《联邦土壤法》规定,责任主体要对表土剥离或土质恶化区域进行治理,使其恢复到原有的土壤质量。我国应借鉴德国这些详细的土地复垦评估标准,尽快从立法上对土地复垦做出明确的规定。

五、结语

生态修复作为解决煤矿区生态环境问题的有效手段,已引起政府、煤矿企业的重视,但我国的煤矿区生态修复尚处探索阶段,缺乏完善的生态修复法律体系、明确的生态修复标准来对其进行统一规范。煤矿企业在煤矿区生态修复过程中面临的三大主要困境是筹集资金难、修复技术要求高、土地使用困难。因此,我国应积极出台相应政策,在技术、资金、土地上对煤矿区生态修复进行大力支持,并加快相关立法,为煤矿区生态修复工作的开展提供有利的环境。同时,相关学科研究领域应加快对煤矿区生态修复工程的研究,以提供强有力的智力支持。

参考文献

[1] 邓小芳.中国典型矿区生态修复研究综述[J].林业经济,2012(07).

[2] 艾晓燕,徐广.基于生态恢复与生态修复及其相关概念的分析[J].黑龙江水利科技,2010(03).

[3] 刘伟.美国土地复垦工程范例及其启示[J].国土资源科技管理,2003(20).

[4] 汪丽媛,文震.中国矿区环境生态系统研究[J].科技传播,2010(09).

[5] 牛永刚.煤矿区生态补偿机制探讨[J].低碳世界,2016(11).

[6] 朱鹏,张轶群.某废弃矿山生态破坏与环境修复研究[J].东华理工大学学报,2016(04).

[7] 胡振琪,龙精华.论煤矿区生态环境的自修复、自然修复和人工修复[J].煤炭学报,2014(08).

[8] 黄铭洪.矿区土地修复与生态修复[J].土壤学报,2003(02).

[9] 董文龙,白杨.矿区生态修复研究[J].环境科学与管理,2016(01).

[10] 刘立艳.矿山废弃地生态修复技术研究[J].煤炭工程,2012(02).

[11] 邓国春,朱建新.论煤矿区生态修复规划[J].资源环境与工程,2008(02).

[12] 祝怡斌,周连碧.矿山修复及考核指标[J].环境科学与管理,2016(01).

[13] 刘凤民,刘海青.矿山公园建设现状与发展建议[J].资源产业经济,2006(07).

[14] 王晓娜.陕北地区煤矿区生态修复方法研究[J].现代商贸工业,2009(01).

煤炭行业职业病防治法律问题研究

撰写高校：北方工业大学
指导教师：陈兴华、尚志红
撰 写 人：王泽宇、孙国程、原明慧、乔星、孔飞、张宇新

在我国，煤炭产业作为经济发展的重要基础能源产业，对于国民经济与居民生产生活有着至关重要的作用。煤炭行业职业病不仅对煤矿工人威胁重大，而且对我国医疗部门也是一种沉重的压力。目前，我国煤炭行业职业病危害防治形势仍然极为严峻，我们需要全方位加强相关制度的建设与落实，积极运用社会力量，推动煤炭行业职业病防治工作的有效进行，切实保障煤矿工人的权益。

本调研报告采用的调研方法包括：①访谈法，前往企业、环保局、职业卫生防治所进行交流访谈，了解煤炭行业职业病防治情况；②文献收集与分析法，在调研前进行文献收集工作，在调研结束后对相关文献进行分析、归纳总结；③数据统计法，从调研单位处获得相关数据与材料，并加以统计分析；④对比法，收集国内外相关煤炭职业病防治情况，加以对比分析，并参考我国具体国情，得出有益于我国煤炭职业病防治的建议。

本次调研的基本内容包括：①煤炭行业职业病的种类、特点、鉴定标准和总体防治情况；②煤炭职业病防治中的难题，企业的具体防治措施，工会所起的作用；③职业病患者的保障与赔偿措施，职业病与其他工伤相比有何特殊性；④职工维权的主要障碍，非政府组织的作用，工伤保险在职业病防治中所起到的作用与不足，《中华人民共和国职业病防治法》（以下简称《职业病防治法》）经过多次修改后的进步与不足，《中华人民共和国安全生产法》（以下简称《安全生产法》）的作用与不足；⑥域外煤炭职业病防治中可以借鉴的经验；⑦HSE管理体系*在煤炭职业病防治中的应用与建议。

---

* HSE管理体系是指健康（health）、安全（safety）、环境（environment）三位一体的管理体系。

一、煤炭行业职业病概述

(一)煤炭行业职业病的概念

1. 职业病的定义

根据《职业病防治法》第二条第二款的规定,职业病是指企业、事业单位和个体经济组织等用人单位的劳动者在职业活动中,因接触粉尘、放射性物质和其他有毒、有害因素而引起的疾病。根据这项规定,可以看出职业病是一种发生在特定环境与领域,通常与某些特殊行业的工作环境有关联,因接触特定的物质从而引起的疾病。

2. 煤炭行业职业病

煤炭行业职业病特指在煤炭行业中产生的由于从事与煤炭相关的工作而导致的具有煤炭行业特点的、与相关的具体工作环境和工作进程有联系的一种行业内的职业病。

在煤炭开采过程的多个环节中都有导致职业病产生的因素,如粉尘、噪声、高温、高湿等,这些因素对相关工作人员的身体健康造成了严重的损害。我国是煤炭开发和使用大国,煤炭开采过程中采用的粗放式生产模式导致煤炭行业的职业病现象尤为严重。我国煤炭行业的职业病呈现以下四大特点。

第一,煤炭行业职业病的危害较大,患病者数量较多。《全国职业病防治工作情况的通报》的数据显示,2016年,尘肺病的人数为24 206例,占职业病总数的88.28%,虽然较2015年有所减少,但仍然是职业病中最为集中的疾病;同时,各种急性职业中毒的比例也占据较高份额,包括一氧化碳等中毒共计291例,并且急性中毒与慢性中毒的比例各占职业病总数的3%。由此可见,尘肺病和化学物质中毒都是煤炭行业职业病中高发的疾病。

第二,煤炭行业职业病在中小型企业中的危害尤为严重。中小型企业对于煤炭行业职业病的防治力度较弱,重视程度较低,相应的制度与设备存在不足。因此,煤炭职业病在中小企业中尤为多见。

第三,煤炭行业职业病具有隐匿性、迟发性等特点。煤炭行业职业病在发病初期通常与普通病症相似,而且潜伏期较长,甚至能够达到20年之久,因此难以及时觉察与治疗,导致耽误最佳救治时间。

第四,煤炭行业职业病危害造成的经济损失巨大。国际劳工组织指出,全球每年因职业病造成的经济损失高达1.25万亿美元,约占全球GDP的4%。由于职业病涉及员工的工作与生活,员工一旦患病,其基本的生活能力以及家庭保障能力都会受到影响,而且对企业和社会也会造成极大的负担。

(二) 煤炭行业职业病的种类与成因

1. 煤炭行业职业病的种类

（1）尘肺病。这是一种煤炭行业劳动者由于在职业活动中长期吸入生产性粉尘而对肺部造成损伤的疾病。在煤炭生产的过程中，多个生产环节都可能导致这项疾病，如岩巷凿岩、采煤打眼等，因为在这些生产环节中会产生较多的粉尘、矽尘以及水泥尘等，劳动者一旦将这些粉尘吸入肺里便会造成损害。

（2）化学物质中毒。在多项煤炭开采与利用的环节当中，劳动者会吸入一些有毒气体，如氮氧化合物、一氧化碳、硫化氢等，这些有毒气体会造成相应的中毒。

（3）由于物理因素所致的中暑、手臂振动病。在煤矿井下进行深度挖掘的工作人员，由于高温以及局部振动的影响、长期的劳累等环境问题容易发生高温中暑或手臂振动病。

（4）职业性"噪声聋"。在煤矿开采过程中，开凿、掘进、打眼等环节通常会产生较大的噪声污染，近距离接触的工作人员会直接受到噪声的影响。长此以往，这些噪声将导致职业性"噪声聋"等疾病，还可能会引起心血管系统、神经系统的损害。

（5）其他相关的疾病，如高血压、慢性胃炎、消化性溃疡、慢性鼻炎、慢性支气管炎、腰背痛、类风湿性关节炎等。从事煤炭开采的劳动者大都是在矿井下进行深度挖掘的工作，这种特定的生产环境容易造成人体新陈代谢功能障碍，从而引发相应的疾病。

2. 煤炭行业职业病的成因

煤炭行业职业病有害因素来源于三个方面：生产工艺过程、劳动制度以及生产环境。这三个方面的有害因素与在具体工作中遇到的情况相结合，共同导致了各种煤炭行业职业病的产生。

首先是生产工艺过程中的有害因素。在煤炭行业劳动者的工作过程中，从开采、挖掘到清洗、利用等环节都存在有害因素，如生产设备所产生的辐射、原材料加工所产生化学污染、生产工艺导致的危害残留等，这些客观条件下产生的有害因素使劳动者受到的损伤逐级加深。

其次是劳动制度中的有害因素，具体包括劳动组织和制度不合理、作息制度不合理等。这些有害因素会使劳动者的精神过度紧张、劳动强度过大、个别器官或系统过度疲劳，从而导致劳动者产生相关疾病，如视力受损、听力受损等。

最后是生产环境中的有害因素，具体包括化学因素、物理因素、生物因素等。在煤炭行业的工作环境中，化学因素影响包括有毒有害的化学物质以及粉尘等，会造成诸如硅肺、煤尘肺、职业中毒等疾病；物理因素包括异常的气象条件、气压、噪声、振动、电磁辐射以及放射性物质等，会造成中暑、手臂振动病等疾病；生物因素则主要是各种寄生虫造成的影响,会导致如森林脑炎等职业病。在实际生产过程中,除这三个方面的影响因素之外,往往还存在其他多种有害因素,如建设施工过程中产生的危害等。

二、我国煤炭行业职业病防治现状及问题

(一)煤炭行业职业病防治现状

1. 立法研究现状

1)立法理论基础

煤炭行业职业病的立法理论基础主要包括人权保护理论、保护劳动者原则、权利保障原则、权利与义务相一致原则。

人权保护理论中的人权主要指生命健康权和劳动权。生命健康权不仅是国际公认的基本人权,也是每个公民最首要的权利,更是享受其他权利的基础。对于劳动者而言,生命健康权是最首要应当得到保障的权利。[①] 煤炭行业的劳动者由于面临危险的工作环境,亟须为其提供全面、充足的防治手段,以保障其生命健康权。同时,劳动权也是人权的组成部分,是劳动者的基本权利,立法中对于劳动者权利保护的规定也在逐渐增多。

保护劳动者原则不仅作为立法目的出现在《中华人民共和国劳动法》(以下简称《劳动法》)第一条,更被写进了《中华人民共和国宪法》(以下简称《宪法》)当中,足见保护劳动者的重要性。此外,我国社会保障法基本原则中的首要内容即权利保障原则,将获得保障视为公民的基本权利以及国家的基本义务。对于劳动者而言,权利保障原则主要体现在基本医疗保险与工伤保险方面。[②]

权利与义务相一致原则是法律的基本原则,我国《宪法》第二章对此也有体现。对于劳动者而言,每个劳动者都在承担相应的劳动义务并享有一定的权利。例如,劳动者在付出劳动、履行自身义务的同时,理应获得法律对其所赋予的生命权、健康权以及劳动权等法定权利。

2)职业病防治法律体系

我国的职业病防治法律体系是包含多种法律形式和法律层次的综合性系统:以《宪法》为纲领,以《职业病防治法》为主体,以相关法规、规章和标准为辅助,与其他各部门法密切相关。作为一个较为完整的法律体系,我国职业病防治法律体系大体可分为以下四个层次:首先是宪法;其次是职业病防治相关的基本法律;再次是有关职业病防治的法规;最后是有关职业病防治的规章及标准。

---

① 艾振玉.职工生命健康权在职业病立法当中的地位初探[J].中国事业卫生管理,1993(12).
② 张宇新.从"立法"角度看我国煤炭职业病防治之现状[J].法制与社会,2018(09).

宪法中"加强劳动保护,改善劳动条件"这一明确规定是我国职业病防治法律体系中具有最高法律地位及效力的规定。一切法律、行政法规都不得与宪法相抵触。

职业病防治相关的基本法律散见于社会法、经济法、行政法、民法、商法和刑法等相关法律。其中,社会法中涉及职业病防治内容的具体法律包括《中华人民共和国职业病防治法》《劳动法》《劳动合同法》《劳动争议调解仲裁法》《中华人民共和国工会法》和《中华人民共和国社会保险法》等。经济法主要有《标准化法》《煤炭法》等;民商法类具体法律主要有《公司法》《乡镇企业法》《外资企业法》和《中外合资经营企业法》等;行政法类具体法律包括《行政处罚法》《行政许可法》《行政复议法》《行政诉讼法》和《行政强制法》等。

有关职业病防治的法规包括行政法规和地方性法规。其中,职业病防治的行政法规是由国务院组织制定并批准公布的,如《尘肺病防治条例》《使用有毒物品作业场所劳动保护条例》《放射性同位素与射线装置安全和防护条例》和《工伤保险条例》等;地方性法规是由地方权力机关制定,如《上海市职业病防治条例》《北京市职业病防治卫生监督条例》和《江苏省职业病防治条例》等。

有关职业病防治的规章包括部门规章和地方性规章。其中,职业病防治部门规章是由卫生、安全生产监督管理等部门为将强职业病防治工作而制定颁布的规定,如《职业健康监护管理办法》《职业病诊断与鉴定管理办法》《煤矿作业场所职业病危害防治规定》和《工作场所职业卫生监督管理规定》等。

有关职业病防治的标准包括国家标准、部门标准、行业标准以及企业标准等,由职业卫生专业基础标准、工作场所作业条件卫生标准、有害因素职业接触限值、职业照射放射防护标准、职业防护用品卫生标准、职业危害防护导则、职业病诊断标准、工效学标准以及职业病危害因素监测检验方法等组成。

2. 实践现状

在实践中,我国对于煤炭行业职业病的防治措施主要实行以下八项制度。

(1)煤矿企业职业病危害防治管理制度。该制度要求,企业法定代表人(实际控制人)作为第一责任人,对企业内的职业病防治工作全面负责;建立健全职业病危害防治领导机构,制定职业病危害防治规划,设置或指定专门的管理机构,配备专职的卫生管理人员,并健全相应的具体管理制度;配备职业病危害因素监测人员,定期进行监测并公布;建立健全企业职业卫生档案,保障专项经费的管理与使用。

(2)职业病防护设施"三同时"管理制度。委托专门的机构在相应的阶段进行评价与报告。

(3)职业病危害项目申报制度。该制度对煤矿在申领、换发煤矿安全生产许可证以及煤矿申报职业病危害项目的具体要求以及涉密保密义务进行了规定。

（4）职业健康监护制度。劳动者在上岗前、在岗期间以及离岗时都要进行健康情况检查，同时，企业应当根据职业健康检查报告对劳动者采取相应的措施，并建立职业健康监护档案，按照有关期限妥善保管，在劳动者进行职业病鉴定时可以作为依据。

（5）粉尘危害防治制度。煤矿应当在正常作业的情况中对工作场所的粉尘浓度进行监测，并制定具体的规定与要求，包括粉尘浓度与作业场所测尘点的选择和布置要求。由于粉尘是煤炭行业职业病高发的主要因素，因此对这一项内容的规定更为详细与具体，包括对粉尘监测的要求、监测设备的要求、防尘洒水系统的要求，以及在具体的作业过程中应当采取的方式与设备、对露天煤矿粉尘的防治等。

（6）噪声危害防治制度。该制度对劳动者每天接触的噪声时长与具体的等级进行了规定，并规定煤矿企业要配备噪声测定仪器、噪声的监测地点与设备等。

（7）热害防治制度。该制度对各个工作地点的空气温度进行了具体的要求，并要求煤矿企业设置温度传感器，采取各种方式制冷降温，合理安排工作时间。

（8）职业中毒防治制度。该制度对化学毒物最高允许浓度进行了规定，并对化学毒物监测的地点、时间以及采取加强通风、净化与化学吸收等方式进行了要求。

以上各项制度与措施，从多个方面对煤炭行业职业病的防治进行了规定并提出具体的要求，对企业、项目、申报制度、健康监护、粉尘防治、噪声防治、热害防治以及中毒防治等几个方面都进行了规定。同时，我国的《职业病防治法》对于工作场所的监管主体、企业需要承担的责任与义务以及相应的诊断与救济程序等都在逐渐完善。

（二）我国煤炭职业病防治的主要问题

1. 职业病防治法律法规中存在的问题

1）缺乏切实可行的救济机制

虽然在《职业病防治法》和《劳动法》中保护职业病患者权利的规定在不断细化，但是，随着市场经济飞速发展，以煤炭的采掘、冶炼及化工产业为主要财政收入的地方政府，为实现煤炭给地方财政带来的利益，过分重视经济发展的指标，而忽视了煤炭行业劳动者在生产过程中身体健康受到的伤害。因此，劳动者在患职业病后应该享有的治疗、康复、赔偿的权利受到漠视，缺乏一套行之有效的权利保障机制来维护职业病患者的法定权利。比如，地方政府财政预算中没有预留职业病患者的赔偿金或者救济金的预算费用，也没有结合本地区实际情况出台相关行政法规来进一步指明救济责任主体，这使国家法律的相关规定被架空，造成患者"有法不可依"的局面。

2）职业病危害评估机制缺乏效力

《职业病防治法》第十七条规定，新建、扩建、改建建设项目和技术改造、技术引进项目可能产生职业病危害的,建设单位在可行性论证阶段应当向卫生行政部门提交职业病危害预评价报告,未提交预评价报告或者预评价报告未经卫生行政部门审核同意的,有关部门不得批准建设项目。但是,此条以及本法其他部分并没有对"可能产生职业病危害"做进一步的阐释,使得该职业病源头控制措施形同虚设,很多可能产生职业病危害的项目故意避开卫生行政部门的审批环节,使得卫生部门无法发挥监督作用,加大了后续职业病防治工作的难度和成本。

3) 多方保障主体之间衔接不紧密

虽然《职业病防治法》经过了多次审议和修订,加强了对于职业病患者的保护和救济,但是其对职业病保障主体的规定还是较为单一。《职业病防治法》第五十五条规定:"医疗卫生机构发现疑似职业病病人时,应当告知劳动者本人并及时通知用人单位。"第五十六条规定:"用人单位应当保障职业病病人依法享受国家规定的职业病待遇。"第五十七条规定:"职业病病人的诊疗、康复费用,伤残以及丧失劳动能力的职业病病人的社会保障,按照国家有关工伤保险的规定执行。"可见,目前对于职业病患者的经济保障主要来源是用人单位和工伤保险,但是第五十五条规定的"疑似"界限十分模糊,这就容易加大用人单位对于个别患者的经济支出。此外,本法及修正案中对于当工伤保险不足以支付其治疗康复费用时,还有何种救济途径可以保障患者的合法权利,并无具体规定。由此可见,目前的《职业病防治法》还存在不足,可能导致劳动者在患病后出现救济不足的问题。

4) 监管主体间缺乏配合,权责划分不明确

根据中央机构编制委员会办公室 2003 年下发的《关于国家安全生产监督管理局(国家煤矿安全监察局)主要职责内设机构和人员编制调整意见的通知》,煤矿作业场所职业卫生监督检查职责由卫生部门划归国家煤矿安全监察局,也就是说,卫生部门负责煤矿企业作业现场职业病防治工作的预评价和验收工作,而煤矿监察部门负责作业现场安全工作的监督检查。这样一来,两个部门的职能缺乏联系与配合,间接地削弱了各自的监管力度,并且这种权责划分的不明确使得问题纷至沓来。例如,监督单位的监督覆盖面和频率不够,检测检验结果无法作为执法的依据,现场执法缺乏科学依据、难以执法等。这种结果客观上放松了对煤矿职业卫生的监管,严重影响了职业卫生监督管理工作。

2. 煤炭行业职业病防治中存在的问题

1) 相关法律法规落实不到位

虽然我国在职业病防治领域出台了多部法律法规,但是大部分企业却缺乏具体有效的执行措施,如未制定职业病防治计划和实施方案、职业卫生报表填报数据不准确

等。特别是一些非公有制中小型煤矿企业,无视员工健康,对于职业病的危害放任自流,连基本的职业病防治机制都没有建立起来,防治工作仅停留在计划阶段,缺乏统一的预防措施和手段。这无疑增加了煤矿职工的患病概率,使得职工在患有职业病时无法得到及时的治疗。

2)职业卫生安全教育不到位

企业管理者对于职业病的危害认识不足,导致对职业病的防治知识宣传不到位,相关的职业病防治机制与配备人员形同虚设,无法发挥其正常功能。对于煤炭开采、挖掘、加工等行业所造成的诸如煤粉尘性尘肺病和噪声性耳聋来讲,很多管理人员习以为常。此外,一些小型煤矿矿主为减少管理成本,担心工人在接受职业病防治培训后自我保护意识增强,不利于管理,因此,他们不会对工人开展正规的安全卫生教育。这致使很多工人并不了解此类疾病的严重性。

3)职业病防治设施建设投入不足

虽然原国家安全生产监督管理总局在2010年就已经出台了《建设项目安全设施"三同时"监督管理暂行办法》,但是很多企业为了减少建设成本,并未按照其所规定的"建设项目安全设施必须与主体工程同时设计、同时施工、同时投入生产和使用"这一要求进行安全卫生防治设施的建设,如粉尘浓度监测监控系统、煤层注水、喷雾降尘等措施安装不合理,未起到一定的监测防护作用。① 此外,某些煤矿企业管理人员为了降低安全设备方面的成本投入,向职工配发老旧或防护等级不达标的个人防护用品,使煤矿作业中污染物的防护措施形同虚设。

3. 职业病患者存在的问题

1)职业病患者预防意识差

煤矿工人由于自身文化素质不高、法律意识差等多方面原因,导致其在职业病防治上缺乏职业卫生相关知识,防护意识薄弱,既没有正确的职业病防护观念,在工作时也根本不使用或不正确使用防尘口罩等防护用具,达不到有效的防护效果。此外,对于用人单位未及时发放并监督使用个人防护用品的情况,煤矿工人也并未重视和警惕。

2)职业病患者维权难

虽然我国目前已经相继出台了《职业病防治法》《安全生产法》《煤矿安全监察条例》等法律法规,但由于大部分煤矿职工文化水平不高,缺乏相关的维权知识,不清楚劳动者理应享有的权利,因此,他们在患病后常常无法寻求合适的维权方式,迫于无奈只得

---

① 刘术玲.我国煤炭企业职业卫生管理中存在的问题及对策[J].环球市场信息导报,2013(02).

自己支付昂贵的医药费,甚至不得不选择"开胸验肺"等极端方式来维护自身的权益和尊严。

由此可见,无论是实践现状还是立法情况,我国在煤炭行业职业病防治领域还存在着不少亟待解决的问题。

三、域外煤炭行业职业病防治经验

立法状况与监管模式是职业病防治的重中之重,如果能够对域外先进的立法与监管模式进行学习与借鉴,那么就可以更好地改进我国的煤炭行业职业病防治状况。美国与德国,一个是英美法系国家,另一个是大陆法系国家,这两者都有很强的代表性。下面通过对两国的职业病防治立法和监管进行分析,以期获得对我国职业病防治有益的经验。

(一)美国职业病防治经验

19世纪初,美国的工业化逐渐发展成熟,但随之而来的因职业化因素而死亡的人数也逐渐增多。在20世纪70年代之前,美国每年有超过30万人罹患职业病。在20世纪80年代,因职业病而死亡的人数降到7.2万人以内。庞大的职业病患者数量导致了美国庞大的经济负担,而职业性癌症以及职业性心脏病是职业病负担中的两个主要方面,其医疗费用高达90亿美元,令人震惊。经过30多年的发展,在美国职业安全与卫生管理局和美国职业安全与卫生研究所的持续推动下,美国的职业病防治已见成效,职业伤害和职业病发生率已下降40%。因此,美国作为世界上对职业病防治有着先进立法和监管经验的国家,十分值得我们学习。

1. 美国职业病防治立法

美国于1970年正式颁布《职业安全与健康法》,这部法律是美国职业卫生管理的基础,成为众多国家卫生管理的参考资料,是职业病防治管理中最具借鉴意义的法规之一。它涵盖了可能引发职业病的情形和职业病患者的相关保障措施,适用于美国各行业、各地区,旨在保障劳动者享有健康与安全的工作条件并获得良好职业卫生监护的权利。以《职业安全与健康法》为基础,美国职业安全和卫生研究所针对劳动者在劳动过程中面临的致病化学因素、物理因素等制定了一系列职业卫生标准,并提供给全球各行各业的企业和劳动者,以此来提高民众对于职业危害因素的认知以及自我保护的意识,对职业病的防治起到了十分积极的作用。

美国国会于1891年通过了第一个有关矿山安全的法案,而后因为历史上数次重大的矿山安全事故促使美国国会制定了更为严格的安全法规。1977年的《联邦矿山安全与健康法》是美国联邦政府对全国矿山安全与健康实行监督管理的最高法律。1988年的《联邦法典》第30卷——矿产资源卷是根据《联邦矿山安全与健康法》制定的,属于

《联邦矿山安全与健康法》的执行说明,其作用在于可以每年根据实际需要修改和制定矿山安全强制性标准。此外,美国其他有关煤矿安全的法规还包括《煤矿安全监察程序》和1970年的《职业安全与卫生法》等。①

2. 美国职业卫生管理模式

美国国家的职业卫生管理由专门的职业卫生管理机构进行管理,这些机构包括职业安全与卫生管理局、矿山安全健康管理局和国家职业安全和卫生研究所。其中,职业安全与卫生管理局归劳工部管理,同时拥有对企业的职业卫生监督权和裁量权,监督企业按照职业卫生管理规定从事生产劳动,主要负责起草和颁布安全卫生法规,执法、监督检查,要求雇主保存安全健康档案,建立工作场所标准。为了应对矿山安全事故多发和死亡率增高的状况,美国于1910年成立了矿山安全健康管理局,其目的是通过研究和培训提高矿山安全水平。1987年,矿山安全健康管理局成为联邦政府机构,负责矿山安全和健康执法。矿山安全健康管理局的相关法规与职业安全与卫生管理局类似,但其更关注矿山安全。当采矿企业与政府部门发生分歧时,由美国的矿山安全健康行政复议机构负责处理。在有关非政府组织中,美国存在一种被誉为"第四政府"的组织,如美国矿工联合会等组织,这些组织是企业与矿工之间的纽带,负责代表矿工与企业谈判有关安全健康、工资待遇等事宜。② 美国国家职业安全和卫生研究所以保障劳动者的职业卫生安全为目标,主要从事减少与工作有关的疾病和伤害的研究,以及个人防护装备方面的研究、测试和认证呼吸器等工作,具有建议修订相关健康安全标准的权利,并通过国际合作提高全球工作场所的安全和健康。

3. 美国职业病防治启示

美国的职业卫生立法与监管模式有效地遏制了职业病的发生,其所附带的经济和社会效应也非常显著,对我国的职业病防治具有很好的启示作用。

1)直面问题

美国为改进职业场所员工的安全和健康条件,颁布了《职业安全与健康法》并成立了专门的职业安全与健康管理局来促进该法案实施。此外,美国还充分发挥监察机构的作用,通过强制性法规的实施加强对工作场所的监察,使工作中意外事故造成的人员伤亡数减少了一半以上,使职业伤害与职业病人数下降了40%。

2)实现双赢

美国的职业安全与健康管理并不仅从职工的角度出发,而且还考虑了雇主的利益,

---

① 赵军,李全明,王云海.中美煤矿安全生产法律体系对比分析[J].中国安全生产科学技术,2008(04).
② 崔秀华.矿工身心健康分析及相关管理对策研究[D].太原:太原理工大学,2012.

使本来处于对立面的两方找到利益共同点,从而实现双赢。

3)职业安全与健康并重

美国在法律中强调了职业安全与职业健康的双重重要性。因此,在职业安全与健康管理过程中,无论是政府还是企业及协会,在强调安全的同时也积极关注健康问题。

4)相互合作

美国政府与企业间建立了良好的协作机制,横向和纵向的合作管理更加有效地保护了各企业职工的安全与健康。此外,美国职业安全与健康管理局还积极发展了多个战略合作项目,鼓励第三方机构参与职业安全与健康管理。

5)考虑经济可行性

核算经济可行性是美国职业安全与健康管理局在发布一项新的法案或法规前必做的一项重要工作,这是保障法案能够被通过的必要要素。我国在职业卫生立法时,也应考虑到相应的经济可行性与经济效应,以确保法律的有效实施。

(二)德国职业病防治经验

德国是发达国家中的老牌工业国家,其工业品在世界享有盛誉。德国工业、商业及服务业的从业人数占全国总就业人数的80%以上,且工业化程度较高。同时,德国是一个十分关注劳动者劳动保护的国家,从20世纪50年代开始,德国就全面、系统地开展了职业卫生安全管理,通过建立工伤保险制度来保障劳动者的权利,调整企业的经济行为。近年来,德国更加重视职业卫生管理,更多的职业因素被纳入监管范围,以更好地避免职业病的发生。同时,德国作为大陆法系国家中的代表,其职业卫生立法与监管更值得我国学习和借鉴。

1. 德国职业病防治立法

1950年实施的《手工业和流通业劳动监督第81号国际协议》,标志着德国的职业卫生管理正式起步。从那时开始,德国就逐渐建立了较为完善的"联邦立法、各州执法"的工作运转模式,这种模式已经实践和运用了70多年。德国的联邦经济劳动部是独立的专门执法机构,其主要职责是监督职业卫生安全,可以针对具体问题作具体的决定,并可以最大限度地排除外界的干扰。

1)"双元制"劳动保障体系

"双元制"劳动保障体系是指通过国家法律和工伤保险法规两种途径,共同对职业卫生进行管理和规制。前者是在国家法律的基础上建立各州自己的法律,并通过劳动保护部门进行国家监督;后者是工伤保险部门通过建立自己独立的法规体系进行规制。

2）良好的职业安全与职业健康监管体系

德国政府对于企业的监督管理主要有两个方面：第一，根据《劳动保护法》监督企业缴纳工伤保险费；第二，重罚机制。德国的事故成本非常高，如果事故较多，职业卫生安全不到位，企业要缴纳较多的工伤保险费用；如果管理良好，企业就可以少缴纳工伤保险费，这样就有效地解决了企业不重视安全生产的问题。因此，德国企业乃至全社会的安全意识都非常强，其工伤事故率和死亡率非常低。[①]

2. 德国职业卫生管理模式

德国的职业卫生管理主要依靠完善的政策立法、检查和工伤保险三位一体的管理体系。联邦职业安全和健康机构是德国负责职业卫生安全管理的政府机构，其主要的工作任务有两个：一是监督企业的职业卫生安全，审查企业的劳动保障和职业卫生安全的执行情况；二是帮助劳动者解决关于劳动保障和职业病防治的疑问和诉求。

德国有着十分成熟的职业病防治体系，其在劳动者保护方面，职业病防治是重中之重。根据德国相关法规的要求，企业在职业病管理方面应最大限度地消除危害因素，政府设有专门的管理机构，由州级执法专员专门负责职业安全与健康相关工作。德国的法定工伤保险经办机构包括9个农业系统、27个公共系统、13个工商业系统，2007年6月1日起合并为目前的法定工伤保险机构，共有约6 000名工伤保险监管专员、2 000余名心理专家和众多的人体工程学专家。此外，全德国参保人数总计7 500万人，其中包括1 700万未成年人和380万家企业和机构。

1）工伤保险机构的作用

德国工伤保险管理机构的主要职责包括：一是防止工伤、职业病给劳动者带来的损害；二是查明事故原因；三是在事故发生时有应急措施；四是减少事故发生后的负面效应。其工伤保险的原则是"先预防后康复，先康复后赔偿"。为了保证工作中的安全与健康，该机构采取的措施主要是咨询和监督、培训和进修、工作场所检测、工作危害调查、科学研究、定期体检、制定规章制度、工作危害评估等。

2）企业安全管理

德国的《劳动保护法》规定，雇主有保障职工健康与安全的义务。雇主在组织生产时，要有先进的技术来保障职工的健康，要评估各个岗位的安全系数，预防可能发生的危险，并制定相应措施加以防范。此外，企业应设有安全保护机构，必须设置安全工程师、企业医生、安全员和工会人员、急救抢险队伍，而且安全工程师和企业医生必须取得国家认可的资格证书。由此可见，德国企业内部安全管理规范、分工详细、监督到位。

---

① 高树生.德国的职业安全与健康管理[J].大视野,2012(07)：31-32.

3）注重咨询与研究

在德国,无论是政府管理机构还是保险机构,都十分注重咨询与研究。例如,联邦各州劳动保护局和各行业工伤保险部门都将50%以上的工作精力用于向各有关部门和人员进行咨询,了解职业病防治的现状及问题,并在此基础上对咨询的状况进行分析,从技术、设备以及管理方式上找出解决问题的方法,不断推动技术进步,提高防范能力。

4）以教育培训来预防事故

在德国,由政府出资设立职业学校,以培养技术人才和专业人员。学生在校期间,除学习理论外,还要进行实践操作。德国在教育上的高投入,使其拥有了一支高素质的产业工人队伍,提高了职工对于职业病和工伤的自我防范能力,较好地解决了因主观操作不当而引起的事故。

3. 德国职业病防治启示

1）责任追究的形式

我国目前十分重视对事故责任人员的责任追究,而在德国主要是通过事故发生后产生的高昂的保费使得企业主必须注重防范事故的发生。我国想要建立比较完善的职业病防治制度,可以在追究事故责任的同时,辅以经济手段制约,这将比一味地追究事故责任更为有效。

2）保险公司的作用

我国目前保险公司的作用只是事故后的赔偿,而德国的保险公司则在事前预防和事后康复方面都发挥了很重要的作用。

3）教育培训

德国的安全科研机构每年为35万人提供免费培训课程,其中的技能培训、特种职业人员培训等费用都是保险公司或者政府买单,而我国许多安全培训机构、组织的培训大多数是要收费的,这就导致企业主动参与培训的热情不高。此外,有些培训机构只注重经济利益不注重培训质量,导致员工虽然持证上岗了,但是其专业素质没有得到根本提高,为发生事故埋下了隐患。

四、我国煤炭行业职业病防治建议

我国是世界上主要的煤炭开采、使用和消费大国,煤炭至今仍是众多行业领域的重要能源,而煤炭行业职业病广泛存在于煤炭生产经营的各个领域,是煤炭产业发展中不可回避的问题。本文在广泛调研的基础上,结合现有文献资料,立足我国基本国情,对于我国的煤炭行业职业病防治提出如下建议。

（一）建立完善我国煤炭职业病防治法律体系

1. 完善现行法律法规

首先，立足于我国《职业病防治法》，立法机关要结合我国当前煤炭行业发展的总体态势、生产技术设备革新、职业病产生发展的具体根源以及以往防治措施在实际实行中暴露的问题进行广泛调研，及时修订、颁布新的法律法规。同时，在制定、修改法规时，要积极借鉴国外先进立法经验，本着涵盖面广和针对性强相统一的原则，加强立法对职业病防治进程变化的适应性。其次，立法机关在立法时，对于以往规定中主体权利、义务划分不明显的情况要加以完善，以保障职工的合法权益。例如，明确劳动保障部门、地方政府、企业等参与职业病防治主体的责任，主管部门设立专项的资金救济计划，在执法监督等处置时有权协调卫生、公安等行政机关，为保护劳动者权利提供坚实的法律基础。

针对煤炭行业职业病潜伏期较长、发病初期不明显、危害转移严重以及职工流动性强等特点，我国《职业病防治法》规定，对从事接触职业病危害作业的劳动者，用人单位应当按照相关规定，组织上岗前、在岗期间和离岗时的职业健康检查等。对此，地方政府要明确要求企业成立专门的检查部门，配备专职的医务卫生人员和药品，实行常态性的职业病危害因素监测制度；执法监督部门要将此作为检查重点之一。

2. 完善职业病危害防控阶段报告评估机制

煤炭行业职业病早期预防与配套工程建设要在立法层面充分反映，争取将职业病的苗头扼杀在萌芽中，要通过立法手段将职业病防治管控工作上升到与安全事故同等高度，引起各方主体重视和社会关注，加强行业准入的门槛和评估。煤炭生产相关产业在投入使用前就应把控源头，在《建设项目职业卫生"三同时"监督管理暂行办法》的基础上，结合工程实际建设和法律实践状况，嵌入职业防护体系，形成配套工程，提高防护效率。

《职业病危害因素分类目录》本身具有封闭性，而实践当中的工业危害因素总是先于或多于法律规则，因此，国家应出台相关规定，建立预见性较强的评估机制。例如，企业要在建设项目可论证阶段就项目的安全卫生建设报备政府相关监管机构，委托具有相应资质的职业卫生技术服务机构进行职业病危害预评估，编制预评估报告。① 此项报告中要有针对性地显示建设项目概况、可能产生的职业病危害因素及对劳动者健康危害程度的分析评价、对于防护措施的评价、相关建议和结论等，目的在于将职业危害的前置审查内化到建设项目批准部门的具体工作中，使其具备实效。

---

① 黄乐平,等.职业病法律制度研究[M].北京：法律出版社,2014：60.

3. 调整职业病认定工伤的程序要件

根据我国《工伤保险条例》第十四条第四项规定,患职业病也属工伤范围,满足申报条件,但在实践过程中暴露出的问题仍需不断改进。首先,简化程序势在必行。在新的形势下,解决诟病已久的烦琐申报程序已经是大势所趋,要缩短煤炭行业职业病防治中的工伤认定和劳动能力鉴定程序时间。对于存在争议的审核条件,要先治病救人,后查清事实;如确为误诊或证据不明的,根据企业配合程度,划分医疗费用承担比例,由政府拨付专项资金,减轻患病职工负担,充分保障人权。此外,要建立后续的回访追责机制,避免一些无良企业"打持久战",在漫长的过程中拖垮患病职工。

职业病的工伤认定和劳动能力鉴定启动应放宽主体资格,除患病职工及其近亲属外,还应用立法的形式确立工会的法律地位,引导其在职业病防治中发挥积极作用,在企业内部培育自我监管模式。工会除了发挥向职工普及维权基本法律知识和维权意识的职能外,还可以利用其熟悉的第一手资料,如职工的实际工作岗位、工作环境、在职时间等更加便捷地解决类似非法用工、退休职工产生的职业病问题,为工伤鉴定所需的劳动关系证明提供支持。

(二)制定长远有效的煤炭行业职业病监督管理机制

1. 部门分责,落实法律

我国《职业病防治法》经过多次审议和修订,于2018年在最新一次修订中确定了职业病防治工作的各级监管主体:国务院卫生行政部门、劳动保障行政部门负责全国职业病防治的监督管理工作,国务院有关部门在各自的职责范围内负责职业病防治的有关监督管理工作;县级以上地方人民政府卫生行政部门、劳动保障行政部门依据各自职责,负责本行政区域内职业病防治的监督管理工作;县级以上地方人民政府有关部门在各自的职责范围内负责职业病防治的有关监督管理工作;县级以上人民政府卫生行政部门、劳动保障行政部门统称职业卫生监督管理部门,应当加强沟通,密切配合,按照各自职责分工,依法行使职权,承担责任。

自此,从中央到地方的作业场所职业卫生监督体制得以理顺。此前,职业病防治工作的监管主体一直存在模糊不清的情况,各地职业病监管工作的交接也存在着十分混乱的局面。监管主体的长期不明,导致职业危害预防监管工作严重缺位,患了职业病的劳动者往往找不到负责的监管机构,求告无门。同时,某些相关部门即使希望对职业病防治工作进行监管,也苦于缺乏法律赋予的处罚权。本次《职业病防治法》的修订,明确了监管主体,划分了各部门之间的权责。相关部门应按照新的职责分工,对职业病防治工作参与人员进行系统而专业的培训,并佐以定期考核制度,以此扭转煤炭职业病防治领域一直以来的"九龙治水"局面,建立一整套职业病监管的权力运作机制,切实落实相关法律政策的规定。

2. 政府与企业双向互动监督

为解决以往监管执法过程中暴露出的众多问题,诸如执法效率低下、企业阳奉阴违专于应对、监察报告形式化等,政府机构要联同地方企业、行业自律机构等建立双向职业卫生监督管理体系,改变执法部门与企业相互博弈的"猫鼠关系"。法律监管要不断补足企业防控漏洞,监督企业建立职业病防控体系和宣传机制。企业要配合患病职工的诊断鉴定,主动提供相关材料,对产生争议之处承担举证责任并及时反馈给监察部门,提高处理问题的效率。在这样一个政企双方信息充分交流的格局中,卫生行政部门和社会保障部门多方调查、明确事实,督促企业和相关部门解决问题;政府部门积极建立与企业联系的多种渠道,站在企业角度考虑问题,真正做到压缩成本、提高效率。

3. 建立现代企业职业卫生管理制度

职业病防治的重点工作最终还是要落在职工工作场所上,企业对于职业病问题要形成早预防、早发现、早治疗的"三早"制度,建立现代化管控防治体系。首先,企业要从源头抓起,工程建设现场要有主管部门出具的规划建议书,而且专职监察员要对工程建设和危害因素评估工作进行指导。职业病危害评价报告完成后,建设单位要联系政府部门,组织有关职业卫生的专家,召开三方会谈,对此报告进行评审。该项报告要经主管部门审核备案,建设单位对报告的真实性、合法性负责,实际生产中如有变更,在期限内申请复核并进行变更登记。其次,建设项目投入生产之后,煤炭企业要建立职业病防治管理体系,规范生产。煤矿行业职业病存在于生产经营的各个环节,具有不同的表现形态,这决定了煤炭企业要建立全方位的防控检查建档制度。

煤炭企业应成立专门的检查部门,配备专职的医务卫生人员和药品,进行常态性的职业病危害因素监测。与之相匹配的是,企业要建立职工个人健康电子档案,客观详细地记录职工个人信息、岗位变动情况、历次体检结果等信息,保证其完整性和连续性,并将电子档案在职工工作地、经常居住地、户籍所在地医院进行备案登记。此外,企业要积极革新技术和更换设备,提高生产工艺水平,减轻生产过程中各种危险因素对人体的伤害。对于一线职工和其他易患职业病的岗位,要建立科学的轮休制度,避免不可逆伤害的产生。总之,企业必须重视职业病防治工作,提高职工的防范意识,争取从源头上把控。对于已经出现具体病症的职工,企业应及时上报,积极安排治疗,不可瞒报和掩盖事实。

(三)在我国煤炭行业 HSE 管理体系建设中寻求新思路

1. 建设我国煤炭行业 HSE 管理体系

"十三五"时期,煤炭行业改革的大环境对煤炭行业职业病防治提出了新的要求,建设煤炭行业 HSE 管理体系不仅是为了防控职业病,更是为了适应全球能源结构转型带来的煤炭需求下降的趋势。我国煤炭供给侧改革优化了煤炭产业结构,煤炭生产向着规模化、集约化方向发展,大批产能规模较小的地方国有煤矿、民营煤矿成为企业兼并重组和淘汰落后产能的重点对象,而此类企业又是煤炭行业职业病的多发区,如果不能妥善安置,势必对职业病防治造成严重影响。HSE 管理体系的建立,能够形成各级政府和企业共同参与的管理体系,统筹全国的煤炭行业职业病防治工作,杜绝立法真空地带,增强执法效力,全国上下一条线,确立第一责任人原则,不再出现中央、地方"双标准"的情况。

政府的履职情况一直是影响地方职业病防治工作的重要因素。从以往实践中可知,煤炭企业通常能够带动地方经济发展、促进市场繁荣,是地方财政收入的重要来源,有关单位在实践中往往会忽略其职业健康建设,过分强调经济效益,甚至默认许可企业职业病防治的缺失。对此,中央到地方应该建立严格的职业健康管理考核体系,形成职业病诊断、工伤认定、劳动能力鉴定的流水线式维权程序。

2. 提高工伤保险补助覆盖

如前所述,普及工伤保险覆盖率对于解决煤炭行业职业病赔偿补助这一老大难问题能够起到至关重要的作用。因此,调整我国煤炭行业的工伤保险体系是当务之急。首先,应扩大法定工伤保险范围,让其为真正需要的人服务。凡是参与煤炭行业生产的职工,无论在编与否,皆有权要求工作单位为其缴纳工伤保险。其次,要将煤炭企业纳入强制缴纳工伤保险的体系中来,将其作为生产经营许可证审核发放的重要标准之一。最后,要结合实践,不断完善《中华人民共和国社会保险法》中规定的先行支付制度。人社部门要出台更为细致的配套实施细则,选定职业病定点医保单位,对于没有用人单位负责或未依法缴纳保险金等患者,要尽快安置治疗,从保险基金中先行支付;对于用人单位消极补偿的情况,人社部门应联合司法部门对其进行冻结资产,并在合理范围内享有优先受偿。

在职业病防治领域引入社会资本是对工伤保险制度的一种有益补充,合理利用其成熟的商业模式和风险防控能力,能够有效缓解社保基金压力渐大的局势;而且灵活多样的保险种类也更适应煤炭企业的营运需求,可以提高其缴纳保险积极性,从而促进整个煤炭行业工伤保险体制焕发新的活力。此外,引入新的主体,也对人社部门等政府机构产生压力,促使其提高效率,更好地发挥服务职能。此类非政府机构以及商业保险公司自身内部有着较为完善的运行机制,政府部门要设立专门规章,定期复核其资金周转能力和资本可信度,严格把控,实现安全与效率并重。

3. 促进职工再就业

煤炭行业职业病由煤而生,因此也应从煤炭企业本身来寻求主要的解决方法。建立HSE管理体系,是改堵为疏、对职业病赔偿补助的最好应对之策。在煤炭企业去产能的过程中,煤炭企业应顺应潮流,加强技术革新,提高产品质量,建立精细化的煤炭HSE管理体系,合理有序地压缩成本、提高效益,为职业病防治提供充足的资金保障。政府应进行宏观调控,对于违规企业,在原先追究责任的同时辅以经济手段制约,将罚没财产作为安置患病职工的资金来源;而经正规程序淘汰、重组的企业,要做好职工电子档案的移交建档工作。通过政企配合,逐步剥离企业的社会职能,减轻企业的安置负担。患病职工因无法继续从事原岗位工作,如果仅靠领取补贴进行治疗和维持生计,不仅会给企业和国家带来沉重负担,也会是一个不稳定的社会因素。因此,HSE管理体系建立后,政府应结合当地实际情况,注重对患病职工的隐私保护,加强对患病职工的技能培训,并设立专项计划,对于接收患病职工的企业进行政策帮扶,鼓励支持患病职工异地择业和自主创业,帮助职工融入新的工作环境。此外,煤炭企业也要利用经济效益创造更多的再就业岗位,用以解决患病职工的安置问题。总之,HSE管理体系的建立是当前职业病防治管控的重要一环,它能够帮助企业不断拓宽改革思路,在煤炭行业供给侧改革中走出一条行之有效的新型职业病防治管控之路。

参考文献

[1] 何国家,徐伟伟.我国煤矿职业病现状及防治对策[J].中国煤炭,2014(10).

[2] 艾振玉.职工生命健康权在职业病立法当中的地位初探[J].中国事业卫生管理,1993(12).

[3] 赵军,李全明,王云海.中美煤矿安全生产法律体系对比分析[J].中国安全生产科学技术,2008(04).

[4] 高树生.德国的职业安全与健康管理[J].大视野,2012(07):31-32.

[5] 姚秀兰.职业病防治立法中的缺陷及其完善——以职业病救济为视角[J].江西社会科学,2012(02).

[6] 万红.职业病维权困境及维权体系的完善[J].人民论坛,2012(17).

[7] 崔秀华.矿工身心健康分析及相关管理对策研究[D].太原:太原理工大学,2012.

[8] 徐明红.企业职工职业病救济法律问题研究[D].武汉:华中师范大学,2012.

[9] 丁海燕.论完善我国职业病民事赔偿制度[D].苏州:苏州大学,2014.

[10] 郭心悦.传统行业企业员工职业病问题的调查与研究[D].哈尔滨:黑龙江大学,2013.

[11] 黄乐平,等.职业病法律制度研究[M].北京:法律出版社,2014:60.

[12] 张宇新.从"立法"角度看我国煤炭职业病防治之现状[J].法制与社会,2018(09).

[13] 刘术玲.我国煤炭企业职业卫生管理中存在的问题及对策[J].环球市场信息导报,2013(02).

现代煤化工产业中的法律保障问题研究

撰写高校：南开大学
指导教师：申进忠
撰 写 人：王燕珺、翟倩、李博、李超

从我国的能源结构来看，煤炭仍是我国的基础能源和重要原料，但燃煤带来的环境污染问题一直是煤炭资源利用的一大忧患。因此，推动煤炭清洁化利用是保障我国能源安全并促使煤炭行业健康发展的必由之路。现代煤化工产业采用先进的技术工艺，力求实现环保目标。例如，煤制甲醛和煤制烯烃等现代煤化工产业项目可以大大提高煤炭的利用效率，减少污染排放，是煤炭清洁化利用的有效途径。但同时，现代煤化工产业发展也存在瓶颈，如煤水逆向分布问题、规划问题、"零排放"的实现问题等。在此背景下，我们通过对现代煤化工企业进行实地调研的方式，以典型实例来探索整个煤化工产业的环境治理现状和实际生产营运过程中存在的政策法律问题。

在调研中，我们参观考察了调研企业的生产线，几乎感受不到污染现象。我们通过了解企业治污与循环利用的实践做法，证实了现代煤化工产业可以通过改进工艺减少污染排放。同时，我们还通过了解企业硫回收项目的实际收益，证实了煤炭企业环境治理的经济可行性。此外，我们在调研过程中还发现了困扰现代煤化工产业发展的政策走向不明、二氧化碳排放控制、规划环评和项目环评的矛盾、缺乏有效的激励措施等现实问题。

一、现代煤化工产业是煤炭清洁化利用的有效途径

从世界一次能源占比来看，煤炭依然是全球第二大能源来源。预计在2040年前，全球煤炭消费将保持每年1.3%的平均增速。我国的煤炭消费一直是所有能源消费总量中占比最大的，从我国"富煤、贫油、少气"的能源结构来看，一定时期内这种状况还将持续。但由于煤炭在开采及燃烧过程中所造成的环境污染和生态破坏问题，以及出于

资源利用率的考虑,全球大部分国家和地区都在采取措施减少煤炭的消费量。因此,为促进煤炭产业健康绿色发展,煤炭的清洁化利用势在必行。*

煤化工产业,是以煤为主要原料,以化学加工方法为主要手段,通过将煤在催化剂和高温环境下进行气化、煤焦化或液化的加工过程,使煤炭得到综合利用的化工产业。②煤化工产业按其发展轨迹可分为两类:传统煤化工产业和现代煤化工产业,其主要区别在于工艺和产品不同。传统煤化工产业的主要产品包括合成氨、电石、焦炭等;现代煤化工产业是指以煤炭为基本原料,经过氧化、合成、液化、热解等技术途径,生产出洁净能源和大宗化工产品,如柴油、汽油、航空煤油、液化石油气、聚乙烯、聚丙烯、甲醇、二甲醚等。③ 现代煤化工产业采用环保工艺降低环境负面效应、提高资源利用率,是煤炭清洁化利用的一种有效途径。

(一)技术和经济可行性

现代煤化工产业的发展不仅在技术上是可行的,而且具有可观的经济效益。通过多年不懈努力,我国的煤制油、煤制天然气、煤制烯烃/芳烃等尖端煤化工技术已经达到了国际水平,而且该领域的产业化试点也很成功,大大提高了各地发展煤化工产业的积极性。此外,就经济效益而言,煤化工产业的经济性要好于石油化工产业,具有很大的发展潜力。

(二)减少环境污染

煤化工产业,尤其是煤制油、煤制烯烃和煤制气等现代煤化工产业,有利于实现煤炭的清洁化利用,减少由煤炭直接燃烧带来的环境污染问题。煤化工和直接燃煤相比,其二氧化硫排放量可下降99.8%,粉尘排放量可下降99.9%;和燃煤发电(带脱硫脱硝,脱硫效率约90%)相比,其二氧化硫排放量可进一步降低80%,氮氧化物排放量可降低75%。因此,相对传统的煤炭利用而言,发展现代煤化工产业更加有利于我国生态环境的保护。

以本次调研企业的工艺流程为例,废气通过硫回收装置处理,二氧化硫和氮氧化物的排放量可达到国家一级标准排放量的6%~10%,且回收利用的硫产品还可以再次产生经济收益;废水经过工厂和园区的两次处理,基本可实现"零排放",且废水回用占比可达90%。这一实例充分说明,现代煤化工企业可以通过工艺技术革新达到清洁生产的目标,减轻大气污染和水污染。

---

* 我国煤炭清洁化利用相关政策见附件一。
② 叶雷.十三五规划指导下煤化工产业发展概述[J].化学工程与装备,2016(6).
③ 张勇.国内大型能源企业发展现代煤化工产业的机遇分析[J].化工进展,2014(4).

(三) 提高资源利用率

现代煤化工产业相比于传统的燃煤工业,明显的优势在于资源利用率的提高,其对煤炭中主要化学元素如碳、氢、硫、氧等予以充分回收利用,硫和氢的利用率均可以达到99%以上。现代煤化工把煤当作原料,通过化学反应的途径生产能源和相关产品,充分利用煤炭里多种化学元素,并实现能源的梯级利用;而直接燃烧仅把煤炭当作燃料,通过燃烧获取部分热能,基本不利用任何化学元素,目的单一,浪费严重。[①] 此外,现代煤化工技术、工艺的发展对煤种和煤质更具有适应性,更有利于劣质煤的有效处理。

二、现代煤化工产业发展中存在的政策及法律问题

我国的现代煤化工行业历经了十多年的发展,在煤制油、煤制天然气、煤制烯/芳烃、煤制乙二醇和大型煤制醇醚等方面取得了长足的进步。但同时,由于一段时间内盲目发展、缺少规划以及缺乏相应的法律保障等原因,导致现代煤化工产业发展的过程中出现了一系列问题。适度发展煤化工产业是我国当前政策指导方向,充分发挥煤化工产业优势地位的同时也要重视煤化工行业发展带来的问题。

(一) 现代煤化工产业发展受制于政策

我们通过调研发现,现代煤化工产业的发展不仅与石油化工产业存在竞争关系,而且还很大程度上受制于国家的相关政策,相关政策波动会影响煤化工项目的审批并影响其产业效益。我国煤化工的相关政策*发展大体可以分为以下三个阶段。

第一个阶段为1983—2009年。我国自1983年发布《国务院关于抓紧研制重大技术装备的决定》以来,先后颁布了《国家中长期科学和技术发展规划纲领(2006—2020年)》《国务院关于加快振兴装备制造业的若干意见》等政策文件。这些文件中包括鼓励煤化工的技术研究和支持煤化工的发展等内容,使得这一阶段我国的煤化工产业得到了迅速发展。

第二阶段为2009—2016年。这是煤化工产业迅速却无序发展的阶段,出现了许多问题。2009年发布的《国务院关于转变发展方式调整经济结构情况的报告》及随后发布的《石化产业调整和振兴计划规划》都指出了产能过剩和传统煤化工产业的环境污染等问题。针对这些问题,我国出台了《国务院办公厅转发环境保护部等部门关于推进大气污染联防联控工作改善区域空气质量指导意见的通知》(国办发〔2010〕33号)、《国务院

---

① 周学双,赵秋月. 对我国煤炭利用与煤化工产业发展的环保思索[J]. 中国煤炭,2009(11).

* 我国煤化工相关政策文件见附件二。

关于印发工业转型升级规划(2011—2015年)的通知》(国发〔2011〕47号)、《国务院关于印发"十二五"国家自主创新能力建设规划的通知》(国发〔2013〕4号)等一系列文件,标志着我国的政策导向由大力支持煤化工产业转变为有序发展煤化工产业:对于单纯扩能的焦炭、电石项目等传统煤化工进行严格控制,对于以煤制烯烃、煤制对二甲苯等为主的现代煤化工给予有序支持。

第三个阶段为2016年至今。随着我国环境标准的日益严格以及现代煤化工清洁化技术的日益发展,提高现代煤化工产业的准入标准是大势所趋。《国务院关于发布政府核准的投资项目目录(2016年本)的通知》规定,新建煤制烯烃、新建煤制对二甲苯(PX)项目由省级政府按照国家批准的相关规划核准,新建年产超过100万吨的煤制甲醇项目由省级政府核准,其余项目禁止建设。《国务院关于印发"十三五"控制温室气体排放工作方案的通知》规定,对于煤化工项目的碳排放进行一定程度的限制。由此可见,这一阶段的政策以优化煤化工的技术以及环境标准为主要内容,重点关注煤化工产业的环境污染问题,如碳排放、二氧化硫和氮氧化物治理等问题,通过政策的制定为未来煤化工的发展指明方向。

从以上分析可以看出,煤化工产业的发展受政策环境的约束,而且随着能源情况的变化,我国对煤化工产业的政策走向也产生了几次大的转变,在政策摇摆的情况下,煤化工产业的发展也几经波折。因此,维持政策稳定是促进煤化工产业发展的关键因素。

此外,出于对水资源和环境污染等问题的担忧,《关于促进煤炭安全绿色开发和清洁高效利用的意见》(国能煤炭〔2014〕571号)和《煤炭清洁高效利用行动计划(2015—2020年)》(国能煤炭〔2015〕141号)都明确提出"适度发展现代煤化工产业"这一发展定位,为现代煤化工产业指明了发展方向。但这些政策还需要与法律以及执行文件等规范性文件相协调,共同构建一个相对稳定的政策环境,才能有助于现代煤化工产业的健康稳步发展。

(二)我国现代煤化工产业发展的法律规定尚不完善

1. 发展定位不明确

煤化工产业的发展离不开法律保障,而当前煤化工产业政策的摇摆不定很大程度上是由于我国《煤炭法》对于煤化工产业的发展缺乏清晰明确的定位。《煤炭法》历经四次修订,但涉及煤化工的条款却没有任何变动,这在一定程度上可以理解为国家政策对于煤化工产业存在着一定程度上的一致性,即国家提倡和支持煤化工产业的发展,但同时也体现出了国家缺少针对煤化工产业的具体发展措施。随着能源市场的变化和技术工艺的进步,煤化工产业已经发生了一定的变化,而现有的法律法规体系并不能够很好地适应其现实变化,因此,相关法律应该进行相应地调整,明确现代煤化工产业的定位,并由相关政策予以协调,以保障现代煤化工产业的有序发展。

2. 缺乏专门的产业规划

现代煤化工产业的快速发展得益于自身的技术突破和先进设备的集成,高昂的造价和巨额的资金投入凸显了该行业技术、资金密集的特点,同时也说明了前期规划对于煤化工产业的重要性。倘若没有良好的前期规划,容易造成大量的技术资源和资金的浪费。但在实践中,各地盲目发展,导致许多煤化工项目仓促上马,许多未经规划、环保要求不合格的煤化工项目则未经审批就开工建设,造成了项目倒逼规划、规划追认项目的市场乱象。此外,现代煤化工产业有其自身发展的特点,我国之前制定的法规、规划等并没有很好地适应其产业特点,当前也没有针对现代煤化工产业的专门且全面的规范出台。

3. 环境准入机制不健全

准入机制是煤化工企业进入这一行业的门槛,是国家把控煤化工产业发展的关键。当前针对煤化工企业的准入制度有环境影响评价制度、安全评价制度和节能评价制度。其中,环境影响评价是最关键的一环,本调研报告将重点探讨煤化工企业的环境准入机制。制约现代煤化工产业发展的重大现实问题就是资源和环境问题,而环境问题的解决不仅依赖于企业的清洁生产和利用,更在于法律政策对于环境准入机制的设置。

首先,我国"煤水逆向分布"的资源状况是必须要考虑的重大因素。在自然水资源的约束和政策缩紧的背景下,如何处理好用煤和用水之间的关系以及如何科学高效地在处理污水的同时循环利用水资源,是当前煤化工产业亟待解决的问题。我们在调研中发现,调研企业充分利用了黄河库存水资源,并投资建设了水库。这不仅需要企业自身有良好的规划,同时也需要当地政府的支持。近年来,随着工业化进程尤其是煤化工产业集聚区建设的加快,土地资源紧缺的矛盾日益突出。此外,煤化工企业对运输存储设施、电力的供给、企业所在地的经济发展水平等多个方面也都有较高的要求,需要大量的有效资源配置才能够运转良好。但由于当前煤化工产业的过热发展,导致现在有一部分煤化工企业缺乏完备的资源配置,造成了国内煤化工产业发展的资源约束效应。

其次,污染物排放问题长期困扰着煤炭利用行业。无论是传统煤化工的煤焦化还是现代煤化工的基础煤气化,其生产过程中都会产生大量的工业"三废",并且由于成本或技术原因,煤化工所产生的污染并不容易消除。因此,完全杜绝煤化工的污染或是实现"零排放"的要求不够现实。从调研的情况来看,关于废气的处理,有些企业采用硫回收装置处理生产过程中产生的废气,进行一定的脱硫处理,使硫化物和氮氧化物排放量可达到国家标准的6%~10%,但仍然存在一小部分气体需要通过直接燃烧来处理,对环境仍有一定的影响。关于废水的处理,有些企业在生产过程中先行处理后再运往园区进行二次处理,基本实现了90%的废水回用。但对于废水处理过程中的高浓度盐水,由于没有良好的处理措施,只能采取自然晾干的方式,这不仅降低了污水处理效率,也增加了环境污染的风险。此外,现代煤化工生产过程中产生的废渣成分复杂,量大且回收利用率低,大部分直接贮入堆灰场,不但占用了土地,而且随风飘散会对大气产生污染,被雨水冲刷后会对土壤和水体造成污染。① 有些企业对于废渣的处理是将其堆放至渣场,进行简单的土覆盖。渣场的使用期一般为5年,在使用期限之后也没有相应规划,存在环境污染的隐患。

以上这些现实存在的问题都表明,当前的环境准入机制还不足以应对现代煤化工产业的发展,而且就环境准入机制本身而言,规划环境评价和项目环境评价的范围内容界限不清、标准无法统一等也是亟待解决的问题。环境评价的手续重叠问题不仅困扰着煤化工企业,审批部门也因环境评价标准难以统一而搁置项目审批,这些现象使得现代煤化工产业的发展变得困难重重。

4. 激励机制缺失

煤化工企业对于煤炭的价格十分敏感。我国煤炭价格近年来一直在低位运行,在一定程度上促进了煤化工企业的发展。但同时,一旦煤炭价格有所上扬,煤化工企业就需要承受较大的成本压力。因此,如何促进企业健康持续发展,缓解煤炭价格对企业的成本制约,是煤化工企业需要面对的一大挑战。另外,与石油化工市场的竞争也是影响现代煤化工企业生产经营的一大因素,即石油价格的变化也会使煤化工企业受到一定的影响。鉴于此,国家应采取经济激励措施进行价格调控,进而影响企业行为,这也是法律制度构建中不可或缺的一部分。

此外,现代煤化工企业的清洁生产需要一定的工艺技术支撑,而采用这样的工艺需要大量的资金投入,单纯依靠企业进行自主投资经营可能会使清洁生产之路难以维系。因此,国家需要采取一定的激励机制,对先进工艺进行优惠补贴,对落后工艺进行淘汰,以推进企业选择有利于环境保护的行为。当前,我国的《煤炭法》对于煤化工产业虽然采取支持态度,但没有体现对该产业的激励与扶持机制。

5. 责任机制不到位

现代煤化工产业发展中出现的资源问题和环境污染问题,一方面是由于前期规划和审批环节不到位,另一方面也在于后期责任追究不到位,而责任机制与相关要求的不匹配会导致企业违法成本低、相关政府责任机构履职出现问题。当前,我国对于现代煤化工企业的环境准入条件不达标、污染损害等责任缺乏具体可操作的处罚规定,或者有

---

① 胡志伟,刘涛,满杰,等.煤化工行业主要环境污染物来源及污染防治对策[J].山东化工,2016,45(24).

的惩罚规定力度较小,此外,对于政府、环评机构的职权规定也没有与其责任规定一一对应,这就导致环境管理问题频出。

三、国外相关经验借鉴

美国、日本和欧盟的能源结构虽然与我国不同,但是其煤炭行业相关法律政策发展较为成熟,可以为我国的煤炭产业发展提供参考。研究其煤炭清洁化利用的相关政策,有利于明确我国煤炭产业及煤化工产业的定位,并为我国相关法律政策建设提供经验借鉴。另外,这些国家的环境影响评价制度都较为完善,长期以来都备受比较法研究的关注,对于我国煤化工环境准入制度的完善也有一定的借鉴价值。

(一)美国

1. 煤炭清洁化利用①

美国煤炭资源极为丰富,煤炭、石油、天然气储量均位居世界前列。自20世纪50年代起,美国的煤炭消费一直处于增长趋势,但受到能源利用政策*的影响和《清洁空气法》的制约,美国煤炭需求增速较缓,并在2008年金融危机后出现下滑趋势。目前,煤炭在美国能源结构中的比重被不断弱化。

虽然煤炭工业在美国并不是主流产业,但美国是世界上最早提出煤炭清洁高效利用的国家。美国早在1984年的"洁净煤技术示范计划"中便提出,联邦政府与州政府和各私营企业合作,共同开发具有良好运行性能、环保性能和经济竞争实力的煤基技术示范项目。页岩气革命使得能源供给多元化,环境污染和气候变化问题要求减少煤炭利用,"去煤化"或"减煤化"发展理念形成共识。① 在煤炭的减量化和清洁化利用上,美国的《清洁空气法》功不可没,自1963年正式出台起,该法案共进行了三次修订,从零散的、地方式的空气污染治理过渡到统一的、强制性的国家层面。在这个过程中,联邦政府赋予了环保署强大的职权,委派其独立开展研究并制定空气质量标准。在环保署的推动下,美国现在已经实施了六种空气污染物的管制,使得污染物的排放量大大降低。

进入21世纪后,美国的"清洁煤促进计划"取代了"洁净煤技术示范计划"。2005年美国《国家能源法》通过,为煤炭清洁化利用技术的发展提供了资金、研发、市场化等方面的保障。根据这一法案,清洁煤项目总计获得16.5亿美元的税收优惠,具体包括集成气化联合循环发电项目、创新型先进煤发电项目以及用于化工产品生产的煤气化技术。

---

* 美国煤炭清洁化利用相关法律政策见附件三。
① 刘文革.中美煤炭清洁发展理念差异分析[EB/OL].(2016-03-01)[2017-8-10].http://chinaccus.com/getnews.aspx? mid=49&nid=230.

无论是技术的投入、法律的完善还是对未来方向的把握,美国都走在了世界煤炭清洁利用的最前列。

2. 环境准入制度

1969年,美国制定了《国家环境政策法》,在世界范围内率先确立了环评制度。依据该法设立的国家环境质量委员会(Council on Environmental Quality,CEQ)于1978年制定了《国家环境政策法实施条例》,为环境评价提供了可操作的规范性标准和程序。

美国环评制度的对象为联邦政府的立法建议和其他对人类环境有重大影响的重大联邦行动。其环评文件的内容由以下几部分组成:拟议行为对环境的影响;拟议行为付诸实施对环境所产生的不可避免的不利影响;拟议行为的各种替代方案;拟议行为付诸实施可能产生的无法恢复和无法补救的资源损失;各种行动方案及其补救措施的环境后果。[①] 美国环评制度一开始就将战略环评纳入法案中,其立法、政策和规划都要进行环境影响评价,适用范围较广。此外,从美国环评制度的程序来看,强调公众参与也是其特色,环评文件的内容、初稿的编制、定稿后的讨论环节都有各种形式的公众参与。

美国作为煤炭储量大国,对煤炭清洁化利用的研究和规定一直走在世界的前列,其对相关企业的准入标准也相当严格。2011年12月21日,美国环保署提出了新的有关煤电厂有毒污染物质和汞排放的联邦标准,并于2017年3月26日又更新了这一标准。新标准规定,发电厂必须采用目前广泛使用并得到认证的污染控制技术,大幅度削减可吸入颗粒物、汞、砷、镍、硒、酸性气体、氰化物等有毒物质的排放。

(二)日本

1. 煤炭相关政策法律

日本消费的石油、天然气和煤炭主要依靠进口,极容易受到国际能源市场的影响。但由于日本保留了一定比例的重工业,尤其是钢铁业仍然需要煤炭支撑发展,因此,日本煤炭消费一直处于持续增长期,尤其是福岛核事故之后,煤炭消费和占比又进入新一轮快速增长期。日本非常注重发展煤炭清洁高效利用技术,其工业和发电效率一直处于世界最先进水平。

自1992年起,日本就将洁净煤技术作为日本煤炭科研的重点。1993年,日本新能源产业技术综合发展机构负责全日本的新能源和洁净煤技术的规划、管理、协调和实施。1995年,日本又组建了一个洁净煤技术中心,专门负责开发煤炭利用技术。2000年,日本通产省公布了"21世纪煤炭计划",该计划提出在2030年前分3个阶段研究开

---

① 刘薛.中美环境影响评价制度比较研究[D].重庆:重庆大学,2007.

发洁净煤技术。2004年,日本在"煤炭清洁能源循环体系计划"中提出了以煤炭汽化为核心的煤基能源系统,并在《面向2030年的新日本煤炭政策》中明确将此技术作为未来煤基近零排放的战略技术和实现循环型社会的产业技术。2006年5月,日本在《新国家能源战略》中明确提出,要促进煤炭气化联合发电技术、煤炭强化燃料电池联合发电技术的开发和普及。

2. 环境准入制度

日本在1984年8月通过了《环境影响评价实施纲要》,开始在政府层面推行程序统一的环境影响评价制度。随后,1993年通过的《环境基本法》和1994年通过的《环境基本计划》也将环境影响评价纳入环境保护的基本制度中。1997年6月,日本出台《环境影响评价法》。围绕该法的落实,各地方政府也对之前推出的各种条例、纲要等进行了相应的修订。1998年6月12日,日本又推出了《环境影响评价法施行规则》,对环境影响评价制度的具体落实做出了更加详尽的规定。*

日本环境影响评价制度的对象包括道路、河川、坝区、铁路等13类项目以及都市和港湾计划项目。另外,日本将环评对象项目分为两种,第一种项目规模大、环境影响显著,必须要进行环境影响评价;第二种项目则是需要根据具体情况进行个别判断。日本环境影响评价的基本事项包括公害防止和自然环境保护的相关事项,不仅对空气、水、土壤等环境要素进行评价,还对人类的活动场所、自然景观、动植物以及生态系统等进行全面的调查、预测和评价。日本环境影响评价的程序规定比较详细,分为方法书作成前的手续、方法书、准备书、评价书、评价书公告及阅览后的手续几个阶段,而且每个阶段都有公众参与的环节。

日本环境影响评价的一大特色在于其对战略影响评价的重视。2000年12月,日本政府内阁会议将战略环境影响评价的有关内容引入《新环境基本计划》中,并公布了《战略环境影响评价综合研究会报告书》和《战略环境影响评价指针》,规定了战略环境影响评价的相关内容。①②

日本的《矿业法》对于煤矿等矿业企业的准入进行了严格规定,该法于1950年制定,并于2011年完成了修订,将"先申请主义"改为在对企业的技术水平和资金力量加以审查后再由国家予以许可的严格准入制度,并引入了招标制度,确立了资源制度。③

---

* 日本环境影响评价法律法规见附件四。
① 浅野直人.关于日本的环境影响评价制度[J].公害研究,2008(10):232-235.
② 野村好弘.环境问题[J].现代法学全集,2001(51):19-22.
③ 曹治国,等.日本《矿业法》修改简析[J].中国矿业,2012(1).

(三) 欧盟

1. 煤炭清洁化利用相关政策

近年来,欧盟许多国家煤炭产量降低,煤炭进口量每年持续上升。因此,欧盟各国也同样十分重视清洁煤技术的研发和应用,通过提高燃煤效率减少煤炭消耗,提高煤炭的应用潜力,同时减少煤炭利用造成的环境污染和对石油的依赖。自1993年起,欧盟相继提出了多项清洁煤技术研究和发展计划。在清洁煤发电上,1998年的欧盟第五框架计划和2002年的欧盟第六框架计划均支持新型发电技术,推进建设整体煤气化联合循环发电系统,改善燃煤电厂的环境和经济可接受性。2007年的欧盟第七框架计划支持开发二氧化碳捕获及封存技术,实现电力生产零排放,通过研发和示范清洁煤及其他固体燃料转化效率技术提高能源利用效率。

2011年,欧盟委员会出台的《能源2020》新能源战略提出,未来十年将在基础设施等领域投资1万亿欧元,用于提高能效、完善统一能源市场和基础设施建设、推动技术研发和创新等方面,从政策层面上再次保证了欧盟清洁煤技术的发展。[①] 由于欧盟国家新型煤电厂的投产营运,2013年欧盟的煤炭进口量呈现下降态势。欧盟一些国家,如英国[*]、德国,在煤炭清洁技术的政策实施上成就瞩目。例如,英国以法令形式推广清洁煤技术,使英国成为清洁煤技术的"领跑者"。2005年,英国建立了3500万英镑的小型示范基金,制定了减碳技术战略,以倡导并推动碳捕获与封存技术。2007年5月,英国政府发布的《能源白皮书》明确,英国政府对碳捕获与封存技术示范项目的成本资助可以达到100%。英国政府还有政策规定,所有新建煤电厂必须要采用碳捕获与封存技术,且政府将对最先建设的4家煤电厂在安装碳捕获与封存设备方面提供资助。此外,2008年生效的《气候变化法案》所规定的温室气体减排80%、二氧化碳减排34%的硬性目标也促进了英国清洁煤技术的应用。德国在资源转型过程中也充分运用法律手段为其保驾护航,先后出台了《环境基本法》《联邦区域整治法》《煤矿改造法》《投资补贴法》等促进当地煤炭产业经济转型的法律法规,同时加大了对相关煤炭产业的科学技术、人才、资金的投入,对那些生产效率差、生产成本高、机械化水平低的煤矿进行重组、合并或关停,极大地促进了清洁煤生产技术的发展。

2. 环境准入制度

欧盟成员国众多,环境影响评价制度在各国发展不平衡。因此,欧盟指令仅对环境影响评价制度做了指导性的规范,而将规定具体事项的权限留给了各成员国。2011年

---

① 张小军,马莉,郭磊.欧盟2020年能源战略及其对中国的启示[J].能源技术经济,2011,23(6):16-19.
* 英国已于2020年1月31日正式脱欧。

12月13日,欧盟委员会通过了《关于特定公共和私人项目环境影响评价指令》(以下简称 EIA 指令),并于2014年4月16日对该指令进行了修订。此外,欧盟于2001年7月21日通过、2004年7月21日开始实施的《关于特定规划和计划的环境影响评价指令》(以下简称 SEIA 指令)是欧盟环境影响评价法律体系中的另一个重要法律文件,为欧盟开展战略环境评价提供了有力的法律保障。按照该指令,欧盟各成员国的环境报告必须包含欧盟指令附录Ⅰ中所列的内容,主要包括以下四个方面:①与规划和计划相关的环境保护目标;②环境现状的相关内容,即规划和计划实施以前的环境状态;③对环境可能产生的重大影响,如生物多样性、人口、人类健康、动植物、土壤、水、空气、气候因素、有形资产、文化遗产、景观及其相互关系;④设想的减缓措施、替代方案的选用原因以及设想的监管手段等。

  欧盟的环评程序包括环评启动前的准备工作和环评完成后的效果监测等一系列全过程的完整环节,并详细规定了9个程序,即申请与环境报告(application and environmental statement)、前置调查(front-loaded screening)、实施前基础状况研究(baseline studies)、职权范围确定(terms of reference)、环评范围确定(scoping)、咨询(consultation)、减轻影响措施(mitigation)、影响评价意义(impact assessment significance)、后续监测(monitoring)。

  此外,欧盟指令还相当重视公众参与,在欧盟各成员国,咨询机构和公众是最基本的战略环境影响评价参与者。例如,EIA 指令第五条还特别规定了"非技术性总结报告"(non-technical summary),其目的在于让公众了解环境影响评价制度。

  欧盟的战略环评指令早于项目环评指令,其战略环评和项目环评都做得不错,值得我们借鉴。目前,在政策、计划和规划三类战略环境影响评价的对象中,我国战略环境影响评价的对象只有规划,并且并非所有的规划都在该范围内;而欧盟将战略环境影响评价对象规定为规划和计划,允许战略环境影响评价实践已经成熟的成员国在 SEIA 指令颁布前自行立法拓展评价对象的范围。

四、现代煤化工产业适度发展的法律保障

  综上可知,我国现代煤化工产业的发展机遇和挑战并存,要推动其适度发展就必须直面挑战,解决当前发展遇到的现实阻碍,用法律机制保障现代煤化工产业科学有序发展。首先,要用稳定的法律对煤化工产业进行发展定位。因为煤化工产业发展受制于政策走向,若政策摇摆不定,势必会影响整个产业的稳定发展,所以需要以法律的稳定性明确其产业发展定位。其次,现代煤化工产业目前发展态势不明,现实中还存在很多问题,因此,我们要采取审慎的态度,以严格的标准规范其健康发展,必须

设置严格的准入机制把控行业整体发展规模和规范。另外,由于推动企业清洁生产的内生动力是成本效益,所以现代煤化工产业的发展还是要基于市场,法律设计时应考虑经济激励机制,利用政府补贴、基金、资源税等正反向激励制度促进企业自发进行工艺提升。最后,要用责任制度体现法律的强制力保障,对整个现代煤化工产业进行末端控制。

(一) 从法律层面明确煤化工产业的发展定位

如前文所述,我国对煤化工产业发展的相关政策变化较大,对其发展定位不是很明确,这就为企业开展煤化工项目带来了巨大的政策风险。实践中,现代煤化工企业也面临着这样的困扰:本身煤化工产品与其他化工产品的竞争就很激励,再加上政策不稳定,使得企业生产活动的营收经常处于波动状态,在政策不支持的情况下煤化工项目甚至无法开展。因此,为减轻煤化工企业的政策风险,提高企业的生产积极性,首先要从政策上明确煤化工产业的发展定位并在一定时期保持稳定。同时,由于政策和法律的区别,政策的稳定性明显不如法律,而且法律的权威性和强制性是政策文件所无法比拟的。因此,明确地说应从法律层面明确煤化工产业的发展定位。

例如,《关于促进煤炭安全绿色开发和清洁高效利用的意见》中提到的"适度发展煤化工产业",应根据这样的发展定位辅之以适当的制度,保障其适度发展。

(二) 出台专门的现代煤化工产业发展规划

由于现代煤化工产业的规模不足以为其单独设立法律,同时为了以较高的法律位阶对整个行业进行规定,我们建议由国家发展和改革委员会或其他职能部委出台相应的产业发展规划对现代煤化工产业进行定位。该规划可以将现代煤化工产业的发展定位、准入机制、激励机制和责任机制等内容全面具体地纳入进去,而且应规划一定的时限,这样就可以在对现代煤化工发展前景的预期还不十分明朗的情况下,依据当前的形势对其近些年的发展做出稳妥的规划。

(三) 环境准入机制

项目环境影响评价和战略环境影响评价两者共同构成了国际公认的完整环境影响评价体系。其中,战略环境影响评价被认为是"一个概念、多种形式"的战略层次的环境影响评价工具体系。Therivel 所著《战略环境影响评价》一书中将战略环境影响评价的概念确定为:环境影响评价在规划、计划、政策和法律四个不同级别范畴上的发展。[①] 规划环境影响评价则是战略环境影响评价的初级阶段,是其重要内容,也是战略环境影响评价在我国的具体实施方式。项目环境影响评价是针对特定项目而进

---

① Therivel W. Strategic Environmental Assessment [M]. London: Earthscan Publication, 1992: 17-18.

行的环境评价,缺少源头治理的理念,且不是站在全局的角度看待一系列事项对环境的影响。

对于煤化工这样对资源和环境都有很大影响的行业,其环境影响评价制度应更加严格。我国在强调"去产能"和绿色发展的政策背景下,于2015年发布了《现代煤化工建设项目环境准入条件(试行)》,规定对于不符合该准入条件的新建、改建、扩建的现代煤化工项目,各级环境保护管理部门不得审批其环境影响评价文件。此外,相关部门还以不符合地区空气质量要求和企业废弃物处置措施存在风险为由不予批准内蒙古某新能源有限公司的煤制天然气项目。由此可见,我国当前对现代煤化工企业的环评标准要求相当严格。

此外,规划环评和项目环评的关系问题也是困扰煤化工企业的一个问题,虽说我国《环境影响评价法》和《规划环境影响评价条例》规定两者不可等同、不可重复,若进行了项目环评则无须进行规划环评,规划环评可作为项目环评依据使项目环评简化进行。但这些规定过于原则化,煤化工企业在实际操作过程中常常面临分不清两者界限、无法应对两者烦琐程序的问题。所以,明确规划环评和项目环评各自的内容,厘清两者的关系,对煤化工项目的开展将会起到一定的积极作用。

1. 规划环境评价

对于煤化工行业来说,前期首先应做好相应的规划,并在规划环境影响评价中将资源和环境因素考虑进去,然后再进行项目的设立和选址。该行业由于对水资源的依赖程度高、耗水量大,且占地面积广、土地资源需求量大,所以在考虑项目设立与否时,不仅要考虑煤炭资源的丰富与否,还需考虑其对当地水资源和土地资源的占用情况。按照环境保护优先的发展原则,在环境和资源不允许的地区原则上不发展煤化工产业、不批准煤化工项目的建设,或者应以提供保护性方案为前提适当建设。《现代煤化工建设项目环境准入条件(试行)》规定,对于煤化工项目,应当在资源和环境容量较丰富的地区规划设置,无环境容量则需采用先进技术工艺解决当地的环境问题。例如,调研企业的用水规划就必须经过其所在园区的批准,且还投入资金建设煤化工项目所用的水库、利用雨水收集装置节约用水并进行废水处理回用等措施以达到用水循环。这些环保措施都在一定程度上缓解了水资源紧缺的问题,这些方案应作为环评文件的一部分进行提交。

此外,规划环评还需考虑环保标准和技术工艺标准的统一性。《规划环境影响评价条例》第九条规定,规划环评应遵守环评影响评价技术导则和相应技术规范。对于煤化工行业来说,项目所在地的地区规划应当参考煤化工行业的技术标准和环保标准。但是在实践中,标准的设定是一大难题。因为煤化工行业存在工艺复杂、标准难以统一的问题,所以煤化工项目环评审批工作难以进行。对于环境规制而言,Viscusi 与 Zeckhauser 研究了代表性厂商对规制者制定的统一标准的反应行为,发现随着规制行为的加强,只有跟随政策执行的厂商才能够生存。① 因此,在产能过剩的当代煤炭市场中,符合高标准、严要求的企业才是适应政策发展的优质企业。

2. 项目环境评价

针对特定项目的环境影响评价比规划环境影响评价更加具体,它可参考规划环评的统一规划条件,全面判定该项目是否符合准入标准。根据2017年7月16日最新修订的《建设项目环境保护管理条例》规定,项目环评报告书应当包括对环境可能造成影响的分析预测和将要采取的环保措施和方案,以及经济损益分析、环境监测建议和评价结论等内容。但该规定还不够具体,如实施过程中到底如何编制以及该将哪些具体内容纳入,这些才是执行的关键。从我们对煤化工企业的调研情况来看,煤化工企业的资源消耗、"三废"处理是对环境影响最大的事项,因此,在煤化工项目的环评报告中应包括以下内容:对于水资源消耗量的估计,维持水资源的环保措施,对废水处理、回收利用工艺和设施的配备,达到国家排放标准的废气处理装置,如何投产使用硫回收装置,固废堆存场所和妥善处理方案等。在进行环评审批时,除了考察相关资料的完整性和可行性外,还应考虑相关环保标准和该行业或该地区的排放总量控制等。当前,废水处理以及硫化物和氮氧化物的处理都可以通过设置工艺和技术标准实现环保目标,但碳排放和类似煤渣的固废问题仍然是困扰煤化工企业的环保难题,在我国推行碳排放交易市场的背景下,有必要将碳排放量作为环境影响评价的一项指标,鼓励企业进行碳排放交易,以经济手段解决环境问题。

3. 规划环评和项目环评的关系

规划环评和项目环评,两者在时空范围、内容、对象上,以及在评价时考虑的角度和高度、评价方法、结论和工作思路上都存在差异②,此外,两者的作用方式和结果也不尽相同,都有其特定的作用,所以两者不可相互取代。但现实中常常因为无法厘清两者的范围和关系而导致环评工作变得烦琐,从而给项目实施带来困扰。对于这一问题,《环境影响评价法》和《规划环境影响评价条例》中都有相关规定,规划环评和项目环评不可重复,已进行项目环评的项目则无须再进行规划环评,已进行规划环评的项目则其项目环评可以此为依据并相应简化。因此,解决两者关系最为有效的做法是分别明确两者

---

① Viscusi W K, Zeckhauser R J. Optimal standards with incomplete enforcement[J]. Bell Journal of Economics,1979(1).
② 鱼红霞,刘振起.项目环境影响评价与战略环境影响评价比较[J].环境科学与技术,2004(7).

的评价内容和范围。但规划环评和项目环评在操作中难免有重合内容,如针对煤化工项目,其对水资源和环境容量的影响以及保护方案既要在规划阶段考量也必须在具体项目中进行考察,所以相关法律对两者的范围并无明确界定,只是在处理两者关系时强调不重复原则。由于项目环评和规划环评的时空范围不一致,在操作中进行了规划环评的项目,在项目环评阶段又需要提交完整的报告书进行全面审查。针对这一现象,法律应尽可能地将两者内容分开规定。从煤化工项目的环评来看,其规划环评中应包括规划布局、项目选址,在规划选址过程中需要考量的资源条件和环境容量,还应包括相关资源维持和环境保护方案;而其项目环评中对污染防治的工艺技术应当具体描述,环保措施也应更加具体,在报告书中应包含特定项目的排污量估值数据、风险预防以及替代方案。

(四)激励机制

对于煤化工产业这种对工艺和技术要求较高、成本和风险也较高的产业,在发展该产业的时候应该对其进行一定的经济激励,促使企业从成本效益的角度出发进行工艺改进和技术提高,促使其采取环保措施。环境问题的经济激励制度原理主要为庇古税和科斯定理,即通过将外部效应内部化和明确产权解决环境问题。

1. 税制手段

1) 水资源税

针对我国煤水逆向分布的现状,发展煤化工产业势必要解决水资源问题,牺牲水资源发展煤化工产业的行为应被阻止,所以在项目准入阶段就应严控水资源问题,同时,在项目投产营运阶段也应制定一定的制度督促企业节约用水。大量事实和理论证明,税收比收费制度要更为合理。2016年12月25日,《中华人民共和国环境保护税法》通过,在水资源方面也在进行水资源税试点工作,根据2016年5月9日公布的《水资源税改革试点暂行办法》,河北省成为第一个试点。水资源税开征以来,纳税人节水意识明显增强,部分单位开始采取多种手段加强用水成本管理,企业开始实施雨水收集、污水处理回用等节水措施。水资源收费改征税,一方面调高了对钢铁、造纸、热电等传统高耗水行业的征收标准,另一方面对企业取用污水处理回用水、再生水、地下咸水、微咸水、淡化海水等非常规水源免征水资源税。"一升一降"形成倒逼效应,促使相关企业纷纷转变粗放的用水方式,加快技术革新和产业转型升级,不断提高水资源利用效率。[①]

---

① 蔡岩红.河北水资源税改革呈现四大亮点[EB/OL].(2017-01-05)[2017-8-11].http://www.legaldaily.com.cn/index/content/2017-01/05/content_6942925.htm?node=20908.

2）污染税

在煤炭价格和煤化工产品中植入污染税,可以有效地影响污染者备选活动的成本与收益,改变企业原有的成本收益结构,限制其对环境不利的粗放式生产模式,激励企业自发进行技术创新,推动企业加快先进降耗技术和循环利用技术的应用。污染税的征税额与企业的污染排放量成正比,可以推动企业对不可再生资源的清洁、循环、节约使用。污染税制度把环境利益有效地与企业的发展利益密切联系在一起,从而实现了企业利益与环境利益的统一,确保在多种发展目标的前提下实现煤化工产业的绿色发展。

3）税收优惠

对于煤化工企业,不仅应进行反向制约,还应该采取税收优惠等正面激励,应该对提高工艺、进行资源节约和环境保护的行为给予支持,对先进工艺采取免税、减税等优惠措施,以此节省企业的环保成本,激励企业进行技术创新。

2. 产权交易

1）碳排放交易

对于煤化工生产中排放的废气,根据各国污染排放标准来看,主要控制对象是二氧化硫和氮氧化物。通过调研我们发现,当代煤化工企业对于废气中二氧化硫和氮氧化物的处理已经远超国家标准,并且可以制成硫制品产生经济效益,但是废气中的二氧化碳是当前尚未解决的技术问题,也是在全球变暖背景下亟须解决的环境问题。对于二氧化碳问题,美国主要采用碳捕捉和封存技术使采集到的碳资源化。但该技术成本过高、技术要求也十分严格,当前还无法在我国的大型煤化工企业中推广实施,可行的做法是通过碳排放交易使产权固定,利用市场交易实现总量控制,以此达到减排目标。具体来讲,即通过总量控制、配额分配,促使企业减少排放以满足配额,减少环保支出,多出的配额还可进行交易产生市场价值。但是,对于工艺不同的煤化工企业如何进行配额分配,这是碳排放交易制度设计的一大难题。

2）水权置换

解决水资源问题不仅可以从资源税角度出发,还可以从我国水资源分布不均角度考虑,从资源源头入手,置换资源。例如,煤化工项目可以开发节水项目,以此换取工业用水指标。这样一来,一方面解决了节水设施的资金投入问题,另一方面也解决了煤化工企业的用水问题,既提高了水资源的利用效率,又能促进水资源的优化配置。

3. 其他经济激励制度

1）生态补偿制度

生态补偿制度主要针对区域性生态保护和环境污染防治领域,是一项具有经济激励作用、基于"受益者付费"和"破坏者付费"原则的环境经济政策。其中,矿产资源开发的生态补偿是我国建立生态补偿机制的重点领域。我国新修订的《环境保护法》也明确将生态补偿制度纳入其中,但当前的规范和试点实践都面临很多困难,如责任对象的设定、补偿金的标准确立、资金的收集和使用等,都还待研究探索。

2）污染治理基金制度

污染修复的工程量巨大,污染企业不一定能完成整个修复过程,而且常常会面临责任主体无法确定的窘境,若单靠政府对其进行治理,财政压力也会相当大。此时,我国就需要借鉴别国的污染治理基金制度,如美国的《超级基金法》在土壤污染治理中就发挥了巨大的作用。污染治理基金制度是对"污染者付费"原则的延伸,是将所有潜在污染者纳入基金制度中,一旦发生污染事件,就利用基金中的资金进行治理,这样可以有效解决污染修复问题,而且通过基金对象的范围设定将责任主体范围扩大,有利于责任制度的落实。

由于煤化工产业是煤炭及下游产业的中间环节,因此,延长其产业链,将交易、运输、融资、结算等服务综合联系在一起,构建电子交易平台,将会使监管可视化、规范化,并可以节省整个过程的时间和成本,降低对环境的影响。例如,建设坑口煤化工基地,延长煤化工产业链,尽可能延伸到市场终端产品,减轻化学品运输压力和环境风险;鼓励建设大型煤制甲醇项目,采用甲醇管道运输至市场区域进行深加工。

对于煤化工产业的资金投入问题,政府可以对企业的脱硫除尘等先进工艺提供财政补贴。当前,对煤化工产业来说,最重要的是要推动对固废的处理和资源再利用研究,政府应该对此给予一定的支持,包括财政支持和人才扶持。另外,政府应为煤化工企业提供一个宽松的投资创新环境,通过利好的投资政策吸引企业,支持其进行技术创新,发展循环经济。

4. 责任机制

责任机制是规制煤化工产业的最后一道防线,责任机制的设定会使企业对违法成本进行考量,影响其决策。对于企业环境影响评价的不规范行为及其生产经营过程中对环境造成的不利影响应适当进行罚款、停止建设等行政处罚,对违反"三同时"制度、环境保护原则和信息公开等规定的企业同样应给予罚款乃至责令关停的处罚。鉴于目前环保督查部门发现的文件和数据造假行为频发,对于该种行为也应加大处罚力度。

五、结语

在本次调研中,我们通过资料收集、政策分析、实地调研和研究总结发现,现代煤化工产业是煤炭清洁化利用的有效途径,我国现代煤化工产业发展中遇到的现实问题需要通过完善法律保障机制来解决。对此,我们提出:第一,为了促进现代煤化工产业适度发展,应保持政策与法律的协调与稳定;第二,对于水资源、土地资源等资源问题和生态环境问题,应该在规划环评中予以事先规划,只有满足环境准入条件的项目才可以获批,将污染物排放量、工艺选择、环境治理措施、控制二氧化碳排放量等内容完善并纳入环境影响评价中;第三,应明确规划环评和项目环评的内容以及两者的关系和处理方式,设置较高标准的环境准入条件,以利于适度发展现代煤化工产业;第四,对于先进技术工艺和企业环保行为给予激励,采取经济激励措施以市场方式调控企业行为,并设置合理的违法成本以规制企业行为。

参考文献

[1] 叶雷.十三五规划指导下煤化工产业发展概述[J].化学工程与装备,2016(6).

[2] 张勇.国内大型能源企业发展现代煤化工产业的机遇分析[J].化工进展,2014(4).

[3] 周学双,赵秋月.对我国煤炭利用与煤化工产业发展的环保思索[J].中国煤炭,2009(11).

[4] 国家统计局能源司.中国能源统计年鉴2016[M].北京:中国统计出版社,2016.

[5] 胡志伟,刘涛,满杰,等.煤化工行业主要环境污染物来源及污染防治对策[J].山东化工,2016,45(24).

[6] 高艳,李志光.煤化工企业应对碳排放的思考[J].当代化工研究,2016(08).

[7] 耿海清.我国规划环评的困境及其破解之道探讨[J].环境科学与技术:2012(S2).

[8] 刘薛.中美环境影响评价制度比较研究[D].重庆:重庆大学,2007.

[9] 曹治国,等.日本《矿业法》修改简析[J].中国矿业,2012(1).

[10] 张小军,马莉,郭磊.欧盟2020年能源战略及其对中国的启示[J].能源技术经济,2011,23(6):16-19.

[11] 张勇.国内大型能源企业发展现代煤化工产业的机遇分析[J].化工进展,2014(4).

[12] Therivel W. Strategic Environmental Assessment [M]. London:Earthscan Publication,1992:17-18.

[13] 鱼红霞,刘振起.项目环境影响评价与战略环境影响评价比较[J].环境科学与技术,2004(7).

[14] 蔡岩红.河北水资源税改革呈现四大亮点[EB/OL].(2017-01-05)[2017-8-11].http://www.legaldaily.com.cn/index/content/2017-01/05/content_6942925.htm? node=20908.

[15] 康淑云.我国煤炭行业煤化工产业发展现状及分析研究[J].煤炭经济研究,2015(10).

[16] 蔡丽娟,顾蔚.现代煤化工产业发展与环境保护问题分析[J].石油化工安全环保技术,2015,31(4).

[17] 程相龙,郭晋菊,曹敏.影响我国煤化工产业发展的因素分析[J].中外能源,2016(2).

[18] 浅野直人.关于日本的环境影响评价制度[J].公害研究,2008(10):232-235.

[19] 野村好弘.环境问题[J].现代法学全集,2001(51):19-22.

[20] Viscusi W K, Zeckhauser R J. Optimal standards with incomplete enforcement[J]. Bell Journal of Economics,1979(1).

附件一　我国煤炭清洁化利用相关政策

1. 煤炭清洁化利用

文件名称	发布日期	相关内容
《国务院关于印发"十三五"生态环境保护规划的通知》	2016年11月24日	大力推进煤炭清洁化利用,加强商品煤质量管理,限制开发和销售高硫、高灰等煤炭资源,发展煤炭洗选加工,到2020年,煤炭入洗率提高到75%以上
《国务院关于研究处理大气污染防治法执法检查报告及审议意见情况的反馈报告》	2015年6月29日	煤炭清洁化利用逐步推进,能源结构进一步优化。一是燃煤质量得到管控。二是煤炭消费总量得到控制
《全面实施燃煤电厂超低排放和节能改造工作方案》	2015年12月11日	全面实施燃煤电厂超低排放和节能改造,是推进煤炭清洁化利用、改善大气环境质量、缓解资源约束的重要举措
《环境空气细颗粒物污染综合防治技术政策》	2013年9月13日	限制高硫分或高灰分煤炭的开采、使用和进口,提高煤炭洗选比例,研究推广煤炭清洁化利用技术,减少燃烧煤炭造成的污染物排放
《重点区域大气污染防治"十二五"规划》	2012年10月29日	改进用煤方式,推进煤炭清洁化利用。一是加大热电联供,淘汰分散燃煤小锅炉。二是改善煤炭质量,推进煤炭洁净高效利用

2. 煤炭清洁高效利用

名称	发布日期	相关内容
《第十二届全国人民代表大会第五次会议关于2016年国民经济和社会发展计划执行情况与2017年国民经济和社会发展计划的决议》	2017年3月15日	优化能源结构和利用方式,推动煤炭清洁高效利用,提高清洁能源消费比重,认真解决弃水弃风弃光问题
《第十二届全国人民代表大会第四次会议关于2015年国民经济和社会发展计划执行情况与2016年国民经济和社会发展计划的决议》	2016年3月16日	提高煤炭利用集中度和燃煤技术标准,推广煤炭清洁高效利用技术,提升燃油品质,下大力治理大气雾霾
《中华人民共和国国民经济和社会发展第十三个五年规划纲要》	2016年3月16日	优化建设国家综合能源基地,大力推进煤炭清洁高效利用。限制东部、控制中部和东北、优化西部地区煤炭资源开发,推进大型煤炭基地绿色化开采和改造,鼓励采用新技术发展煤电

(续表)

名称	发布日期	相关内容
《中华人民共和国大气污染防治法》(2016修订版)	2015年8月29日	优化煤炭使用方式,推广煤炭清洁高效利用,逐步降低煤炭在一次能源消费中的比重,减少煤炭生产、使用、转化过程中的大气污染物排放
《全国人大常委会办公厅关于"十三五"规划纲要编制工作若干重要问题专题调研工作情况的报告》	2015年8月27日	对"煤炭清洁高效利用"的调研建议,"十三五"规划要从国家战略利益和能源安全考虑,明确提出"大力推进煤炭清洁高效利用"
《第十二届全国人民代表大会第三次会议关于2014年国民经济和社会发展计划执行情况与2016年国民经济和社会发展计划的决议》	2015年3月15日	强化环境治理和生态保护,推进煤炭清洁高效利用
《国务院关于印发全国国土规划纲要(2016—2031年)的通知》	2017年1月3日	加强煤层气和煤炭资源综合开发,提高综合利用水平。切实提高煤炭加工转化水平,强化煤炭清洁高效利用
《国务院关于印发"十三五"节能减排综合工作方案的通知》	2016年12月20日	加快节能减排共性关键技术研发示范推广。加快高超超临界发电、低品位余热发电、小型燃气轮机、煤炭清洁高效利用、细颗粒物治理、挥发性有机物治理、汽车尾气净化、原油和成品油码头油气回收、垃圾渗滤液处理、多污染协同处理等新型技术装备研发和产业化。推广高效烟气除尘和余热回收一体化、高效热泵、半导体照明、废弃物循环利用等成熟适用技术
《国务院关于印发"十三五"国家战略性新兴产业发展规划的通知》	2016年11月29日	组织实施节能关键共性技术提升工程、节能装备制造工程。鼓励研发高性能建筑保温材料、光伏一体化建筑用玻璃幕墙、紧凑型户用空气源热泵装置、大功率半导体照明芯片与器件、先进高效燃气轮机发电设备、煤炭清洁高效利用技术装备、浅层地热能利用装置、蓄热式高温空气燃烧装置等一批高效节能设备(产品)及其关键零部件
《国务院关于印发"十三五"生态环境保护规划的通知》	2016年11月24日	实施重点生态环保科技专项。继续实施水体污染控制与治理国家科技重大专项,实施大气污染成因与控制技术研究、典型脆弱生态修复与保护研究、煤炭清洁高效利用和新型节能技术研发、农业面源和重金属污染农田综合防治与修复技术研发、海洋环境安全保障等重点研发计划专项

(续表)

名称	发布日期	相关内容
《国务院关于印发"十三五"控制温室气体排放工作方案的通知》	2016年10月27日	优化利用化石能源。控制煤炭消费总量,2020年控制在42亿吨左右。推动雾霾严重地区和城市在2017年后继续实现煤炭消费负增长。加强煤炭清洁高效利用,大幅削减散煤利用
《国务院关于印发"十三五"国家科技创新规划的通知》	2016年7月28日	面向2030年,再选择一批体现国家战略意图的重大科技项目,力争有所突破。从更长远的战略需求出发,坚持有所为、有所不为,力争在煤炭清洁高效利用、智能电网、天地一体化信息网络、大数据、智能制造和机器人、重点新材料研发及应用、京津冀环境综合治理、健康保障等重点方向率先突破
《国务院关于2015年度环境状况和环境保护目标完成情况的报告》	2016年4月25日	推进煤炭清洁高效利用,京津冀等重点区域实现煤炭消费负增长。出台关于重点产业布局调整和产业转移的指导意见,引导相关产业向适宜开发区域集聚
《国务院关于落实〈政府工作报告〉重点工作部门分工的意见》	2016年3月25日	加强煤炭清洁高效利用,减少散煤使用,推进以电代煤、以气代煤。全面实施燃煤电厂超低排放和节能改造。加快淘汰不符合强制性标准的燃煤锅炉
《国务院办公厅关于印发国家标准化体系建设发展规划(2016—2021年)的通知》	2015年12月17日	研制煤炭清洁高效利用、石油高效与清洁转化、天然气与煤层气加工技术等标准
《国务院关于研究处理大气污染防治法执法检查报告及审议意见情况的反馈报告》	2015年6月29日	加大高瓦斯矿井淘汰力度,2015年关闭1 000处小煤矿。严格实施重点区域煤炭消费总量控制和预警,提高生产、销售和使用环节商品煤质量,实施工业领域煤炭清洁高效利用行动计划
《国务院关于落实〈政府工作报告〉重点工作部门分工的意见》	2015年3月25日	深入实施大气污染防治行动计划,实行区域联防联控,加强煤炭清洁高效利用,推动燃煤电厂超低排放改造,促进重点区域煤炭消费零增长
《国务院办公厅关于加强节能标准化工作的意见》	2015年3月24日	在能源领域,重点制定煤炭清洁高效利用相关技术标准,加强天然气、新能源、可再生能源标准制修订工作
《国务院办公厅关于印发能源发展战略行动计划(2014—2021年)的通知》	2014年6月7日	提高煤炭清洁利用水平。制定和实施煤炭清洁高效利用规划,积极推进煤炭分级分质梯级利用,加大煤炭洗选比重,鼓励煤矸石等低热值煤和劣质煤就地清洁转化利用。建立健全煤炭质量管理体系,加强对煤炭开发、加工转化和使用过程的监督管理。加强进口煤炭质量监管。大幅减少煤炭分散直接燃烧,鼓励农村地区使用洁净煤和型煤

(续表)

名称	发布日期	相关内容
《国务院办公厅关于印发2014—2016年节能减排低碳发展行动方案的通知》	2014年5月15日	加快推进煤炭清洁高效利用,在大气污染防治重点区域地级以上城市大力推广使用型煤、清洁优质煤及清洁能源,限制销售灰分高于16%、硫分高于1%的散煤
《国务院关于印发"十二五"控制温室气体排放工作方案的通知》	2011年12月1日	统筹技术研发和项目建设,在重点行业和重点领域实施低碳技术创新及产业化示范工程,重点发展经济适用的低碳建材、低碳交通、绿色照明、煤炭清洁高效利用等低碳技术
《工业和信息化部、发展改革委、科技部等关于加强长江经济带工业绿色发展的指导意见》	2017年6月30日	推动长江经济带煤炭消耗量大的城市实施煤炭清洁高效利用行动计划,以焦化、煤化工、工业锅炉、工业炉窑等领域为重点,提升技术装备水平、优化产品结构、加强产业融合,综合提升区域煤炭高效清洁利用水平,实现减煤、控煤、防治大气污染
《中国人民银行、发展改革委、财政部等关于印发〈新疆维吾尔自治区哈密市、昌吉州和克拉玛依市建设绿色金融改革创新试验区总体方案〉的通知》	2017年6月23日	优先将试验区风光电、煤炭清洁高效利用、高能效输变电系统、天然气储运及利用、工业企业节能减排改造、绿色矿山建设、清洁能源推广、绿色农业等项目纳入绿色项目库,定期开展遴选、认定和推荐
《科学技术部、教育部、中国科学院、国家自然科学基金委员会关于印发"十三五"国家基础研究专项规划的通知》	2017年5月31日	在节能环保和新能源方面,围绕煤炭清洁高效利用和新型节能技术、可再生能源与氢能、先进核能与核安全、智能电网、深层油气勘探开发、能源基元与催化,加强碳基能源清洁转化、源网荷协同机制、深层油气成藏机理和生态监测预警等基础研究的支撑引领
《科技部、发展改革委、教育部等关于印发"十三五"国家技术创新工程规划的通知》	2017年4月24日	重大关键领域:涉及国家产业安全和重大利益,关系国计民生和产业命脉的"卡脖子"领域,包括煤炭清洁高效利用、油气勘探与开发、现代农业、环境综合治理、深海装备等
《国家标准委关于印发〈国家技术标准创新基地建设总体规划(2017—2021年)〉的通知》	2017年4月10日	重点在高效智能电力系统、煤炭清洁高效利用、可再生能源、核电、非常规油气、能源输送通道、能源储备设施、能源关键技术装备等领域布局创新基地
《国家能源局关于印发2018年能源工作指导意见的通知》	2017年2月10日	煤电超低排放和节能改造:继续深入推进改造工作,年内计划完成超低排放改造规模8 000万千瓦,完成节能改造规模6 000万千瓦。煤炭深加工。扎实推进已开工示范项目建设,有序推进具备条件项目的核准建设

(续表)

名称	发布日期	相关内容
《质检总局办公厅关于报送化解钢铁煤炭行业过剩产能专项督查自查报告的函》	2016年9月22日	在煤炭领域继续加强煤炭行业化解产能过剩相关重要标准的研制。下达《车用煤制合成天然气》等国家标准研制计划,推动煤炭清洁高效利用
《国家发展改革委办公厅关于开展2016年度煤炭消费减量替代工作检查的通知》	2016年8月12日	煤炭消费减量措施落实情况,包括淘汰落后产能、节能重点工程、燃煤锅炉节能环保综合提升工程、"煤改气、煤改电"项目、煤炭清洁高效利用改造项目以及其他减量措施的实施情况等
《国家发展改革委办公厅、工业和信息化部办公厅、财政部办公厅等关于做好2017年度煤炭消费减量替代有关工作的通知》	2016年7月11日	促进煤炭高效清洁利用;强化燃煤锅炉整治、农村散煤治理;推进"煤改气、煤改电",大力发展可再生能源,大幅削减散煤使用;推进用能预算管理体系建设,推动用能用煤管理精细化、科学化,实现用能用煤的高效配置
《工业和信息化部关于印发〈工业绿色发展规划(2016—2021年)〉的通知》	2016年6月30日	实施煤炭清洁高效利用行动计划,在焦化、煤化工、工业锅炉、窑炉等重点用煤领域,推进煤炭清洁、高效、分质利用
《国家发展改革委印发〈关于发展煤电联营的指导意见〉的通知》	2016年4月17日	四是继续发展低热值煤发电一体化。发挥低热值煤发电在推进煤炭清洁高效利用和构建矿区循环经济体系中的积极作用
《2016年工业节能与综合利用工作要点》	2016年3月10日	推动煤炭清洁高效利用。实施煤炭清洁高效利用行动计划,在工业绿色发展试点城市及京津冀等重点地区选择部分煤炭消费量大的城市开展煤炭清洁高效利用试点,支持燃煤工业锅炉、工业窑炉等节能环保改造和产业化示范,综合提升区域煤炭清洁高效利用水平
《国家发展改革委、环境保护部、国家能源局关于实行燃煤电厂超低排放电价支持政策有关问题的通知》	2015年12月2日	推进煤炭清洁高效利用,促进节能减排和大气污染治理,决定对燃煤电厂超低排放实行电价支持政策
《工业和信息化部办公厅、国家开发银行办公厅关于推荐2015—2016年工业节能与绿色发展重点项目的通知》	2015年8月26日	支持工业企业应用先进适用、经济合理、节能减排潜力大的煤炭清洁高效利用技术;支持高效窑炉、工业锅炉、现代煤化工、焦化等先进煤炭高效清洁利用技术装备产业化工程

(续表)

名称	发布日期	相关内容
《国家能源局关于印发〈煤炭清洁高效利用行动计划（2015—2021年）〉的通知》	2015年4月27日	加强煤炭质量管理，加快先进的煤炭优质化加工、燃煤发电技术装备攻关及产业化应用，稳步推进相关产业升级示范，建立政策引导与市场推动相结合的煤炭清洁高效利用推进机制，构建清洁、高效、低碳、安全、可持续的现代煤炭清洁利用体系
《2015年工业节能与综合利用工作要点》	2015年3月4日	推动重点行业清洁生产和结构优化，减少大气污染物排放。实施《工业领域煤炭清洁高效利用行动计划》，推动焦化、煤化工等重点行业及工业炉窑（锅炉）设备煤炭清洁高效利用
《工业和信息化部关于印发〈2015年工业绿色发展专项行动实施方案〉的通知》	2015年2月27日	提升重点区域重点行业煤炭清洁高效利用水平，到2015年年底，减少煤炭消耗400万吨以上。指导京津冀及周边地区、长三角等重点工业企业实施清洁生产技术改造，预计全年削减二氧化硫7万吨、氮氧化物6万吨、工业烟（粉）尘4万吨、挥发性有机物2万吨
《国家能源局关于促进煤炭工业科学发展的指导意见》	2015年2月4日	推进煤炭清洁高效利用，严格执行《商品煤质量管理暂行办法》，研究建立商品煤质量标准体系及配套政策，提高煤炭质量和利用效率。加快建设煤炭洗选设施，大型煤矿应配套建设选煤厂，小型煤矿集中矿区建设群矿选煤厂，提高原煤入洗率和商品煤质量。有序开展煤炭加工转化为清洁能源产品项目的示范工作，抓紧建立项目示范工程标准体系。鼓励建设煤炭分级分质梯级利用示范项目
《2014年工业节能与综合利用工作要点》	2014年	开展高效清洁用煤重点技术试点示范和推广应用。组织筛选一批推广潜力大、节煤效果好、污染物排放少的高效清洁用煤工艺技术。在重点行业、重点地区开展焦化、煤化工、工业窑炉、锅炉清洁化高效用煤技术试点示范工程建设，推进煤炭清洁高效利用，减少煤炭使用量和大气污染物排放量
《国家能源局、环境保护部、工业和信息化部关于促进煤炭安全绿色开发和清洁高效利用的意见》	2014年12月26日	到2020年，煤炭清洁高效利用水平显著提高，燃煤发电技术和单位供电煤耗达到世界先进水平，电煤占煤炭消费比重提高到60%以上

(续表)

名称	发布日期	相关内容
《国家发展改革委、国家能源局、国家环境保护部关于印发能源行业加强大气污染防治工作方案的通知》	2014年3月24日	依托重大能源项目建设,加大煤炭清洁高效利用、先进发电、分布式能源、节能减排与污染控制等重点领域的创新投入,重点支持煤炭洗选加工、煤气化、合成燃料、整体煤气化联合循环(IGCC)、先进燃烧等大气污染防治关键技术的研发和产业化
《国家发展改革委、建设部关于印发〈热电联产和煤矸石综合利用发电项目建设管理暂行规定〉的通知》	2007年1月17日	国家采取多种措施,大力发展煤炭清洁高效利用技术,积极探索应用高效清洁热电联产技术,重点开发整体煤气化联合循环发电等煤炭气化、供热(制冷)、发电多联产技术

附件二 我国煤化工相关政策一览

1. 煤炭法

我国《煤炭法》共经历五次修订,其中关于煤化工的法律条文内容均无变化:"国家提倡和支持煤矿企业和其他企业发展煤电联产、炼焦、煤化工、煤建材等,进行煤炭的深加工和精加工。"

2. 工作文件

文件名称	发布日期	相关内容
《第十二届全国人民代表大会第四次会议关于2015年国民经济和社会发展计划执行情况与2016年国民经济和社会发展计划的决议》	2016年3月16日	四是增强制造业核心竞争力。深入实施"中国制造2025"。推动轨道交通、新能源汽车、医药、石化、煤化工、食品等产业健康发展
《全国人大常委会关于批准2012年中央决算的决议》	2013年6月29日	部分企业投资管理不规范,创新机制尚不完善。目前,对国有企业的考核监管偏重于资产增值和收入利润等,一些企业盲目跟风投资多晶硅、风电、煤化工等项目,有的片面追求做大,投资管理不够规范,审计发现45个建设项目未经国家有关部门核准就先行建设,截至2011年年底实际完成投资583.37亿元
《第十一届全国人民代表大会第三次会议关于2009年国民经济和社会发展计划执行情况与2010年国民经济和社会发展计划的决议》	2010年3月14日	产能过剩行业调整工作稳步推进。制定并组织实施了《抑制部分行业产能过剩和重复建设引导产业健康发展的若干意见》,提出了促进钢铁、水泥、平板玻璃、煤化工等行业健康发展的主要原则和政策措施
《中华人民共和国国民经济和社会发展第十一个五年规划纲要》	2006年3月14日	发展煤化工,开发煤基液体燃料,有序推进煤炭液化示范工程建设,促进煤炭深度加工转化

(续表)

文件名称	发布日期	相关内容
《中华人民共和国国民经济和社会发展"九五"计划和2010年远景目标纲要》	1996年3月17日	大力发展煤化工、天然气化工、支农化工和精细化工,抓好基本化工的技术改造
《中华人民共和国国民经济和社会发展十年规划和第八个五年计划纲要》	1991年4月9日	原材料技术,主要是大品种化工催化剂的国产化,煤化工技术,氧煤强化冶炼技术,有色金属节能和综合利用技术,建材工业的节能技术和耐火材料制造技术等

3. 行政法规

文件名称	发布日期	相关内容
《国务院办公厅关于印发安全生产"十三五"规划的通知》	2017年1月12日	煤矿、非煤矿山、危险化学品、金属冶炼、新型煤化工、高铁运输、城市轨道交通、海洋石油等方面的安全生产标准
《国务院关于发布政府核准的投资项目目录(2016年本)的通知》	2016年12月12日	新建煤制烯烃、新建煤制对二甲苯(PX)项目,由省级政府按照国家批准的相关规划核准。新建年产超过100万吨的煤制甲醇项目,由省级政府核准。其余项目禁止建设
《国务院关于印发"十三五"生态环境保护规划的通知》	2016年11月24日	黄河流域重点控制煤化工、石化企业排放,持续改善汾河、涑水河、总排干、大黑河、乌梁素海、湟水河等支流水质……开展石化企业挥发性有机物治理,实施有机化工园区、医药化工园区及煤化工基地挥发性有机物综合整治,推进加油站、油罐车、储油库油气回收及综合治理
《国务院关于印发"十三五"控制温室气体排放工作方案的通知》	2016年10月27日	在煤基行业和油气开采行业开展碳捕集、利用和封存的规模化产业示范,控制煤化工等行业碳排放
《国务院关于印发"十三五"国家科技创新规划的通知》	2016年7月28日	加快煤炭绿色开发、煤炭高效发电、煤炭清洁转化、煤炭污染控制、碳捕集利用与封存等核心关键技术研发,……煤炭污染控制、碳捕集利用与封存等核心关键技术研发,示范推广一批先进适用技术,燃煤发电及超低排放技术实现整体领先,现代煤化工和多联产技术实现重大突破
《国务院办公厅关于石化产业调结构促转型增效益的指导意见》	2016年7月23日	在中西部符合资源环境条件的地区,结合大型煤炭基地开发,按照环境准入条件要求,有序发展现代煤化工产业

(续表)

文件名称	发布日期	相关内容
《国务院关于煤炭行业化解过剩产能实现脱困发展的意见》	2016年2月1日	促进行业调整转型。加快研究制定商品煤系列标准和煤炭清洁利用标准。鼓励发展煤炭洗选加工转化,提高产品附加值;按照《现代煤化工建设项目环境准入条件(试行)》,有序发展现代煤化工。鼓励利用废弃的煤矿工业广场及其周边地区,发展风电、光伏发电和现代农业
《国务院关于推进国际产能和装备制造合作的指导意见》	2015年5月13日	加强境外资源开发,推动化工重点领域境外投资。充分发挥国内技术和产能优势,在市场需求大、资源条件好的发展中国家,加强资源开发和产业投资,建设石化、化肥、农药、轮胎、煤化工等生产线
《国务院关于深化行政审批制度改革加快政府职能转变工作情况的报告》	2014年8月27日	认真履行宏观管理职能,促进经济社会持续健康发展。发布了首批鼓励社会投资的80个示范项目,涵盖了交通基础设施、新一代信息基础设施、清洁能源工程、油气管网及储气设施、现代煤化工和石化产业基地等方面
《国务院关于近期支持东北振兴若干重大政策举措的意见》	2014年8月8日	促进资源型城市可持续发展。在东北地区启动资源型城市可持续发展试点,健全资源开发补偿机制和利益分配共享机制。以黑龙江省鸡西、双鸭山、鹤岗、七台河四大煤城为重点,研究布局若干现代煤化工及精深加工项目,实施资源型城市产业转型攻坚行动计划
《国务院关于印发全国资源型城市可持续发展规划(2013—2020年)的通知》	2013年11月12日	支持资源优势向经济优势转化,有序推进资源产业向下游延伸,大力发展循环经济。推动石油炼化一体化、煤电化一体化发展,有序发展现代煤化工,提高钢铁、有色金属深加工水平,发展绿色节能、高附加值的新型建材
《国务院关于印发循环经济发展战略及近期行动计划的通知》	2013年1月23日	推进节能降耗。煤化工行业鼓励再生水、矿井水利用及余热回收发电。推动"三废"资源化利用。煤化工行业重点推进废渣用于生产水泥等建材产品,推广煤制烯烃水循环利用、碎粉加压气化含酚废水治理、中水回用、高浓盐水处理、低温余热利用、高温气体热利用等技术
《国务院关于印发"十二五"国家自主创新能力建设规划的通知》	2013年1月15日	推进能源产业和综合交通运输绿色发展。加快形成和提升新型煤化工、油气勘探、农村水电开发等重大节能减排技术创新能力,研究推广动力煤配制新技术,加强电力需求侧管理技术、电网资源优化技术等开发与推广能力,提高资源综合开发利用水平

(续表)

文件名称	发布日期	相关内容
《国务院关于印发工业转型升级规划(2011—2015年)的通知》	2011年12月30日	在传统煤化工领域,不再审批单纯扩能的焦炭、电石项目,结合淘汰落后产能,对合成氨和甲醇等通过上大压小、产能置换等方式提高竞争力。在现代煤化工领域,加强统筹规划,严格行业准入,在煤炭资源和水资源丰富、环境容量较大的地区有序推进煤制烯烃产业化项目,鼓励产业链延伸,积极发展高端产品;支持具备条件地区适度发展煤制天然气项目,严格控制煤制油项目
《国务院关于印发国家环境保护"十二五"规划的通知》	2011年12月15日	加快其他行业脱硫脱硝步伐。加强水泥、石油石化、煤化工等行业二氧化硫和氮氧化物治理。石油石化、有色、建材等行业的工业窑炉要进行脱硫改造
《国务院关于印发"十二五"控制温室气体排放工作方案的通知》	2011年12月1日	努力增加碳汇。在火电、煤化工、水泥和钢铁行业中开展碳捕集试验项目,建设二氧化碳捕集、驱油、封存一体化示范工程
《国务院关于加强环境保护重点工作的意见》	2011年10月17日	继续加强主要污染物总量减排。对钢铁行业实行二氧化硫排放总量控制,强化水泥、石化、煤化工等行业二氧化硫和氮氧化物治理。在大气污染联防联控重点区域开展煤炭消费总量控制试点
《国务院关于印发全国主体功能区规划的通知》	2010年12月21日	统筹煤炭开采、煤电、煤化工等产业的布局,促进产业互补和产业延伸,实现区域内产业错位发展。加快城市人口的集聚,促进呼包鄂榆区域一体化发展
《国务院办公厅转发环境保护部等部门关于推进大气污染联防联控工作改善区域空气质量指导意见的通知》	2010年5月11日	提高环境准入门槛。加强区域产业发展规划环境影响评价,严格控制钢铁、水泥、平板玻璃、传统煤化工、多晶硅、电解铝、造船等产能过剩行业扩大产能项目建设
《国务院批转发展改革委等部门关于抑制部分行业产能过剩和重复建设引导产业健康发展若干意见的通知》	2009年9月26日	近年来,一些煤炭资源产地片面追求经济发展速度,不顾生态环境、水资源承载能力和现代煤化工艺技术仍处于示范阶段的现实,不注重能源转化效率和全生命周期能效评价,盲目发展煤化工。传统煤化工重复建设严重,产能过剩30%,在进口产品的冲击下,2009年上半年甲醇装置开工率只有40%左右。目前煤制油示范工程正处于试生产阶段,煤制烯烃等示范工程尚处于建设或前期工作阶段,但一些地区盲目规划现代煤化工项目,若不及时合理引导,势必出现"逢煤必化、遍地开花"的混乱局面

(续表)

文件名称	发布日期	相关内容
《国务院关于印发中国应对气候变化国家方案的通知》	2007年6月3日	大力开发煤液化以及煤气化、煤化工等转化技术,以煤气化为基础的多联产系统技术、二氧化碳捕获及利用、封存技术等
《国务院关于矿产资源合理利用、保护和管理工作的报告》	2006年12月26日	提高矿产资源生产供应能力。重点建设一批千万吨级安全高效的现代化矿井,形成一批大型煤电和煤化工基地;新建一批大中型金属、非金属骨干矿山。二是发展一批大型矿业企业
《国务院关于落实〈中华人民共和国国民经济和社会发展第十一个五年规划纲要〉主要目标和任务工作分工的通知》	2006年8月24日	大型高效清洁发电装备、超高压输变电设备、大型乙烯成套设备、大型煤化工成套设备、大型冶金设备、煤矿综合采掘设备、大型船舶装备、轨道交通装备、环保及资源综合利用装备、数控机床等自主研发和国产化
《国务院关于加快振兴装备制造业的若干意见》	2006年2月13日	进行大型煤化工成套设备的研制开发,满足我国能源结构调整的需要
《国务院关于印发〈国家中长期科学和技术发展规划纲要(2006—2020年)〉的通知》	2005年12月26日	大力开发煤液化以及煤气化、煤化工等转化技术,以煤气化为基础的多联产系统技术,燃煤污染物综合控制和利用的技术与装备等

附件三 美国煤炭清洁化利用政策

法律名称	目的
《低碳经济法案》	走绿色经济的发展道路
《美国绿色能源与安全保障法案》	美国向绿色经济转型的法律框架,主要包括使用绿色能源、提高能源效率、温室气体减排、向绿色经济转型四个基本部分
《美国清洁能源和安全法案》	主要为了应对气候变化,不仅设定了美国对温室气体减排的时间表和计划表,还引入了温室气体排放权配额与相应的交易机制
《清洁电厂最终规定》	为现有化石能源燃料发电机组的二氧化碳排放制定了碳排放的标准
Vision 21 计划	为了实现燃煤效率最大化及污染物和二氧化碳的近零排放
洁净煤发电计划	促进高效、先进的清洁煤发电技术在美国电厂的应用,加快清洁煤技术的商业化
未来发电计划	建造燃煤零污染排放电厂

附件四　日本环境影响评价相关法律法规

法律名称	颁布日期
《环境影响评价实施纲要》	昭和60年10月25日
《环境影响评价实施纲要的手续等必要共通事项》	昭和59年11月21日
《关于环境影响评价实施纲要的运用》	昭和61年3月26日
《与环境影响评价相关的调查、预测及评价的基本事项》	昭和59年11月27日
《环境影响评价法》	平成9年6月13日
《环境影响评价法施行规则》	平成10年6月12日
《环境影响评价法施行令》	平成9年12月3日
《有关环境影响评价法施行令的部分修正》	平成10年8月31日
《有关环境影响评价法第7章第1节都市计划规定的对象事业的特例施行》	平成10年1月27日
《有关公害防止事业团体的环境影响评价技术指针》	昭和60年8月30日
《公害防止事业团体的环境影响评价实施要领有关事务的实施关键》	昭和60年10月30日
《有关公害防止事业团体相关的环境影响评价的实施》	昭和60年4月20日

煤矿塌陷区建筑物赔偿及资源税缴纳问题探析

撰写高校：北京理工大学
指导教师：龚向前、张晏
撰 写 人：穆梦晓、尚婧雯、张萌

我国是煤炭资源丰富的产煤大国。但在我国,煤炭的开采条件较差,煤层埋藏较深,适合进行露天开采的煤炭储量极少,大多数煤炭资源都需要进行地下开采。地下开采对于技术的要求相对较高,因技术或其他原因造成的不当开采都会产生生态破坏、环境污染等问题。其中,煤矿塌陷就是因技术不完善造成的,而且煤矿塌陷会造成周边居民环境变化、生活成本增加。塌陷土地上建筑物的拆迁补偿问题是煤炭企业和塌陷区居民共同面临的一个难题,而煤炭企业每年在拆迁安置中协商、沟通以及因协商不成而进行诉讼的过程中付出了很大的成本。本次调研正是基于这一现状,旨在针对煤矿塌陷区土地建筑物的赔偿问题以及煤矿企业资源税缴纳问题进行了探析。

我们采取的调研方法包括实地调研法、文献研究法、归纳总结法、综合分析方法等。在上述四种方法的基础上,我们提出了治理煤矿塌陷区建筑物补偿的解决方法,以期为企业的发展、企业与当地居民的关系以及矿地规划提供有益的借鉴。

一、煤矿塌陷区复垦概况和问题探究

(一)煤矿塌陷、复垦概念解析

1. 煤矿塌陷区的概念

矿产资源的开采会破坏开采区域及其周围岩石的原始受力平衡,在达到新受力平衡的过程中,岩层和地表会产生连续的移动、变形和非连续的破坏,这种现象称为开采塌陷。因此,煤矿塌陷区可以概括地理解为,在煤矿开采过程中,因采空区及其周围岩石的原始受力平衡状态被破坏导致的地面塌陷地域。

2. 煤矿塌陷区产生的影响

大面积煤矿塌陷区的形成会使其地表上的耕地变为洼地和坡滩地,使周边植被遭

到极大破坏,并严重毁坏矿区生态景观和矿区生态环境。同时,矿井水的污染会导致附近的土壤盐碱化或沙化,使相当数量的土地变为荒废地。此外,煤矿塌陷区还会损害居民房屋,造成许多农用基础水利设施和公益设施毁坏,甚至造成严重的地质灾害。特别是在道路、桥梁、住宅之下所形成的采空区,一旦塌陷,将会对附近居民的生命安全产生极大的危害。

3. 煤矿塌陷区复垦的概念及方法

土地复垦是指对因煤矿开采而损毁的土地采取整治措施,使其达到可供利用状态的活动。所谓可供利用的状态包括复垦为耕地、鱼塘,或建成湿地公园、商业用地等多种用途。土地复垦方法包括充填复垦和非充填复垦等,其中,充填复垦所使用的填充物主要有煤矸石、粉煤灰等物质;非充填复垦方法包括挖深垫浅法、疏排法等。江苏省内的九龙湖湿地公园、潘安湖湿地公园等均是煤矿采空塌陷区复垦的成功案例。

(二) 我国塌陷区治理发展历程[①]

1. 初期

我国煤炭资源主要是储存在地下深层岩石中。20世纪50～80年代,我国煤机制造企业发展缓慢、技术水平较低且产品单一。因此,受技术影响,我国最初的采煤过程只是对煤矿进行开采而没有对矿井进行回填,从而导致地表塌陷。自20世纪60年代起,一些科研单位和矿业企业开始自发地进行矿区土地复垦和生态恢复工作。20世纪80年代以后,随着人们生态和环境意识的增强,我国矿区的土地复垦和生态重建工作真正受到了重视,土地复垦从自发、零散的状态进入到有目的、有组织、有计划、有步骤的科学复垦阶段。

2. 发展期

20世纪80年代末期,我国开始了关于煤矿塌陷区的研究及综合治理工作。1988年10月21日,国务院第二十二次常务会议通过了《土地复垦规定》,并规定自1989年1月1日起生效及实施,这标志着我国土地复垦和生态恢复工作步入了法制的轨道。《土地复垦规定》的出台,为矿区土地复垦、生态恢复、土地再利用、开发利用提供了法律保障。进入20世纪90年代,我国开始进行大面积的土地复垦试验及推广工作,在全国先后建立了12个土地复垦试验示范点。

3. 成熟期

进入21世纪以后,随着人们环保意识的增强和科学技术的发展进步,我国更加注

---

① 姚起.煤矿塌陷地开发利用研究[D].泰安:山东农业大学,2015.

重对煤炭资源进行合理、环保地开采,以及在开采后采取回填的方式减少矿区塌陷地的形成,并对已经形成的塌陷地区进行合理规划和综合生态治理。2011年,《土地复垦条例》通过,《土地复垦规定》废止。

(三)我国煤矿塌陷区治理中的问题

采矿塌陷区的土地复垦长期以来都是一个制约社会经济和谐发展的难题。面对这一难题,不少地方积极采取各种措施,不断加大采矿塌陷区的土地复垦工作力度,取得了良好的社会效益,也积累了宝贵的经验。

但同时,煤炭给矿区附近的村民生活带来的危害及企业与村民的矛盾也日趋凸显。我们在调研中发现,在矿区土地形成采煤塌陷区后,村民普遍不愿意让企业复垦,而希望采取自行修复并且直接拿补偿费的方法。但企业不愿意接受这种情况,在企业看来,企业进行复垦工作的成本远小于村民索要赔偿的金额,并且企业复垦后的土地虽然无法达到原有耕作地的性质但能够保证土地的使用,符合法律规定的"可利用状态",而村民索要赔偿后几乎不对土地进行复垦,导致土地状况越来越差,甚至成为荒地。此外,因煤炭开采过程导致地面塌陷而对周边村民的建筑物产生危害情况,也经常会造成企业和村民之间的矛盾和纠纷。

结合上述煤矿塌陷区治理中的问题,本调研报告对煤矿塌陷区建筑物的赔偿问题进行了探讨,并以案例形式对此问题的解决提出了一些建议。

二、煤矿塌陷区建筑物的赔偿问题

(一)煤矿塌陷区新建建筑赔偿问题产生的原因

我们在调研过程中了解到,企业常常需要支付巨额的、无理的赔偿款。溯其缘由,负责人讲述了这样的情况:煤矿开采造成土地塌陷或者土地不再适宜恢复到未开采前可利用状态时,村民会通过上访、闹事等方式,向企业索要巨额赔偿,数额有时甚至高达数百万元。政府通常考虑到地方的稳定,同时为了照顾村民的情绪,会在村民和企业之间进行协商赔偿。

村民们认为,依据我国《矿产资源法》的规定,"开采矿产资源给他人生产、生活造成损失的,应当负责赔偿,并采取必要的补救措施",他们应该得到相应的赔偿。但企业认为,在矿区前期征地时已对村民进行过拆迁安置补偿,而且自己的采矿权受到国家保护,任何人不应妨碍采矿工作的进行,企业不应承担任何赔偿责任。此外,有的村民在煤矿还未开采的土地上新建厂房、鱼塘等建筑物进行经营,在煤矿开采形成地面塌陷后又以自己的经营被企业的采煤行为破坏为由向企业要求赔偿。基于以上各种情形,进而出现了前述政府在村民和企业之间调解的情况。

(二) 煤矿塌陷区新建建筑物"赔偿"的案例

【案例一】 2014年,原告薛某起诉称,他于1999年在其居住地某村建了一座占地面积360平方米、实际养鱼面积300平方米的鳝鱼养殖池,该养殖池年均纯收入14 480元。2006年,因被告某煤矿公司采煤造成养殖池池壁开裂漏水无法继续经营,导致原告薛某的经济损失达130 320元。原告薛某多次找村委会及被告某煤矿公司,但都没有解决此事。原告请求法院判令被告某煤矿公司赔偿原告经济损失130 320元,并给原告建同样规格的养殖池一座。被告辩称,被告于1993年取得采矿许可证,有效期是80年,涉案的养殖池在被告的采矿范围内,根据法律规定,原告修建养殖池的行为不具有合法性。另外,被告主张,根据原告的陈述,原告的养殖池于2006年绝产,但是原告于2014年诉讼,已经超过诉讼时效。经法院审理查明,被告于1993年6月10日取得的采矿许可证有效期为80年,其开工日期为1979年12月,原告建设的养殖池位于被告开采范围内,而且原告与被告所在的村委会签订了《折迁人口补偿协议》。因此,一审法院根据《煤炭法》第六十二条第二款"在煤矿矿区范围内需要建设公用工程或者其他工程的,有关单位应当事先与煤矿企业协商并达成协议后,方可施工"的规定,判决驳回了原告的诉讼请求。原告不服上诉,认为一审法院适用法律错误,后经二审法院审理后,维持原判。①

在本案中,法院的判决依据是《煤炭法》(1996年12月1日实施),而非原告主张的《矿产资源法》(1986年10月1日生效)。上述两部法律都由全国人民代表大会常务委员会通过,属于同一位阶的法律规范。但根据"法不溯及既往"的原则,本案适用《煤炭法》并无不妥,这也是原告薛某败诉的原因。"法不溯及既往"原则首次确立于《中华人民共和国立法法》(以下简称《立法法》)(2015年修订),是指"法律文件的规定仅适用于法律文件生效以后的事件和行为,对于法律文件生效以前的事件和行为不适用"。② 本案中原告薛某的行为发生在1999年,就时间节点来说,两部法律均有适用的可能。但法律适用原则除"法不溯及既往"原则外,仍有"新法优于旧法""特别法优于一般法"的规定。"新法优于旧法"是指在如果行为发生时有若干法律对此行为具有约束效力,那么对该行为应适用新制定的法律而应不适用旧法。"特别法优于一般法"是指多部法律对于某一行为都有规定时,根据法律是一般法还是特别法进行区分,应对该行为适用特别法中的规定。《立法法》(2015年修订)第九十二条规定:"同一机关制定的法律、行政

---

① 徐州市泉山区人民法院.薛传增与徐州矿务集团有限公司三河尖煤矿财产损害赔偿纠纷一审民事判决书[EB/OL].(2015-07-08)[2017-9-20]. http://wenshu.court.gov.cn/content/content?DocID=d9c8d70b-dfff-4b2f-b14f-694ef5accdb8.
② 曹康泰.中华人民共和国立法法释义[M].北京:中国法制出版社,2000:203.

法规、地方性法规、自治条例和单行条例、规章,特别规定与一般规定不一致的,适用特别规定;新的规定与旧的规定不一致的,适用新的规定。"也就是说,"新法优于旧法"这一规定适用于同一位阶的法律、同一机关制定的法律或同一机关就相同事项在一般法律和特殊法律中不同的规定。就本案而言,《煤炭法》和《矿产资源法》属于同一机关制定的同一位阶的法律,《煤炭法》是特别法,《矿产资源法》是一般法,而且《煤炭法》是新法,《矿产资源法》是旧法。因此,上述案例适用《煤炭法》无可厚非。

【案例二】 村民甲在已经确定为煤矿开采地并且在签署搬迁协议、拿到安置款后,在煤矿开采地上新建厂房。之后,因煤矿开采形成该地面塌陷,甲以土地塌陷造成自己新建厂房无法进行经营为由要求煤矿开采企业进行赔偿。因为有[案例一]的存在,村民甲没有向司法机关起诉,而是寻找当地政府。政府为了当地经济稳定发展,遂找采矿企业协商,希望企业拿出一些钱给甲进行赔偿。但企业也因为有[案例一]的判例,认为自己不应负有任何责任,所以不希望进行赔偿。此外,企业担心如果对村民甲进行赔偿的话,其他人会效仿,这样企业将承担没有任何依据的高额赔偿的风险。目前,这件事依旧处于僵持中,在长达几年的时间里,双方在政府的多次协调和沟通中仍然没有达成一致。

(三)针对煤矿塌陷区新建建筑物赔偿的解决方法

1. 对确定为煤矿开采区后的建筑物进行"冻结"

针对上述两个案例,我们向调研企业建议,在签署拆迁协议之前对煤矿区土地上的建筑物进行"冻结",对于确定为煤矿开采区土地上的新建建筑物不予补偿。所谓拆迁冻结是指拆迁之前对拆迁区域内的房产进行评估以便对业主给出相应的补偿或者安置方案,在这个期限之内禁止房产持有人变更房产的面积以及归属,禁止人口迁入该房产。我国《国有土地上房屋征收与补偿条例》第十六条第一款规定:"房屋征收范围确定后,不得在房屋征收范围内实施新建、扩建、改建房屋和改变房屋用途等不当增加补偿费用的行为;违反规定实施的,不予补偿。"也就是说,在法律层面上已经存在征收范围内新建建筑物不予补偿的规定。关于煤矿开采土地是否属于征收这个问题,笔者的意见是属于征收。因为征收是指征收主体国家基于公共利益需要,以行政权取得集体、个人财产所有权并给予适当补偿的行政行为,而煤炭是我国的基础能源,采煤行为涉及国家能源安全和社会发展。因此,为了经济生产和当地居民的安全,对涉及地区进行拆迁安置适用上述规定是合理的。此外,拆迁协议作为协议的一种,本质是双方当事人真实意思的表示,其拆迁的主体应该是完全民事主体,即便是不完全民事主体也应该就该签订行为得到其监护人的认可,双方对于拆迁协议都应该承担各自的义务;而村民在签订拆迁协议后的新建建筑物行为违反了拆迁协议,也违反了民法的诚实信用原则。单就这一点来说,村民的行为是故意的,其目的或许就是在采煤形成塌陷区以后向企业要求"赔偿"。因此,在确定为煤矿开采地区后,应对涉及地区的房屋进行"冻结",这一措施对于企业和其他人的产权、赔偿纠纷都是必要的。

2. 确保企业的诉讼权

针对上述两个案例,我们不难发现,确保企业诉讼权,尤其是针对在确定为煤矿开采地上新建建筑物索要赔偿的诉讼权,是十分重要的。

企业在没有违法的情况下,采矿地村民对新建建筑物索要赔偿,企业是具有诉讼权的。《中华人民共和国物权法》中有房屋所有权权利人请求排除妨害的规定,物权包括占有、使用、收益、处分的权能,因煤矿企业的开采是经行政审批并获取开采许可证的,从这个层面上讲煤矿区土地的使用权是归于煤矿企业的,故企业具有排除妨害的请求权。《煤炭法》第四十八条规定:"任何单位或者个人不得危害煤矿矿区的电力、通讯、水源、交通及其他生产设施。禁止任何单位和个人扰乱煤矿矿区的生产秩序和工作秩序。"第五十条规定:"未经煤矿企业同意,任何单位或者个人不得在煤矿企业依法取得土地使用权的有效期间内在该土地上种植、养殖、取土或者修建建筑物、构筑物。"由此可见,上述法律条款都明确规定要保障煤矿开采生产的顺利进行。结合我国诉讼法,煤矿企业是享有诉讼权的。在符合法律的条件下,企业具有很大胜诉的可能。我们在此处提及的企业诉讼权是指针对村民去政府机关上访情况下的诉讼权,因为村民上访的后果往往是一些地方政府为了社会稳定建议企业拿一些赔偿金解决事情。此时,如果企业不情愿而是碍于地方政府的压力不得不息事宁人,那么企业依旧保持自己的诉讼权利显得尤为重要。企业和村民对于煤矿区土地上新建建筑物的赔偿纠纷不涉及公权力机关,双方都是民事法律主体,应该由民事法律和民事诉讼法律进行调整。因此,针对政府在中间调解的情况,更应该突出企业的诉讼权。如果存在政府施压甚至胁迫的情况,企业可以通过行使诉讼权来保障自身的利益。

三、跨省煤矿资源税缴纳之难题

(一)跨省煤矿资源税缴纳存在的基本问题

我国煤炭资源丰富,全国大部分省区均有煤炭资源,而且跨省市的煤矿也不在少数,由此便衍生了位于多省交界处的煤矿在开发过程中所遇到的问题。其中,资源税的缴纳便是一大难题。我们本次调研企业下属的某煤矿就属于地跨两省的跨省煤矿,其在煤炭实际开采利用过程中便遇到了资源税缴纳方面的问题。

自2014年以来,尤其是2016年7月开始,考虑到煤炭企业的税负过重,同时也为了理顺资源税费关系,国家税务总局发文在资源税改革的同时,将矿产资源补偿费降为零,停征了价格调节基金、煤炭可持续发展基金等,全面清理涉煤收费基金,减轻了企业的负担。但在实际操作中,由于各省市的涉煤税收政策各不相同,而且国家层面也没有采用全国统一的清费或计税方案,因此涉煤收费基金在全国范围内仍旧没有得到完全清理,煤炭资源税在各省市的缴纳情况也各不相同。[1]

征收煤炭资源税是为了将煤炭企业因其所享受的丰富资源条件而产生的超额收益转为国有,体现资源所有权权益,合理调节由于资源条件差异而形成的级差收益,促进矿产资源的合理开发,营造公平竞争的生产经营环境。其政策本身具有提高资源利用率、促进减排和保护环境的功能,是我国在资源环境领域所发展的重要制度。国家税务总局在2015年7月1日发布的《煤炭资源税征收管理办法(试行)》规定,纳税人煤炭开采地与洗选、核算地不在同一行政区域(县级以上)的,煤炭资源税在煤炭开采地缴纳。调研煤炭企业的煤炭开采地点位于某省境内,但其所开采的煤炭资源实际所在地却有一部分位于邻省的行政区域内,由此便产生了在税费上的纠纷问题。按照国家税务总局的规定,企业的资源税应向煤炭开采地税务局缴纳,但在实际操作中,邻省却因相应的煤炭资源位于其行政区划地内而在煤炭开采、运输等多个方面对煤炭企业设置了一些本不应有的收费障碍,加收多种不合理的涉煤收费基金,甚至根据煤炭质量设置相应路段的过路费等,加重了煤炭企业的税费负担,同时也违背了国家资源税改革的原意和目的。

(二)跨省煤矿资源税缴纳难题之对策

结合当前跨省煤矿在资源税缴纳方面遇到的各种问题,进行有针对性的对策分析势在必行。只有通过进一步的整改和规范,才能理顺煤炭企业的税费关系,更好地促进煤矿产业的发展。

1. 对多种矿产资源税费进行合并调整

将涉及矿产资源税费的多项收费和基金统一为一项资源税,从价计征,这也是资源税改革的必然要求,相应税费由中央、地方进行合理分成,尤其是对于跨省煤矿而言,要明确相邻两省之间的税收分工关系,进一步加强对税收方面的监督和管理,避免重复收费和乱收费现象。

2. 进一步探索和完善具有煤炭特色的税费制度

煤炭作为我国重要的能源储备,是保证能源安全的重要环节。关乎煤炭的方方面面都与国计民生密切相关,有关煤炭企业的税费也不例外。当前,与煤炭企业相关的税费种类多样且复杂,更存在着多项重复收费的现象。因此,相关部门应结合煤炭行业的

---

[1] 侯运炳,樊静丽,夏兴.煤炭资源税改革新进展分析[J].煤炭工程,2017(02).

特点,建立和完善具有煤炭特色的税费制度,并要进一步完善环保收费制度,遏制煤炭企业对环境的污染和破坏。

3. 加强煤炭资源税用途的监督机制

煤炭资源税费应当切实用于煤矿安全保障、生态环境可持续发展等方面,做到专款专用,不可任意挪用、滥用。相关部门应采取有效措施,切实防止和惩处对资金的滥用行为。

4. 切实稳定煤炭产区的经济发展水平

对于各个省市而言,其所拥有的煤炭资源在本省市经济发展中均具有重要地位,煤炭资源税改革必然会对当地经济造成一定的影响。为了尽量减少这种影响,保持当地经济稳定,地方政府相关部门应当建立相应的预防和应对机制,进一步促进煤炭企业的健康发展。

5. 合理确定洗选煤适用的折算率

国家税务总局发文规定,计算洗选煤应纳税额时,洗选煤折算率由省、自治区、直辖市财税部门或其授权地市级财税部门确定。由此,各省市的洗选煤折算率均各不相同,但这一数据对于煤炭企业的发展而言具有相当重要的地位和作用。因此,相应的财税部门应当将煤质煤种、开采难度、开采条件等多种客观情况纳入考虑范围,确定一个对于企业和国家来说都较为合理的折算率,促进煤炭洗选率的提高,并进一步体现煤炭清洁利用和环境保护的原则。

四、结论

煤矿采空塌陷区虽然从表面看属于煤矿产业大力发展所产生的弊端之一,但其同时也蕴含着巨大的开发潜力,废弃地同样可以变成涵养水土、使百姓安身立命的宝地,不过在变废为宝的过程中需要改善相关的制度设计,平衡参与各方的利益,减少权利纠纷的产生。针对本报告着重研究的两个问题,我们认为,为了维护煤矿生产过程中企业正常的生产经营秩序,保护企业所依法享有的权利,在煤矿开采前的拆迁安置过程中要对涉矿地区的房屋建筑和青苗等植被采取"冻结"机制,避免在拆迁安置过程中出现新的权利纠纷,同时对于在这期间新建的建筑物不再予以经济赔偿。但在这个过程中也要尽量避免企业权利的过度扩张,以防其侵害涉事村民的合法权益。此外,针对跨省煤矿的资源税缴纳问题,应尽快出台更加详细的规定,统一整合各项资源税费,进一步理清税收方面的矿地关系以及相邻地区政府之间在收缴税费方面的权力界限;同时,应及时确定一个相对合理的洗选煤折算率,加强对政府收缴税费用途的监督,完善资源税征收体系,着力促进涉煤地区的经济健康发展。

参考文献

[1] 黄锡生.自然资源物权法律制度研究[M].重庆:重庆大学出版社,2012.

[2] 王清华,王彬.中国矿业权流转法律制度研究[M].北京:中国法制出版社,2013.

[3] 曹康泰.中华人民共和国立法法释义[M].北京:中国法制出版社,2000:203.

[4] 侯运炳,樊静丽,夏兴.煤炭资源税改革新进展分析[J].煤炭工程,2017(02).

[5] 姚起.煤矿塌陷地开发利用研究[D].泰安:山东农业大学,2015.

[6] 骆云中.我国现行矿业用地制度存在的问题及对策[J].资源科学,2004(03).

煤炭开发利用中环境污染问题的法律规制研究

| 撰写高校：西南科技大学
| 指导教师：崔金星
| 撰 写 人：王起、崔红宇、舒杏珍、明小兰

"富煤、缺油、少气"的能源总体特征，促使我国形成了以煤炭为主的能源消费结构。在强调加快推进技术升级，促进高技术含量、高附加值产业发展的能源革命中，煤炭开发利用带来了严重的环境污染问题，从而使煤炭行业的健康发展成为能源改革关注的重点。

本报告以煤炭企业在煤炭开发利用中产生环境污染问题的类型与成因为调查起点，系统梳理了企业防范环境污染问题的机制与制度，考察了矿区的生态修复情况，评析了企业现有纠纷解决机制和损害赔偿机制中存在的问题，并全面分析了企业在应对环境损害和进行环境损害赔偿方面的法律机制。在此基础上，本报告结合我国当前产能压缩、供给侧改革和能源结构改革的政策大背景和生态文明建设的任务、目标，提出了企业层面的改进、完善措施，以及完善相关法律机制与法律制度方面的建议。

一、调研企业在煤炭开发利用中产生的环境污染问题

我们在调研过程中经过座谈交流和实地考察了解到，调研企业在煤炭开采、运输和燃烧过程中产生的环境污染问题既涉及大气污染、水土污染和噪声污染等类型的环境污染，又包括水土资源破坏等生态破坏的情形。

（一）煤炭开采阶段的环境污染问题

首先，在采煤过程中，企业大面积挖掘土地，造成耕地毁损，导致地表塌陷，诱发水土流失、植被覆盖面减少，进而使得地貌改变，甚至可能导致地面裂缝、沉陷以及土地荒漠化。其次，在机械排土环节，被排出的矿井土将占用大量耕地，造成土地资源不能被充分利用。再次，矿区水文地质也会因煤炭开采受到影响。因为采煤过程破坏了岩水层，使地下水和地表水涌进井下，从而造成地下水水位下降和河流断流等问题。最后，在实行井下采矿工艺时，企业将不间断地抽取矿井水并向井外排放，以保证井下矿工的

人身安全,而外排的矿井水主要成分是煤粉、岩粉及泥沙,且未经处理的矿井水浓度很大,倘若排入河道将造成严重的水体污染。

(二)煤炭运输阶段的环境污染问题

煤炭开采阶段和煤炭运输阶段是煤炭开发利用过程中产生粉尘污染的主要阶段,而煤炭运输阶段产生的粉尘污染最为严重。在该过程中,企业通常使用重型自卸式卡车作为运输工具,在装车和运输过程中,大量细碎轻微的煤炭颗粒会随气流飞散,极易形成规模化的煤炭飞尘,从而造成粉尘污染。

(三)煤炭燃烧阶段的环境污染问题

煤炭在燃烧过程中造成大气污染的原因是煤炭中富含硫、碳、锰等多种化学物质,这些化学物质在燃烧的过程中会发生数种不同类型的化学反应,导致烟气中含有大量烟尘、二氧化碳、二氧化硫和氮氧化物等物质,这些大量排放的烟气是造成大气污染的主要污染源。

对于经锅炉燃烧后残留的煤渣废弃物,企业的处理方式通常是将其集中堆放于矿区空地。但这种处理方式会造成固体废物对土地的占用。同时,煤渣中残留的重金属物质在日晒雨淋中也会逐渐侵蚀土壤,导致土地污染。

(四)煤炭露天开采阶段的环境污染问题

在煤炭露天采场,企业通常采用"单斗电铲—卡车—半固定破碎站—带式输送机"半连续开采工艺,频繁使用大型电铲、卡车、粉碎机、输送机等机械设备。这些设施设备在日常运作时会产生影响周围居民正常生产生活的噪声污染。

二、调研企业对煤炭开发利用中环境污染问题的防治措施及制约因素

(一)调研企业对煤炭开发利用中环境污染问题实施的防治措施

1. 煤炭开采阶段环境污染问题的防治措施

针对煤炭开采阶段的环境污染问题,调研企业从生态修复的角度对矿区水土资源予以综合治理,即在大型露天矿区采用分层剥离、分层堆放、分层回填等工程措施,并坚持边开采边复垦,实现"剥、采、排、复"一体化。

调研企业实施的生态修复主要措施包括:①土地重塑工艺,即对矿区排土场采取基地构筑技术和主体构筑技术等;②土壤重构工艺,即对矿区排土场采取地表黄土铺覆技术,快速形成植物生长的黄土,同时对污染源形成隔离层;③植被重建工艺,即优先选择本地物种,适当引进实验成功的外来品种,对矿区土地进行植被重建。① 同时,企业大

---

① 李晋川,白中科,柴书杰,等.平朔露天煤矿土地复垦与生态重建技术研究[J].科技导报,2009(17):32-33.

力发展新农业,一是引入适宜本土种植的果蔬品种绿化矿区,并将收获的果实回馈职工或出售;二是采用智能化温室环境自动控制系统大力发展绿色生态养殖,并拓展复垦种植业,采用乔、灌、草相结合的模式进行矿山生态环境治理。

此外,调研企业通过整合现有的基础设施资源,致力建设生态产业,将原有的绿化复垦生态治理模式提升到生态文化产业的战略高度,努力打造包括设施种植、畜牧养殖、沼气工程以及植物园工程在内的"农—林—牧—药—生态旅游"产业链,以生态经济的和谐统一助推企业转型发展。例如,调研企业利用矿区粉煤灰制作雕塑工艺品,或将其用作建筑材料、装潢材料;建设棚顶光伏电力工程,发展光伏农业,同时将余电出售,增加收益;规划建设露天遗址博物馆、井工煤矿遗址博物馆、地方民俗文化馆和零碳科普馆,形成五馆为一体的生态文化产业园。

针对水土污染问题,调研企业采取了以下几项措施:①废水循环利用机制,实现了闭路循环水系统,不再外排废水;②回收乳化液,避免乳化液进入水循环系统;③生活区污水全部经过处理后再排放,使水质达到中等标准;④回收粉煤灰制作低端建筑材料,以减少粉煤灰对大气环境的影响。这些防治措施实施之后,矿区水资源紧张局面得到极大的缓解,排污量呈现下降趋势,矿区整体水质也有所提高,矿区空气中的粉煤灰含量逐渐减少。

2. 煤炭运输阶段环境污染问题的防治措施

为有效治理煤炭运输阶段产生的粉尘污染,调研企业主要采取了淋水抑尘的措施,即在产生煤炭粉尘的装车阶段和运输阶段,工作人员都通过洒水车对煤炭进行降尘,而且在运输时,采取对大型卡车表层全面覆盖的措施。通过采取抑尘措施,矿区的粉尘污染明显降低,能见度显著提高。

3. 煤炭燃烧阶段环境污染问题的防治措施

针对煤炭燃烧产生的废气,企业主要采用双碱法脱硫工艺,同时加强日常监测,并在煤炭燃烧时加入化学药品,以降低锅炉烟气中的硫含量。此外,调研企业还采用煤化工工艺进行脱硫和除尘,总体处理效果较好,除尘效率不低于95%,脱硫效率不低于75%,产生的经济效益翻倍,而且其煤化工产品尿素项目运行效果十分理想。

针对锅炉煤炭废渣,调研企业通过建立全封闭或半封闭临时堆放场所,采取定期卫生填埋或第三方清运的方式进行妥善处理,将煤渣中具有回收利用价值的物质按照公司《废旧物资回收管理办法》及《废旧物资回收利用管理实施细则》中有关规定回收利用。

4. 煤炭露天开采阶段环境污染问题的防治措施

为应对大型机械设备产生的噪声污染,调研企业采用软接管对设备进行隔音,并设置单独房间放置机械设备,而且还强制要求职工佩戴防噪耳塞。与此同时,调研企业还设置了专门的环保机构、配备了专门的技术人员,对隔声、消声、吸声、降噪设施进行检查维护并加强保养,从源头上进行噪声污染的防治。通过实施噪声污染防治措施,矿区噪声白天为 55 分贝左右,夜间为 35 分贝左右,达到了国家标准,减少了对周围居民的影响。

(二)制约因素

1. 地理风貌

从地理风貌上讲,调研企业所在地区整体是黄土覆盖的山地形高原,自然条件复杂多样,平原相对少,只占总面积的 39.2%,而且地面侵蚀强烈,水土资源大量流失。总之,该地区原始地貌地质不佳,调研企业进行露天采矿后,土地极易形成不均匀沉降,环保工作困难很大。

此外,该地区系温带大陆性季风气候,属半干旱气候区,主要特征是四季分明、降水量较少,年均降水量仅为 380~450 毫米。因此,总体而言,该地区的水土资源相当匮乏,致使调研企业的环保工作面临巨大的困难。

2. 科研技术

生产力是推动经济发展的决定因素,也是实现生态建设的基础因素。但是调研企业因科研技术制约,导致其防治环境污染问题的后备驱动力不足,从而极大地影响了环境保护效果。比如,调研企业原本可以通过化学手段在煤炭出厂前脱硫脱硝,但是目前的脱硫技术会使煤炭产品丧失经济性,而兼顾两方面的脱硫技术目前还不成熟,所以现阶段调研企业锅炉废气中的硫含量还是不够低,对环境依然具有较大的污染。再如,调研企业积累的粉煤灰含量已达全国前列,但由于技术瓶颈无法突破,导致现阶段粉煤灰只能被做成低端建筑材料。尽管这种建筑材料在南方有较大的市场价值,但是运输成本又较高,从而影响了供求关系,导致粉煤灰难以有效利用。此外,调研企业可再生能源与其他电源协调发展的技术管理体系尚未建立,可再生能源发电大规模并网仍存在技术障碍,其电力运行机制不适应可再生能源规模化发展的需要。诸如此类的技术障碍,在调研企业的环保工程建设过程中成为推行绿色能源革命的"壁垒"。

三、煤炭开发利用中环境污染问题的法律规制及存在的问题

(一)我国煤炭开发利用中环境污染问题的法律规制

1. 环境影响评价制度

依据《环境影响评价法》《环境保护法》《建设项目环境保护管理条例》《关于印发〈编制环境影响报告书的规划的具体范围(试行)〉和〈编制环境影响评价篇章或说明的规划

的具体范围(试行)〉的通知》《规划环境影响评价条例》等法律规定,煤炭企业在某地区进行可能影响环境的工程建设时,强制实行环境影响评价制度,即在规划或其他活动之前,对其活动可能造成的对周围地区的环境影响进行调查、预测和评价,并提出防治环境污染和破坏的对策,以及制定相应方案。

环境影响评价制度是从源头控制环境污染和生态破坏的法律手段。《环境影响评价法》的实施,对于推进产业合理布局、优化企业选址以及预防煤炭开发建设活动可能产生的环境污染和破坏,发挥了不可替代的积极作用。[①]

2. "三同时"制度

《环境保护法》第四十一条规定,建设项目中防治污染的设施必须实行"三同时"制度,与主体工程同时设计、同时施工、同时投产使用。防治污染的设施必须经审批环评文件的环境保护行政主管部门及企业环境保护部验收合格后,该建设项目方可投入生产或者使用。因此,煤炭企业在煤炭开发利用中必须保证防污设施设备与主体工程之间设计、施工、使用三个过程的同步。

"三同时"制度是我国数十年资源管理实践经验的总结,贯彻了预防为主的环保法原则,是加强建设项目环境管理的有效手段。该制度与环境影响评价制度均是我国建设项目环境资源管理的基本制度,是落实生态环境平衡发展的防治措施。

3. 排污许可制度

《环境保护法》第四十五条规定:"国家依照法律规定实行排污许可管理制度。实行排污许可管理的企业事业单位和其他生产经营者应当按照排污许可证的要求排放污染物;未取得排污许可证的,不得排放污染物。"《水污染防治法》第二十一条以及《大气污染防治法》第十九条规定:"企业排污必须取得排污许可证,并按照许可证的要求排放污染物。"同时,国务院办公室印发的《控制污染物排放许可制实施方案》也明确了排污许可的具体办法和实施步骤。

排污许可制度对相关企业的排污种类、浓度、数量、排放时间、排放路线等都提出了要求。主管部门通过对排污企业的排污总量、浓度等加以监管控制,保证其所排污染在生态承载范围内,有效约束了煤炭企业的排污行为,维护了生态与经济的协同共进。

4. 环境保护目标责任制度

《环境保护法》第二十六条明确规定,国家实行环境保护目标责任制和考核评价制度。该制度是基于目标管理方法建立的环境保护目标责任考核机制,首先要求明确最终的环境管理目标,并对其进行有效分解,转变成各个部门以及个人的分目标,然后管

---

① 蔡守秋.论健全环境影响评价法律制度的几个问题[J].环境污染与防治,2009(12):13.

理者根据分目标的完成情况对下级进行考核、评价和奖惩。①

环境保护目标责任制度是通过增加行政部门环境保护的压力和动力,以外部强制力驱使行政部门提高环境管理水平,提高行政部门对能源企业监督管理的环保绩效,对于推进生态文明建设具有重大意义。

(二)当前法律规制中存在的问题

1. 在立法宗旨上,能源立法未将环境保护置于应有的高度

《煤炭法》作为我国煤炭开发利用的基本法,理应对煤炭清洁以及高效利用工作进行系统规定,但现实却并非如此。② 通览全文,《煤炭法》只是规定了煤炭开发规划、生产营运、监督管理等方面的内容,除个别条款外,几乎未涉及煤炭清洁利用问题,也没有谈及煤炭利用中的环境保护问题。这反映出《煤炭法》未能在煤炭开发利用过程中将环境保护作为立法目的,进而表明能源法与环保法的立法宗旨、立法目的不协调、不统一。

在实践中,煤炭企业在煤炭开发利用过程中制定的防治措施与规章办法的依据几乎都是《煤炭法》。虽然其在规章办法中明确说明制定依据包括《环境保护法》,也规定了"三同时"制度等环保制度,但是从其内容体现的宗旨而言,规章办法仍是以《煤炭法》为其主要制定根据,最终落脚点也均是强调以煤炭资源开发利用为重点,充分实现资源的经济性价值,而较少考虑环境保护方面的因素。

2. 在管理体制上,能源立法未能体现资源的多重竞争性效用

《煤炭法》第十三条规定:"煤炭矿务局是国有煤炭企业,具有独立法人资格。矿务局和其他独立法人资格的煤矿企业、煤炭经营企业依法实行自主经营、自负盈亏、自我约束、自我发展。"这表明,我国对煤炭企业实行开放式的管理原则,倡导企业的自我管理,实现煤炭行业的自由竞争,体现了自愿管理的思维。这种管理思维重视煤炭企业的自身意志,也就是以企业全体股东的自由意志作为企业整体经营管理的指导思想,决定企业未来命运。

这种自愿管理机制能够极大地激发人的主观能动性,充分调动企业成员的积极性,深入挖掘资源的经济效用,创造最大的经济效益。但是,该种管理模式也充分放大了人趋利的本性,往往会导致人们只关注资源能够获取最大利益的效用,进而忽视了资源的其他竞争性效用。这种倾向反映的是一种经济人的行为模式,将经济效用作为唯一目标,而轻视了资源的生态效用,不符合绿色发展的理念。绿色发展理念是解决经济发展

---

① 谭东烜,周元春,李慧鹏,等.太湖流域水环境保护目标责任考核机制研究[J].中国环境管理,2016(4):88.
② 毛涛.论我国煤炭清洁高效利用的法律政策保障[J].环境保护,2017(12):37.

与环境保护冲突问题的思想智慧在当代的突出体现,是当代语境下的可持续发展观,其要求正确处理环境与经济的关系,要求将环境质量的维持与改善作为经济社会发展的增长点,要求通过绿色技术创新实现以环境保护为前提的经济社会发展。① 但是从《煤炭法》体现的管理模式来看,其追求的价值理念却与之不合,该法是将开发利用煤炭资源的经济效用作为其主要保障的对象,只是片面地强调资源的经济性质,而忽视了资源的生态价值和多重竞争性效用。

3. 在经济管理体制上,能源立法未能充分体现资源的生态价值

我国《煤炭法》制定于1996年,主要从以下三个方面进行法律规制:一是煤炭资源的合理开发和保护;二是煤炭生产、经营活动的法制化和规范化;三是促进和保障煤炭行业的发展。② 基于此,《煤炭法》的立法目的主要是针对"开发利用"这一煤炭行业面临的突出问题,因而具有鲜明的时代印记,未能及时反映出1992年《里约宣言》所确立的环境与资源保护的可持续发展的立法理念。③《煤炭法》经历过2009年、2011年、2013年和2016年四次修改,前两次修改是为了与修改后的《中华人民共和国刑法》和《工伤保险条例》相衔接,后两次修改则主要是为了顺应行政审批制度改革的要求。但这四次修改都未触及《煤炭法》的立法本质,致使现行的《煤炭法》仍保留了"以经济建设为中心"的人本位思想,从而影响了能源领域的经济管理体制,导致在能源领域的经济管理过程中片面强调资源的经济价值,漠视了资源的生态价值,也更未体现对其生态价值的补偿,并由此陷入了传统私法的思维,重视私人利益而忽视公共利益。环境法由于环境问题本身具有超越私法领域的公共性质,所以环境法的立法目标是以保护社会公益为主。④

4. 在价格制度上,能源立法未能反映对环境损害的补偿机制

在价格制度上,煤炭企业的煤炭价格并未反映其开发过程中的环境成本,自然也没有反映对环境造成损害的补偿机制。煤炭是事关国计民生的战略资源,所以作为政府主导配置资源的国家,我国煤炭市场价格仍受政府严格管制。虽然2012年国家取消了电煤价格"双轨制",但是延续的行政权力主导传统仍使煤炭的市场定价受到干扰。特别是像调研企业这种在整个煤炭行业占据较大市场份额的国有企业,其煤炭定价机制实质上还是要由国家主导。政府通过对产业组织结构、能源建设和能源价格的调控,维护市场秩序的稳定,能够弥补市场缺陷。但是,这种直接干预可能会促成垄断,模糊公

---

① 竺效,丁霖.绿色发展理念与环境立法创新[J].法制与社会发展,2016(2):180.
② 吴晓煜.《煤炭法》立法目的和主要法律制度[J].煤炭经济研究,1996(11):29-33.
③ 罗丽,代海军.我国《煤炭法》修改研究[J].清华法学,2017(3):80.
④ 周珂,张璐.民法与环境法的理念碰撞与融合[J].政法论丛,2008(2):45.

共服务的边界,甚至会扼制煤炭市场的竞争。竞争是市场的生命力,丧失竞争的市场必将丧失活力,并进一步阻碍经济的稳步增长。

从价格本质而言,价格体现的是商品的内涵价值——经济价值和生态价值。政府对价格机制的束缚掩盖了煤炭乃至其他能源的商品属性,不能反映市场正常的供求关系。同时,能源价格相对我国资源条件和供求状况来说仍然偏低,对改进能源利用效率和抑制能源消费过快增长没有发挥应有的作用,能源生产和消费的环境成本也没有得到充分补偿。[①]

5. 在企业管理制度上,能源企业未能保证对环保建设的充足投入

《中华人民共和国民法总则》第七十六条规定:"以取得利润并分配给股东等出资人为目的成立的法人,为营利法人。"这说明营利性质法人的管理目的是通过经营获取利润,所以其管理制度本质上是营运制度。煤炭企业基本上属于营利性企业组织,它们最终追求的是超额利润,以实现企业经济效益的最大化。因此,即便在新经济常态下,煤炭企业响应"美丽中国"的政策号召,强调环境保护的重要性,严格制定公司的管理规章,贯彻落实环保制度,积极实施生态修复机制,但是仍然改变不了企业本身的属性——营利法人组织,以创造经济利益为行动指南,以实现物质效益最大化为企业宗旨。

在管理制度层面,虽然很多煤炭企业认识到环境影响评价制度、"三同时"制度、排污许可制度等环保制度的重要性,并通过公司规章办法对煤炭的开发利用过程予以规范化,但从其设立的根本目的来看,这些制度均是服务于企业的市场营运,追求的是市场利润。因此,这些管理制度的本身实质是营运制度而非专门的环保制度,也不是仅为公益而存在。在这样的管理理念之下,企业对环保的投入通常仅为一种辅助投入。另外,2015年国家环境统计公报显示,环境污染治理投资总额高达8 806亿元,其中,工业污染治理项目投资额为773.7亿元,"三同时"项目环保投资额为3 085.8亿元。通过这些统计数据可知,建设环保项目所需资金巨大,足以令能源企业望而生畏。在管理制度和环保巨资的内外压力之下,企业实施环保建设的动力不足,最终致使企业对环保投入也相当有限。

四、结论与建议

(一)加快《能源法》的立法步伐

我国虽然通过了《中华人民共和国节约能源法》和《中华人民共和国可再生能源法》,

---

① 史丹.当前能源价格改革的特点、难点与重点[J].专家论坛,2013(1):18.

在某种程度上能够调整能源生态化利用的社会关系,但是综合意义上的《能源法》一直没有出台。就我国的情况来看,能源领域现有的各专门性立法都存在一定的局限性,都不能对能源领域的一些共通性问题或者宏观问题、整体问题进行全面的规范。① 这时,只有作为综合性法律的能源法才能突破各专门立法的限制,弥补能源法律内部的不协调,妥善衔接《大气污染防治法》《水污染防治法》《煤炭法》等法律规范与能源法之间的关系,避免发生法律冲突,从宏观法律的角度保障能源供给安全,有效调整能源供应与使用之间的社会关系。

目前,可持续发展理念已深入各行各业,能源领域的绿色发展是大势所趋。因此,在当前推行"去产能"的社会背景之下,应当尽快制定《能源法》,并将《能源法》作为航标,统领整个能源法律体系,将环境保护的发展理念贯穿于能源利用过程之中,在实现能源资源经济价值的同时也能体现其生态价值,体现"绿水青山就是金山银山"的理念,落实生态文明建设。

(二)进一步修改《煤炭法》

在煤炭行业,煤炭企业基本上是以《煤炭法》作为规范企业生产经营的主要法律依据。因此,《煤炭法》可以说是当前煤炭行业遵循的黄金法则,是有效制约企业进行煤炭开发建设、生产经营的较高位阶法律规范。但是,由于《煤炭法》制定于改革开放初期,因而具备那个时代特有的经济倾向——以追求经济效益为先而忽视生态效益,进而形成了《煤炭法》与《环境保护法》之间潜在的矛盾与冲突。

现今,在可持续发展的时代背景之下,我国大力倡导人与自然和谐共生,法治改革也以实现法律体系的生态化为目标,这就需要对当前的《煤炭法》实行进一步完善,以实现新时代生态文明建设的目标。首先,在立法目的上,应当在强调煤炭安全开采的同时增加有关环境保护的内容,注入绿色发展的生态理念。其次,在立法原则上,应重视资源的高效利用,贯彻尊重自然、顺应自然、保护自然的思想,摒除过度突出资源经济效用的传统思维模式,尊重资源的多重竞争性价值。再次,在立法制度上,应强化自然资源有偿使用的落实,规定资源开发者、利用者负担在其开发利用中产生的环境治理成本。最后,在修改《煤炭法》的全过程中,应当以生态价值与经济价值并举的理念统筹全局,注重以生态人的行为模式设置反映人类生态共同利益的法律条款,发挥法律的指导教育作用。

(三)构建环保产业基金

在经济新常态下,要实质性地改善我国生态环境、发展绿色产业,不仅要依靠更强

---

① 李艳芳.论我国《能源法》的制定——兼评《中华人民共和国能源法》(征求意见稿)[J].法学家,2008(2):94.

有力的末端治理措施，还必须采用一系列金融激励机制，引导资金从污染性行业逐步退出，更多地投向绿色环保行业。① 因此，构建以PPP(public-private partnership)环保产业基金为基础的绿色金融模式是解决此类困境、培育新增长点的有效手段。

PPP环保产业基金一般是由政府、善于项目建设营运管理的企业实体、具有管理金融风险特长的金融机构"三架马车"组成，它有利于规避不同类型的风险，放大各自领域的最佳资源配置收益。② 在PPP环保产业基金中，地方政府给予补贴是核心要素。在实际运行时，政府可以赋予私人机构特许经营权，由私人机构对环保治理服务项目进行营运，使其在保证生态价值的同时也获取一定的经济收益，以此吸引环保企业投入社会资本。当政府财政紧张时，也可以通过无偿将矿山开采权等有价资源划拨给私人机构，由私人机构拿出获取收益的一部分以补充财政补贴的不足，进一步减少政府补贴的压力，以外部效益驱使企业主动参与环保产业经营，满足企业经济目的的同时也促进生态环境的保护。另外，从监管角度而言，政府资本进入环保企业，使得政府成为企业的股东，对企业的经营管理具有监督管理的权限，对企业环保建设实行切实有效的监管。因此，PPP环保产业基金不仅能够实现低利润环保项目融资，还可以实现政府资本、社会资本与环保企业三方的利益共赢。③

（四）完善《环境保护税法》

根据庇古税发展而来的环境保护税，其主要税收形式是对私人成本和社会成本进行合理分配，体现"谁污染、谁治理，谁开发、谁保护，谁破坏、谁恢复，谁利用、谁补偿，谁受益、谁付费"的原则。④ 环境保护税体现了税收法定的法律原则，在规制政府征税权力的同时，也提高了企业的营运成本，迫使高耗能、高污染的企业淘汰出局，从而可以改善税费结构，推进税收结构性改革，发展绿色经济，并为治理环境提供财政资金支持，解决环保物质力量储备投入不足的困境。⑤

在煤炭开发利用过程中，环境保护税能够通过设置高于营利成本的监管成本，以经济强制手段有效驱使煤炭企业主动实施环保措施，兼顾了生态环境和经济发展的平衡。目前，我国现行的《环境保护税法》还存在不合理之处。例如，《环境保护税法》中缺少对碳税税目和二氧化碳税种的规定，造成法律空白。在温室效应日益严重的现今，碳排放已严重制约社会发展的脚步，亟待寻求解决方案，而对碳排放的限制是提升环境质量、

---

① 李建强，张淑翠. PPP模式的环保产业基金[J]. 中国金融，2015(20)：46.
② 蓝虹，任士平. 建构以PPP环保产业基金为基础的绿色金融创新体系[J]. 环境保护，2015(8)：31.
③ 蓝虹，刘朝晖. PPP创新模式：PPP环保产业基金[J]. 环境保护，2015(2)：39.
④ 杨静. 完善我国环境保护税法研究[J]. 经济研究参考，2016(5)：30.
⑤ 李霁友. 环保费改税对我国生态环境及经济发展的影响[J]. 管理世界，2017(3)：170.

解决社会发展制约问题的直接措施和有效方法,因此,应当在《环境保护税法》中对其进行单独约束。另外,通读《环境保护税法》可知,其中并未涉及环境保护税税率的内容,作为税收的基本要素,税率本应被予以规定。因此,在下一阶段的法律体系完善中,应当增加碳税税目以及二氧化碳税种,并采取定额税率,即对环境保护税采取从量定额征收,这样不仅操作性强且有利于企业的技术改进。[①]

(五)补充《土地复垦条例》

《土地复垦条例》是《土地管理法》的补充和延伸,提高了土地法制管理的有效性,有利于实现人与自然的和谐发展,有利于建立资源节约型、环境友好型社会,也有利于增加耕地资源。[②]虽然自《土地复垦条例》实施以来,我国耕地面积明显增加,有效保证了总耕地面积的红线不被突破,使环保建设取得了一定成效,但是在实际执行过程中仍存在一些问题:第一,土地复垦机构设置与人员配置单一,基本上是由自然资源主管部门负责复垦工作,至今尚未形成体系化的土地复垦管理组织构架;第二,从实践效果来看,政府机构在土地复垦过程中,相应的资金筹措与资金管理规定尚未贯彻落实;第三,现阶段的科研技术,还无法突破技术瓶颈,难以切实支撑复垦工程继续发展;第四,《土地复垦条例》虽然专章规定了土地复垦验收,但是对验收标准及验收办法却尚未确定。因此,为了优化生态安全屏障体系、构建生态廊道和生物多样性保护网络、提升生态系统质量和稳定性,必须对《土地复垦条例》进行适度调整,由自然资源部门牵头,结合农、林、牧等政府部门,建立系统的复垦组织体系,实施重要生态保护和修复重大工程;进一步提高对土地复垦工程的重视,鼓励和支持复垦工作的实施,并采取一定的正面激励措施,促使复垦资金筹措和管理机制的贯彻落实;依托现有的技术平台,联合科研机构建设综合技术研发平台,建立先进的技术公共研发实验室,建立土地复垦互联合作机制,构建技术共享平台,实现数据共享,保证环保技术的信息对称;除此之外,还应当尽快制定土地复垦验收标准和验收办法,以便对复垦工程建设实行具体指导。

参考文献

[1] 蔡守秋.论健全环境影响评价法律制度的几个问题[J].环境污染与防治,2009(12):13.

[2] 谭东烜,周元春,李慧鹏,等.太湖流域水环境保护目标责任考核机制研究[J].中国环境管理,2016(4):88.

[3] 李晋川,白中科,柴书杰,等.平朔露天煤矿土地复垦与生态重建技术研究[J].科技导报,2009(17):32-33.

[①] 刘隆亨,翟帅.论我国以环保税法为主体的绿色税制体系建设[J].法学杂志,2016(7):38.

[②] 李粤滨.浅议《土地复垦条例》[J].中国集体经济,2011(24):117.

[4] 毛涛.论我国煤炭清洁高效利用的法律政策保障[J].环境保护,2017(12):37.

[5] 竺效,丁霖.绿色发展理念与环境立法创新[J].法制与社会发展,2016(2):180.

[6] 吴晓煜.《煤炭法》立法目的和主要法律制度[J].煤炭经济研究,1996(11):29-33.

[7] 罗丽,代海军.我国《煤炭法》修改研究[J].清华法学,2017(3):80.

[8] 周珂,张璐.民法与环境法的理念碰撞与融合[J].政法论丛,2008(2):45.

[9] 史丹.当前能源价格改革的特点、难点与重点[J].专家论坛,2013(1):18.

[10] 吴鹏.最高法院司法解释对生态修复制度的误解与矫正[J].中国地质大学学报(社会科学版),2015(4):47.

[11] 祁雪瑞.论自然资源绿色使用法律制度的构建[J].中国国土资源经济,2017(2):20.

[12] 李艳芳.论我国《能源法》的制定——兼评《中华人民共和国能源法》(征求意见稿)[J].法学家,2008(2):94.

[13] 李建强,张淑翠.PPP模式的环保产业基金[J].中国金融,2015(20):46.

[14] 蓝虹,任子平.建构以PPP环保产业基金为基础的绿色金融创新体系[J].环境保护,2015(8):31.

[15] 蓝虹,刘朝晖.PPP创新模式:PPP环保产业基金[J].环境保护,2015(2):39.

[16] 杨静.完善我国环境保护税法研究[J].经济研究参考,2016(5):30.

[17] 李霁友.环保费改税对我国生态环境及经济发展的影响[J].管理世界,2017(3):170.

[18] 刘隆亨,翟帅.论我国以环保税法为主体的绿色税制体系建设[J].法学杂志,2016(7):38.

[19] 李粤滨.浅议《土地复垦条例》[J].中国集体经济,2011(24):117.

煤化工企业清洁化生产法律问题研究

撰写高校：西安交通大学
指导教师：张冰
撰 写 人：罗维治、唐雅雯、马晓璞

　　坚持节约型经济发展模式、坚持走低碳环保的发展道路，是我国经济长远绿色发展的必然选择。我国经济发展和社会生产的主要模式正在向绿色、环保和低碳方向转变，这一点在煤化工行业的发展中有所体现。现代煤化工行业改变了人们以往对煤炭行业高投入、高消耗、高污染、高浪费的印象，开始逐渐转为节能绿色产业，但同时，煤化工行业的发展依然存在诸多问题。首先，煤化工企业前期投入巨大，回报周期较长，资金是其发展的重要限制因素，需要相关的财政以及税收政策对其进行支持，以促进煤化工企业的升级改造和发展壮大。其次，我国煤化工行业发展相对较晚，各项技术标准不够规范和完善，存在着引用标准杂乱、部分技术标准不达标等问题。这些问题会在一定程度上加剧环境污染问题。此外，在目前环境污染问题日趋严重的情况下，环保部门的严格执法也会对煤化工行业造成影响。本调研报告针对煤化工行业发展中面临的前述各种问题进行了探讨和分析，以期从法律规制的角度入手，科学合理地推动煤化工行业的发展。

一、煤化工行业概况及煤化工行业发展趋势

（一）煤化工发展背景

　　鉴于我国目前化石能源构成及传统煤炭行业造成的环境污染问题日益严峻，近年来，我国对进口石油的依赖度不断提高，同时这种现状也为煤制油、醇醚燃料、生物柴油的发展创造了机会。高位油价使石油化学品价格居高不下，使煤制化学品中某些产品具有了经济优势，促进了电石法合成聚氯乙烯、羰基合成醋酸、甲醇制烯烃、甲醇制丙烯等煤化工技术的发展。鉴于以上各种因素，在产煤区地方政府的支持下，我国煤炭企业逐步参与了多联产煤化工基地的建设，掀起了一股发展煤化工和煤制油的热潮。同

时,随着我国经济的快速发展,以及国际原油价格的升高,煤化工和煤制油项目的经济性日益凸显。

(二)煤化工行业在国家发展战略规划中的定位

"十一五"和"十二五"期间,煤化工技术尤其是现代煤化工技术的发展日新月异,为解决我国的能源安全问题开辟了一条可靠的技术途径。煤直接液化技术、煤间接液化技术、煤制烯烃技术、煤制乙二醇技术、煤制天然气技术和煤制芳烃技术相继获得突破并进入稳定的商业化示范运行阶段,全国各地掀起了发展现代煤化工产业的热潮。

"十三五"期间,国家能源局印发了《煤炭深加工产业示范"十三五"规划》(以下简称《规划》),总结了"十二五"期间煤化工行业取得的成绩,对"十三五"期间煤化工示范项目的发展提出了明确目标。

1. 注重技术升级

从《规划》内容来看,首要目标是要通过示范项目实现技术升级,《规划》对每一个新建示范项目在技术上要实现的目标都做了明确要求。以伊泰鄂尔多斯煤间接液化为例,该示范项目的内容包括改进型费托合成反应器和第二代费托合成催化剂示范、日投煤量4 000吨自主大型粉煤气化炉工业化示范、百万吨级费托合成及油品加工成套技术和关键装备工业化应用、煤炭间接液化工艺优化示范。

2. 控制产能有序发展

《规划》明确提出,不支持现有技术水平的大规模产能扩张,严禁各地再出现前一时期低水平煤化工项目大量盲目上马的情况。"十三五"期间,国家对煤化工行业的投资较"十二五"期间有明显增长。到2020年,煤化工行业的产能目标为:煤制油1 300万吨,新增产能约1 000万吨,为"十二五"期间的4倍;煤制天然气170亿立方米,新增产能150亿立方米,为"十二五"期间的7倍;低阶煤分质利用1 500万吨。

3. 注重环保

《规划》提出,煤化工项目开发要"量水而行",执行最严格的环境保护标准,坚持规划评和建设项目环评并重,努力实现绿色发展。

二、煤化工行业发展中亟须解决的法律政策问题

(一)煤化工行业税收、财政政策支持引导措施不完善

煤炭清洁化利用推广困难重重,其中面临的最核心的问题是资金与成本问题。对企业而言,企业发展的根本目的是实现利润最大化,并以此为基础考虑是否引进更先进的清洁技术,而要想研发煤炭清洁利用的新技术,需要投入大量资金,而且有较高风险。因此,企业缺乏研发新技术的内在驱动力,需要国家出台相应的财政补贴政策以及税收

优惠政策予以支持和引导。

根据本次调研,目前,我国煤化工方面的洁净煤技术主要运用于煤制烯烃项目。在煤制烯烃的过程中,利用洁净煤技术能够提高对硫化物、二氧化碳以及氮氧化物等排放物的加工利用效率。具体而言,洁净煤技术有助于硫回收,回收的硫可以用于生产甲醛并对外销售。此外,二氧化硫、硫化氢等亦可转化为硫黄对外销售。这些附加的回收转化产品完全可以满足洁净煤技术的利用以及维护成本,甚至能为企业带来额外的利润。在此情况下,现有煤炭清洁技术的利用与否受煤炭税收优惠以及财政补贴等政策的影响相对较小。但是,对于是否引进国外更先进的清洁技术,企业却往往由于高昂的技术成本而望而却步。因此,在煤炭清洁利用技术的发展升级方面,国家仍然需要对煤化工企业的技术引进以及研发进行有效的税收以及财政政策支持。

在煤炭生产方面,我国洁净煤技术的利用程度不太高,主要就是由于技术成本过高使得煤炭售价整体提升,造成煤炭销售不畅,进而会使企业利润缩减,市场竞争力下降。基于此情形,绝大多数企业会避免采用洁净煤技术。因此,政府需要积极承担责任,对煤炭洁净技术的利用进行适当的补贴。虽然我国目前已经对采用洁净煤技术生产的企业进行了一定的补贴,但是补贴程度相较于技术成本而言依然过高,只有加大补贴力度、扩大补贴范围,才能更好地推广洁净煤技术、支持煤化工行业的发展。

近些年,我国陆续出台了一些对煤炭清洁化进行规范的政策法律,这些政策法律对于煤化工技术应用和推广的税收优惠以及财政支持措施也有所规定,但仍然不十分完善。其中,国家能源局在2015年发布了《煤炭清洁高效利用行动计划(2015—2020年)》,该计划对煤炭清洁化发展的相关政策支持进行了关注。该计划指出,实现煤炭清洁高效利用需要完善相关政策支持,并且对相关的税收优惠政策的完善提出了要求;另外,该计划对于扩大煤炭清洁利用资金来源渠道以及煤炭清洁利用的创新管理方式都提出了要求,但是,该计划对于实践中的具体操作方法和有效实现既定目标的保障措施都没有给出信息,仍需进一步完善。此外,工业和信息化部、财政部于2015年联合制定的《工业领域煤炭清洁高效利用行动计划》中也指出,要建立多元资金支持渠道,有效合理利用财政资金,充分发挥财政资金的引导作用,以帮助企业更好地解决资金困难。尽管该政策文件对能源清洁利用的相关财政措施有所规定,但是仍然有需要不断完善的地方,因为在煤炭清洁化利用的具体实践当中存在各种问题,并且这些问题会因时因地地产生变化,进而会不断地对现有的政策规范提出挑战。

除此之外,还有诸多的政策法律对提升煤炭的清洁高效利用规定了税收以及财政政策。但是,这些法律政策缺乏系统性,存在体系不完善、具体实施操作细则不健全、正向激励不足、相关规定存在冲突等问题,导致其引导和规范作用并未充分发挥。基于资源禀赋,短期内我国将很难改变以煤为主的能源结构,因此,必须通过健全法律政策体系、加强财税支持、增进政策协调等途径,使法律政策更加完善,更加具有可操作性,进而进一步推动我国煤炭清洁高效利用和煤化工行业的发展。

(二)煤化工行业危废处理方面法律政策缺失

煤化工企业生产过程中可能对环境造成危害的污染物主要包括:①烟气污染物,即烟气中的粉尘、硫氧化物、氮氧化物、碳氢化合物;②废水排放;③灰渣;④噪声。为了减轻煤化工企业对于环境造成的不利影响,国家制定了一系列标准,包括环境质量标准、污染物排放标准、环境基础标准、样品标准和方法标准。

在本次调研中,我们重点关注了煤化工行业对设备运行生产过程中产生的"三废"问题的处理方式。经过对调研结果的分析研究,我们发现,在处理"三废"问题方面,煤化工行业还存在如下问题有待进一步规制。

1. 煤化工产业链有关标准过于笼统

我们发现,现代煤化工产业的发展理念是延长产业链,对煤炭进行深加工。因此,整个生产链的复杂程度已经远远超过从前,而我国所建立的现代煤化工用煤技术标准并没有深入到具体工艺和各下游产品中去,仅涉及最基本的直接煤液化和煤气化两大方面。此外,从煤气化及煤气化下游产品开发的用煤技术标准以及现代煤化工产业链来看,目前我国已经建立了常压固定床气化、流化床气化、气流床气化三种工艺用煤技术标准,尚缺少固定床加压气化工艺、煤间接液化、煤制甲醇及下游产品、煤制二甲醚、煤制乙二醇和混合醇等工艺的用煤技术标准。从这些生产工艺和条件来看,合成气组成对最终产物的生产率和质量都会产生一定的影响,同时,不同的工艺条件所对应的能

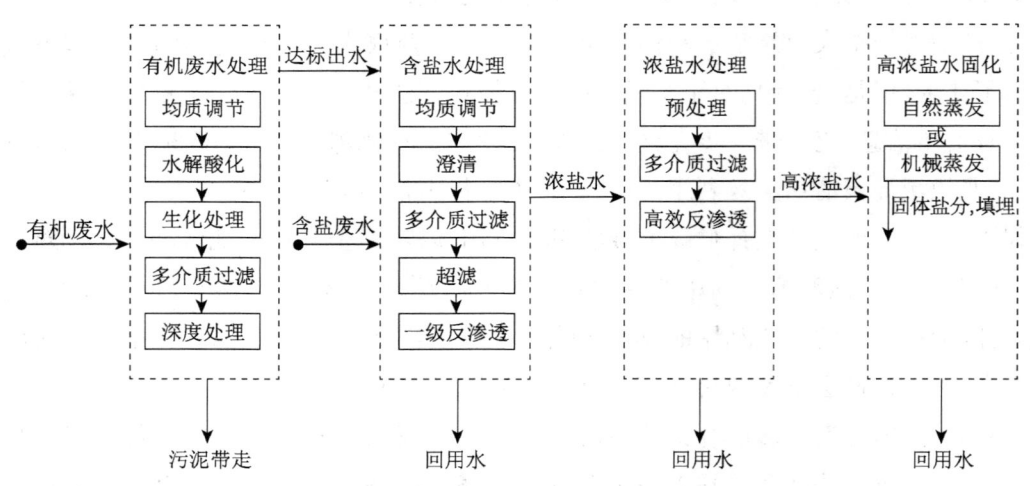

图1 典型煤化工废水"零排放"方案示意图

耗标准和对环境的影响也有所不同。从已建立的标准内容来看，虽然目前颁布实施的有关煤炭气化产业用煤技术标准针对不同的气化工艺具有较为完善的技术要求和试验方法，但除《常压固定床气化用煤技术条件标准》对所用原料煤进行了煤炭分类说明外，其他工艺标准均没有对其进行具体说明。

2. 水煤浆气化技术的研发和利用存在问题

我们了解到，目前水煤浆气化技术已被列为我国能源发展重点推广技术，也是煤化工行业优先发展的重点技术之一。水煤浆具有高效、节能、环保等优势，近年来其产业化规模不断扩大，在我国得到快速发展，有很大的发展空间。但是，煤化工项目多采用内水高、氧碳比大、可磨性差、变质程度较低的难成浆煤种，制浆工艺多为常规单磨机（棒磨或球磨），存在煤浆粒度级配不合理、浓度偏低、流变性和稳定性较差等问题，严重影响了水煤浆气化的气化效率和有效气体产量。因此，当前水煤浆气化技术领域最为迫切的需求是利用先进的制浆工艺和设备提高气化水煤浆的成浆浓度，进而提高水煤浆的气化效率和有效气体产量。此外，由于水煤浆的长距离、大范围运输尚存在问题，华南等经济发达地区对水煤浆的利用受到了极大限制，造成了该地区对其他能源产品（如石油）的依赖，这在一定程度上增加了我国石油进口的压力。因此，根据市场需求适时开发经济可行的管道输送水煤浆或建设集中型、大型水煤浆制备厂，有其必要性。

3. 废水"零排放"指标存在的风险

在我国，废水"零排放"标准由2005年颁布的《中国节水技术政策大纲》首先提出，之后，2008发布的《工业用水节水术语》对废水"零排放"解释为：企业或主体单元的生产用水系统达到无工业废水外排。由于煤化工项目主要分布在水资源稀缺的陕西、新疆、内蒙古等煤炭主产区，这些地区水资源占有量不到全国总量的20%，水环境容量严重不足。因此，国家对新建煤化工项目的废水排放政策进一步收紧，要求废水回用率在95%以上，并最终达到"零排放"标准。

我们了解到，废水分类收集、分质处理是煤化工项目实现废水"零排放"的前提条件。按主要污染物类型划分，煤化工废水一般分为有机废水和含盐废水。有机废水主要包括气化废水、化工装置废水、地面冲洗水、初期雨水及生活污水等，其水质特点是化学需氧量和氨氮浓度较高。在有机废水中，气化废水所占比例最高，占60%以上，而气化废水的水质主要和汽化温度有关。在我国，煤化工废水"零排放"技术的研究和应用尚处于初步阶段，在生产安全、经济成本和环境保护方面尚且不能够完全实现废水"零排放"。首先，气化废水的水质受煤质、汽化温度、气化压力等影响，有较大的波动性。目前我国现代煤化工大多处于工程示范阶段，为实现高效低能耗生产，工艺参数需要不断调试，而物料平衡、反应温度、压力等的变化必然导致废水水量和水质的变化，废水的末端治理和回用将受到直接影响。其次,煤化工项目要实现废水"零排放",除需要克服技术方面的困难外,还需要投入大量资金。以 60 万吨煤制烯烃项目为例,若以达标排放为目标,污水处理装置的投资为 1 亿~1.5 亿元,但若实施废水"零排放"方案,则污水处理及回用装置的投资为 6 亿~8 亿元,投资需增加 5 亿元以上。最后,在煤化工废水"零排放"过程中,可能出现结晶固体处理不当而产生的次生环境污染问题,并且废水暂存池同样存在环境风险隐患。

(三)煤化工企业面临严厉的环境行政处罚压力

我国面对日益严峻的环保问题,从中央到地方政府部门均加强了对企业环保方面的监督力度。例如,2012 年 1 月 15 日,因广西金河矿业股份有限公司、河池市金城江区鸿泉立德粉材料厂违法排放工业污水,广西龙江河突发严重镉污染,水中的镉含量高达 20 吨,污染团顺江而下,污染河段长达约 300 千米,并于 1 月 26 日进入下游的柳州,引发举国关注的"柳江保卫战"。此次污染事件严重影响了龙江河沿岸众多渔民和柳州市市民的生活,从客观上推动了政府采用更为严格的环境规制。

具体到法律层面,我国近年来不断完善《环境行政处罚办法》及相关的法律法规,同时加大了环保法规的宣传力度和环境执法力度,对违法违规的企业和个人给予行政处分或经济处罚。可以预见,我国环境规制的不断严格将会成为一种趋势,在此环境下,企业污染环境的行为将受到责任追究并遭受来自社会各界的舆论压力,对其正常的生产经营活动也将有所影响。

在煤化工行业的实践中,煤化工企业常年因"三废"处理问题收到环保部门的罚单,有的煤化工企业甚至会因此陷入更为极端的境地。例如,河北地区某煤化工企业就因"三废"处理不达标而被迫关停。在严厉的环境管制下,煤化工企业不得不进行技术升级改造,加大对环保的投资,但会为此背负沉重的环境治理负担。因此,企业基于经济利益的权衡比较,宁愿采用支付罚款、缴纳更多环境税费等方式为其违背环境规制政策的行为买单。严厉的环境行政处罚虽然有助于改善生态环境,但不利于企业的长远发展,甚至会使其正常生产难以为继。

三、解决煤化工行业法律政策问题的建议

(一)促进煤炭清洁化利用的税收财政政策建议

1. 完善煤炭清洁化利用的税收优惠政策

税收政策的运用可以有效地降低企业的生产成本,帮助企业获得更多的利润,增加产品的竞争力,进而提高其市场占有率。税收政策的倾斜可以让使用煤炭清洁化利用技术的企业享有相应的税收优惠,从而提高煤炭企业利用新兴清洁技术的积极性。具

体而言,国家可以利用企业所得税优惠、免收增值税、损失补偿以及煤炭清洁高新技术企业减免等多种税收优惠措施来鼓励煤炭企业积极采用新型煤炭清洁技术。例如,对于采用新型煤炭清洁技术的企业可以免征一定年度的或者一定比例的企业所得税;对于运用煤炭清洁技术生产出来的煤炭加工品可以给予一定的增值税税率减免优惠。

首先,在税收征收方式上,政府可以采用即征即退的方式。因为采用新型清洁技术的企业需要投入大量的技术成本,企业的资金压力相对较大,而即征即退的税收方式可以及时退还全部或者部分税款,这样既能有效缓解企业的资金压力,降低产品市场价格,增加企业的市场竞争力,也能鼓励其他未采用清洁技术的企业积极地利用清洁技术。其次,在鼓励煤炭以及煤炭产品消费者购买煤炭清洁技术产品方面,政府也可以采取相应的税收激励措施。例如,消费税的减免可以刺激消费者购买煤炭清洁技术产品,尤其是洁净煤技术成品;消费环节的税收优惠可以帮助解决技术成本过高所带来的市场价格过高以及销售不畅的问题。此外,政府还可以通过新增税种的方式降低煤炭消费者对传统煤炭和煤炭产品的消费,提高高污染高耗能煤炭产品的相关费用,缩短清洁技术下的煤炭产品与传统煤炭产品的价格差距,进而促进清洁煤炭及其产品的消费。这既有利于煤炭清洁化的发展,也有利于环境保护。

2. 完善煤炭清洁化利用的财政支持政策

企业发展煤炭清洁技术需要消耗大量资金,且存在一定的风险,如果政府不提供必要的财政支持,企业可能不会主动积极地运用成本过高的清洁技术,或者企业会因为技术成本过高而被市场自然淘汰。因此,政府有必要对使用煤炭清洁技术的企业提供财政补贴。具体做法包括:①针对使用煤炭清洁技术的具体企业进行补贴;②对煤炭生产加工流程中的资金损失进行补贴;③对消费者进行补贴;④对于承担煤炭清洁技术示范项目的企业可以给予一定的财政支持。除此之外,政府还可以对使用煤炭清洁技术的企业提供一定的技术支持。具体而言,政府可以对愿意采用煤炭清洁技术的企业提供无偿的技术支持,并安排专门的技术人员对新技术的引进和应用过程进行相应的技术指导,并对新技术的开发给予一定的补贴。政府财政补贴不仅可以为企业注入资金,还可以降低产品成本,增加企业利益流入,从而激励更多煤炭生产和加工企业积极用煤炭清洁技术。

此外,政府还可以采用政府采购的方式支持煤炭清洁化发展。采用清洁技术生产的清洁煤以及利用煤炭清洁利用技术生产的煤化工产品等在上市之初可能会面临价格高的缺点,如果没有政府支持则难以被市场认可,从而逐渐会失去发展动力和推力。在制定政府采购政策时,要严格确定采购的标准、采购的范围以及采购的额度。在采购过程中,应当对执行采购政策的政府人员进行相关的教育培训,使之准确认识到相关政策的意义,明白政府的责任,以有效保障政策的落实。

尽管煤炭清洁化发展需要政府提供必要的财政补贴和政府采购等措施予以支持,但是政府扶持应当张弛有度,尊重市场竞争主体的积极性,保证企业之间良性的竞争关系。此外,在煤炭清洁技术发展推广之后,应当适时、适当地减少政府的扶持力度,建立合理的市场竞争关系。

(二) 规制煤化工行业清洁生产的法律政策建议

1. 尽快落实煤化工下游产品相关标准

首先,应针对煤气化、煤液化的下游产品和具体工艺制定相应的行业标准,并尽快出台相应的国家标准文件。其次,建议增设固定床加压气化、煤间接液化、煤制甲醇及下游产品、煤制二甲醚、煤制乙二醇和混合醇等工艺的用煤标准,从源头上规制煤化工生产链的每一个环节,控制危害污废的产生。最后,已颁布实施的煤化工用煤技术导则——《煤直接液化和气化的用煤技术条件标准》尚未完全覆盖我国煤化工产业链中的所有工艺。在未来的标准化建设中,除完善一些内容之外,应不断拓宽和细化煤化工用煤技术标准体系,以便促进现代煤化工产业的健康、可持续发展。

2. 引导和扶植水煤浆工艺的研发

鉴于我国当前的水煤浆技术还有很大的发展空间,首先,建议从立法上鼓励企业研发、改进煤化工生产所需的水煤浆工艺,促进水煤浆技术向更成熟的方向发展;其次,应限制煤化工企业运用水煤浆技术时使用的煤种,促使相关企业弃用内水高、氧碳比大、可磨性差、变质程度较低的难成浆煤种;再次,建议扶植企业的水煤浆研发试点项目,促进水煤浆工艺的发展升级,改善煤浆粒度级配不合理、浓度偏低、流变性和稳定性较差等问题,提升水煤浆的气化效率和有效气体产量;最后,建议鼓励煤化工企业及各高校、研究院研究长距离、大范围水煤浆运输技术,促进该项洁净煤技术为更广大地区提供能源支持,降低我国对石油资源的依赖程度。

3. 增加废水违规排放的违法成本

高投资、高成本、高能耗是目前制约煤化工行业废水"零排放"方案普及的制约因素之一。由于目前水资源费和排污费定价偏低,甚至远低于企业的废水处理与回用成本,使得许多先进实用的水处理技术未能发挥其应有的作用。因此,建议政府大幅提高水资源和废水排放收费标准,倒逼企业采用先进、环保的水处理技术。同时,政府部门应当加强监督管理,尤其要加大对不法企业的检查惩处力度,不断提高违法成本,促使废水处理与回用变为自觉行动,减少废水排放。此外,就当下情况而言,煤化工行业废水"零排放"是针对煤炭资源丰富、水资源匮乏、缺乏纳污水体的特定区域解决煤化工行业废水处理的措施,但由于实现废水"零排放"还需要较高的能源消耗,因此不应作为煤化工项目建设的硬性要求,应根据项目所在地水资源、水环境容量、能源、自然条件等客观条件,综合确定是否需要对其实施废水"零排放"要求。

(三)促使企业提升环境治理水平的对策建议

1. 完善企业环境治理的激励政策

对以利润最大化为导向的企业而言,环境治理增加生产成本和其他费用的同时会减少企业的利润,因此,企业本身并没有积极推动环境治理的动力。但是,通过完善企业环境治理的系列激励政策,政府可以实现对企业环境行为的规制,引导企业积极改善自身生产经营条件,以降低环境成本、获取环保收益。此外,环境治理的激励政策会使污染企业"坐立不安",因为与其他享受激励政策的企业相比,其产品的环境成本更高,从而迫使污染企业不得不改变旧习。目前,我国现有的环境治理激励政策包括环境补贴、环境税收制度、环境金融制度、排污交易制度等,这些政策产生了良好的作用,但仍需进一步改善,从而促使企业更为主动地提升其环境治理水平。

2. 转变企业发展模式

以牺牲环境为代价的发展是无法长久、持续的,粗放生产、污染生产、掠夺资源、破坏生态的企业将会受到越来越严厉的规制,其利润增长将越发困难,容易面临被市场淘汰的巨大风险。因此,企业应当积极主动地在产品整个生命周期内(包括设计、选材、生产、销售、回收等环节)引入生态环保控制措施,改变事后治理的思路,提前构建内部生态控制系统,形成完整的环境控制链条。例如,煤化工企业在生产过程中会产生大量的废水,其主要特征是含盐量较高。企业可加强对此类废水的回收利用,将回收的废水回用至循环水系统;对于不能初步回收的废水,可将其排至专门的污水处理厂,处理合格后回收利用。

四、调研结论

我们通过本次调研发现,在煤化工行业发展的过程中,我国相关的财政政策、税收政策主要存在着扶持力度不足、政策体系不完善以及政策措施形式单一的问题,这些问题极大地遏制了煤化工行业的发展,对我国经济的绿色发展也造成了阻碍。政策支持和引导的不足,使得煤化工企业的资金压力难以缓解,煤化工技术也因巨大的资金压力而难以有效实施。这对经济发展以及环境保护均造成了不利的影响。

同时我们还发现,煤化工企业在废水、废气、废渣的处理方面均存在一定的问题。现代煤化工产业通常趋向于延长产业链,进行煤炭深加工,但是在延长产业链的过程中却往往没有相关的技术标准,尤其是下游产品,因此必须尽快落实煤化工下游产品相关技术标准。此外,在水煤浆技术的推广以及应用过程中也存在着问题,急需相关部门从多角度、多方位推广水煤浆技术,引导和扶植水煤浆技术的研发和应用。在废水处理方面,需要增加废水违规排放的违法成本以有效实现废水"零排放"。

此外,我们还考察了环境行政处罚对煤化工企业的影响。近年来,环保问题日益严峻,企业也面临着巨大的环境压力。在具体生产实践中,很多企业宁愿支付因环境污染导致的行政处罚款,也不愿意支付相较处罚款更加昂贵的污染治理费用。因此,必须对企业的污染治理进行有效的激励,相关部门应当积极地制定并完善激励机制。另外,也可以引导企业转变发展模式,使之从传统粗放型转向集约型,从能源资源消耗走向绿色节约。

参考文献

[1] 于孟林.煤炭清洁化利用应加快推进[N].中国能源报,2013-11-18.
[2] 牛建宏.传统能源如何实现清洁化?[N].人民政协报,2014-01-07.
[3] 丁锦萍.关于对原煤进行全面清洁化处理的探讨[N].山西日报,2017-04-14.
[4] 民建中央.推进煤炭高效清洁化利用[N].江淮时报,2016-04-15.
[5] 张洪涛.力推煤炭清洁化是当务之急[N].中国煤炭报,2016-03-16.
[6] 张立.煤炭高效清洁化利用是必由之路[N].中国矿业报,2014-03-11.
[7] 杨极云.治霾出路在于能源清洁化[N].中国电力报,2014-05-27.
[8] 刘重才.政策将力推能源清洁化产业发展[N].上海证券报,2016-07-15.
[9] 董秀成.完善市场手段促清洁化转型[N].中国石油报,2012-12-26.

煤炭供给侧结构性改革法律问题研究

——以产能指标交易和资源就地转化为例

撰写高校：中央财经大学
指导教师：张小平
撰 写 人：宋歌、杨玲娟

供给侧结构性改革是我国"十三五"期间的重要工作,煤炭行业作为率先实施改革的行业,其行业变化具有代表意义。2016年2月,国务院下发《关于煤炭行业化解过剩产能实现脱困发展的意见》,明确了煤炭行业供给侧结构性改革的主要任务:严格控制新增产能,加快淘汰落后产能和其他不符合产业政策的产能,有序退出过剩产能,推进企业改革重组,促进行业调整转型。

当前,化解煤炭行业过剩产能问题主要有三种方式:一是严禁在役煤矿超产;二是关闭退出煤矿产能或削减煤矿产能;三是对新增产能严格实施产能置换。由此可见,产能指标在其中发挥了最为关键的作用,它不仅能够化解当前煤炭行业产能过剩问题,而且能够实现落后产能向先进产能的转化,而实现这一转化的核心在于煤炭产能指标交易。为进一步了解当前我国煤炭产能指标交易的现状以及交易中存在的问题,我们在实地调研的基础上又查阅了相关资料,进而对全国煤炭产能指标交易进行了分析和整理,并提出了一些拙见,以供参考。

此外,我们还对煤炭资源就地转化问题进行了调研。煤炭资源就地转化是指煤炭产地根据国家的能源战略和自身的资源禀赋,在煤炭开发之后就地延长能源产业链,以提高本地能源的产业附加值,尽可能地把本地能源优势转化为产业优势、经济优势、竞争优势和发展优势,实现本地能源清洁、高效和可持续利用的资源利用方式。这是一种相对较为高效的能源利用方式,其目标是实现能源利用的最大化。国家发展和改革委员会、国家能源局在2016年出台的《煤炭工业发展"十三五"规划》中,再一次强调了煤炭能源就地转化,并对各地实现煤炭就地转化工作提出了新要求。但是,煤炭能源就地转化作为当前煤炭行业的重点工作,在具体执行的过程中却出现不少问题。

一、煤炭产能指标交易现状

(一)煤炭产能指标交易主体

煤炭产能指标交易是拥有煤炭产能指标的煤矿企业向市场上需要购买产能指标的煤矿企业出售以产能指标为标的物的经济活动。与传统市场交易的标的物不同,煤炭产能指标交易的标的物极其特殊,它是国家在化解煤炭行业过剩产能的宏观政策下拟定的虚拟概念。煤炭行业结构调整的关键在于产能置换,而产能置换的核心又在于产能指标交易,因此,现行政策对产能指标交易买卖双方的资格及其指标的审批具有严格的限制。

1. 卖方

能够成为煤炭产能指标卖方的主要是两类煤矿企业:第一类是被列入年度化解过剩产能实施方案内的合法建设煤矿;第二类是未被列入化解过剩产能实施方案但主动关闭退出产能的合法煤矿企业。表1展示了卖方煤炭产能指标置换比例的相关信息。

表1 卖方煤炭产能指标置换比例

煤矿类型	计划关闭时间	实际退出时间	产能置换比例
化解过剩产能实施方案内的煤矿	2016—2020年	计划年度内退出	实际退出产能的30%
	2017—2020年	2016	实际退出产能的50%
	2018—2020年	2017	实际退出产能的40%
化解过剩产能实施方案外的煤矿			≥总置换产能的50%

资料来源:《关于实施减量置换严控煤炭新增产能有关事项的通知》(发改能源〔2016〕1602号)。

2. 买方

产能指标的买方也分为两类:第一类为需要产能置换指标的在建煤矿企业;第二类为需要新建矿井但本身并无产能指标或产能指标数量达不到相关规定的煤矿企业。表2展示了买方煤炭产能指标置换比例的相关信息。

表2 买方煤炭产能指标置换比例

煤矿类型	特征	置换比例
确需继续建设的违法在建煤矿	未纳入煤炭发展规划、未经同意开展前期工作,但承担资源枯竭矿区生产接续、人员安置的项目	≥建设煤矿产能的120%
	已纳入发展规划或经同意开展前期工作的项目	≥建设煤矿产能的110%
	已纳入发展规划或经同意开展前期工作的项目,但属于先进产能标准或企业跨省兼并重组后的新建煤矿	≥建设煤矿产能的105%
	已纳入发展规划或经同意开展前期工作的项目,历史贡献大、依法缴纳社保、安置职工任务重、单位产能职工比例高的企业	≥建设煤矿产能的100%
合法在建煤矿	既不能停建也不能缓建的	≥建设煤矿产能的20%
新建煤矿	不存在未经核准擅自开工建设行为	≥新建煤矿产能的110%
	不存在未经核准擅自开工建设行为,历史贡献大、转产职工安置任务重、产能职工比例高	≥新建煤矿产能的100%

资料来源:《国家发展改革委关于进一步加快建设煤矿产能置换工作的通知》(发改能源〔2017〕609号)。

(二)煤炭产能指标交易方式

现阶段,我国煤炭产能指标交易呈现多样化发展趋势。根据新闻报道及相关煤矿企业和交易平台记录,截至目前,煤炭产能指标交易的主要方式包括以下三种类型。

1. 地方政府组织实施的产能指标交易

重庆市煤矿企业与陕西省煤业化工集团有限责任公司之间进行的产能指标交易就是在地方政府的组织推动下实施的。类似的由地方政府组织工作促成产能指标交易达成的还有湖南省煤矿企业和陕西省煤炭进出口有限责任公司达成的产能指标交易协议、湖北省煤矿与兖州煤矿集团达成的合作协议。

2. 煤矿企业之间直接签订协议的产能指标交易

2016年年底,陕西省榆林市部分地区的煤矿企业与外省煤矿企业签订的产能指标交易协议是煤矿企业之间自主对接并经过平等协商后达成的。2017年,国家电力投资集团有限公司与郑州煤矿机械集团股份有限公司以及陕西能源集团有限公司与河南能源化工集团有限公司之间的煤炭产能指标交易也都是企业直接对接后签订的交易协议。

3. 利用煤矿企业和政府组织以外的公共交易平台实施的产能指标交易

2017年,河北省通过省公共资源交易中心成功交易煤炭产能指标932万吨,中国华能集团有限公司也通过上海联合产权交易所购买产能指标411万吨。此外,通过开展煤矿之间的托管或者股权合作也能实现产能指标的流转。目前,已有煤矿企业之间通过托管和股权合作的方式实现产能指标交易的实例,如阜新矿业集团有限责任公司与中国石油化工集团有限公司之间便通过煤矿托管的方式实现了双方之间的产能指标合作。

（三）煤炭产能指标交易平台及成交量

大型化、专业化的交易平台能够及时发布煤炭产能指标的供求信息，为产能指标的买卖双方提供安全快速的交易平台。目前，大型的煤炭产能指标交易都是通过相关交易平台实现的，已经成功交易的大批量煤炭产能指标交易平台主要包括河北省公共资源交易中心、上海联合产权交易所、西南联合产权交易所以及宁夏煤炭产能指标交易平台，2017年的成交量分别为932万吨、411万吨、1 290.7万吨、270万吨（见图1）。

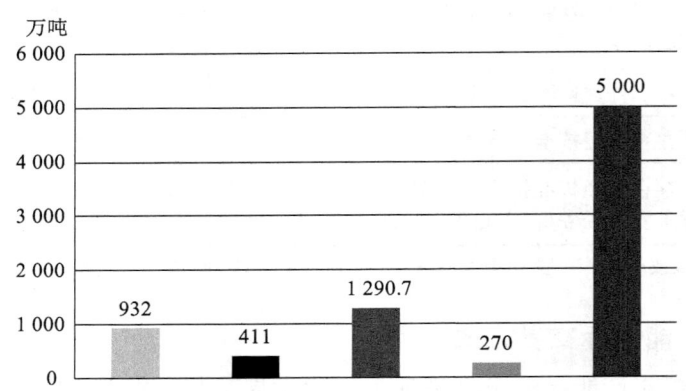

图1 煤炭产能指标交易平台及成交量统计

（四）煤炭产能指标交易价格

在化解煤炭行业过剩产能、严格控制新增产能的大背景下，煤炭产能指标成了各煤炭企业争相追捧的稀缺资源。在实践中，煤炭产能指标的价格在各地交易中存在较大的差异（见图2）。例如，2017年，西南联合产权交易所集合了217家煤矿企业的产能指

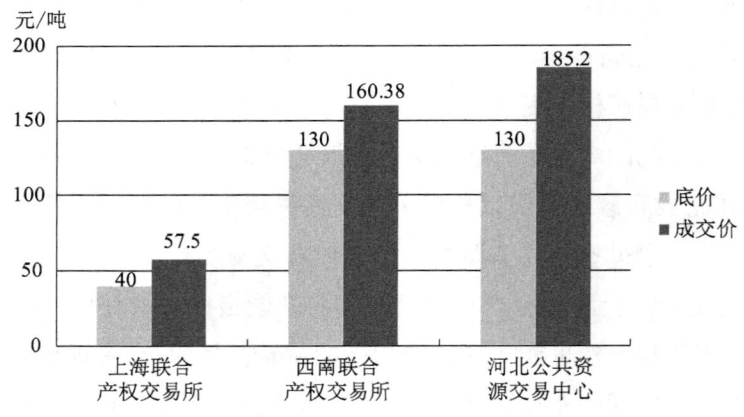

图2 煤炭产能指标交易价格统计

标共1 290万吨,最终产能指标成交价格为160.38元/吨;河北省公共资源交易中心集合了56家煤矿企业的产能指标共932万吨,最高煤炭产能指标成交价格为185.2元/吨;而中国华能集团有限公司在上海联合产权交易所购买的411万吨产能指标,成交总价为23 640万元,即交易价格为57.5元/吨。

(五)煤炭产能指标交易的特征

在国家化解煤炭行业过剩产能、推动供给侧结构性改革以来,全国各地纷纷开展煤炭产能指标交易工作。统观全国煤炭产能指标交易可以发现,现阶段我国的煤炭产能指标交易呈现出以下四方面特征。

1. 煤炭产能指标交易双方身份被严格限制

在当前严控煤炭行业产能的大背景下,拥有产能指标意味着煤矿企业占有更多的市场竞争优势,但由于产能指标本身数量有限,因而买卖双方身份被严格限制。目前,产能指标交易中的买方只能是关闭退出的煤矿企业以及自愿削减产能并获批的煤矿企业,卖方只能是需要新增产能并获得相关部门批准的企业。同时,由于目前国家严格控制煤炭行业产能,新增产能获批难度较大,因而对买方的资格审查比卖方更加严格。

2. 煤炭产能指标交易方式多样化、创新化

现阶段,煤炭产能指标交易突破了传统的面对面交易方式,已经发展成为多渠道的交易方式,主要包括政府组织买卖双方进行交易、企业之间自行联系签订协议、利用公共交易平台实施交易以及通过企业托管和股权合作等。其中,企业托管和股权合作是产能指标交易中最为创新的方式,不仅解决了关闭退出煤矿企业的资金问题,还解决了其职工安置问题。

3. 公共平台是最主要的交易媒介

2017年,我国煤炭产能指标交易总量为5 000万吨,而利用公共平台成功交易产能指标的总量为2 903万吨,占产能指标成交总量的58%,远远超过其他三种交易方式的成交量。由此可见,公共平台成交量在总交易量中占比最大,公共交易平台是目前煤矿企业产能指标交易的主要媒介。

4. 煤炭产能指标交易价格差距较大

如前所述,从各交易平台的交易价格来看,因各地产能指标供需形势不同,故煤炭产能指标价格分化较大,最低的成交价格仅为57.5元/吨,而最高的成交价为185.2元/吨。

二、煤炭产能指标交易中存在的问题

煤炭产能指标是因煤炭行业去产能而出现的,煤炭产能指标交易的发展尚处于起步阶段,目前国家政策只是在宏观上对煤炭产能指标交易进行了指导,而并未对其进行细致的规定。现阶段,煤炭产能指标交易出现前文所述特征是由多方面原因造成的。一方面,产能指标交易规则设定的不合理在一定程度上会反映在产能指标的交易活动中,即交易规则本身存在缺陷会导致交易也存在相应的问题;另一方面,产能指标交易平等主体之间的市场交易行为会受市场本身众多因素的影响,在交易中难免出现弊端。

(一)煤炭产能指标交易规则中存在的问题

1. 煤炭产能指标交易规则混乱

各省煤炭产能置换手续和流程的不一致,降低了产能指标交易的效率,增加了交易双方的风险。我们通过调研发现,煤炭产能置换手续和流程不一致的根源在于各省均有自主制定本省产能指标交易规则的权限。

国家发展和改革委员会发布的《关于进一步加快建设煤矿产能置换工作的通知》只在原则上鼓励煤炭产能指标的跨省(市、区)交易,规定"建设煤矿使用其他企业关闭退出产能指标的,双方应签订协议,由建设煤矿向关闭退出煤矿在职工安置或资金等方面提供必要的支持",但并没有对煤炭产能指标交易中的细节进行规定,而是将产能指标交易规则的制定权限交给了各省级政府化解过剩产能的相关机构,各省可以在结合本省实际情况的条件下,具体制定适合本省的产能指标交易实施细则。这一做法兼顾了各省的实际情况,激发了各省化解煤炭行业过剩产能的积极性,在一定程度上对产能指标交易起到了积极作用。但是,这一做法本身存在很大的弊端,由于中央将产能指标实施细则的制定权交给各省,允许各省结合实际情况自主制定,但并没有对各省如何制定实施方案给定限制条件,因而各省在制定煤炭产能指标交易规则时几乎是不受限制的,而各省的实际情况又不一致,因此便出现了各省置换手续和流程不一致的现象。

2. 各省煤炭产能指标交易规则存在地方保护主义倾向

2017年7月29日,搜狐财经新闻《产能置换指标交易为何这么难?》一文中指出,一些欲购买煤炭产能指标的企业负责人认为,在产能指标交易中,各地都或多或少存在地方保护主义倾向,即方案外的煤炭产能指标只允许卖给本地煤矿企业,因而导致本省内产能指标虽多,但能实现交易的却很少。

目前,我国在宏观政策上严格控制煤炭产能,煤炭产能指标便成为稀缺资源。在煤炭行业产能被严格限制的背景下,拥有更多的产能指标则相当于在煤炭行业占据了更大的竞争优势。因而,地方在自主制定煤炭产能指标交易规则时,便会偏向于保护本地煤矿企业,在规则的设置上使本省内的煤矿企业在产能指标交易上比外省煤矿企业具有更大的竞争优势。例如,2017年7月11日,江西省化解过剩产能工作领导小组办公室印发了《江西省煤炭产能置换指标交易工作实施方案》,该实施方案在工作原则中指出,为了大力支持江西省内煤矿企业转型发展、并购省外优质资源,在同等条件下,支持省内煤矿企业优先收购本省产能指标。该规定虽然在一定程度上能够有限保护本省煤矿企业,但在一定程度上也是地方保护主义在交易规则中的体现,并不利于全国各省公平地展开煤炭产能指标交易。

3. 煤炭产能指标定价机制存在缺陷

目前,我国煤炭产能指标交易的价格比较混乱。2017年,陕西省方案内的产能指标价格为110元/吨,河北省方案外的指标最高价格达到了195元/吨,而合理的产能价格是多少并不清楚。由此可见,我国煤炭产能指标交易价格尚存在不合理因素,当前亟须建立合理的供求调节产能回报机制。目前,煤炭产能指标最终成交价格由产能指标交易指导价和产能指标交易市场价这两个因素所决定,但这两个因素都对产能指标的最终交易价格有负面影响。

首先,关于煤炭产能指标的交易指导价,各省在煤炭产能指标的初始定价上难免会存在差异。国家发展和改革委员会发布的《关于进一步加快建设煤矿产能置换工作的通知》规定,"省级政府有关部门可结合去产能奖补标准发布本区域产能指标交易指导价",由此可见,影响交易指导价的因素为中央财政奖补资金标准和地方政府财政状况。根据财政部《工业企业结构调整专项奖补资金管理办法》的规定,专项奖补资金标准按预算总规模与化解过剩产能总目标计算确定。但由于各省在化解过剩产能中的能力不同,有的省份超额完成化解过剩产能任务,得到的奖补资金便相对较多,而未完成化解过剩产能任务的省份获得的奖补资金便相对较少,且各省政府财政状况不一,因此,最终各省发布的本省煤炭产能指标交易价格存在差异。

其次,煤炭产能指标的市场定价也存在诸多不确定因素。一方面,产能指标本身属于市场稀缺资源,受到供求关系的影响,如果市场需求量大而供给量少时,其价格自然会被抬高。另一方面,由于煤炭产能指标所拥有的利润空间大,且其本身价格较高,因而也存在人为抬高煤炭产能指标交易价格的情形。此外,买卖双方之间信息的不对称以及产能指标交易的地域因素都会对煤炭产能指标交易的市场定价造成影响。

4. 煤炭产能指标的权利转移制度不完善

煤炭产能指标的权利转移是指在煤炭产能指标的交易过程中,一方将自己对产能指标所享有的权益转移至另一方煤矿主体的行为。目前,国家发展和改革委员会与各省已经发布的产能指标交易实施规定中,都只提及了煤炭产能指标在交易过程中需要签订产能指标交易协议,而未对产能指标交易的权利转移进行细致的规定。

一方面,煤炭产能指标交易是平等的民事主体之间所进行的合法的市场交易活动,交易双方根据对方的意思表示达成合意并签订买卖合同。因此,产能指标买卖双方的行为理应受到《中华人民共和国合同法》(以下简称《合同法》)以及其他民事法律规范的调整。另一方面,煤炭产能指标是由国家行政部门许可而产生的,政府及其职能部门在产能指标交易过程中也会对其进行干预,如发布产能指标交易的初始定价、保证产能指标交易秩序、创造产能指标交易平台等,这使产能指标交易本身具有了一定的公法属性。煤炭产能指标的上述特征是区别于一般市场交易物体的,其应当具有特殊的权利转移规则。然而,现有政策并未对产能指标的权利如何转移给出明确的规定。

(二) 煤炭产能指标交易本身存在的问题

1. 煤炭产能指标交易分散

国家发展和改革委员会发布的《关于进一步加快建设煤矿产能置换工作的通知》鼓励地方政府建立煤炭产能指标交易平台,发布产能指标交易信息,为产能置换创造有利条件。根据该文件,各省也在积极探索适合本省的产能指标交易方式。当前,煤炭产能指标交易在全国各地分散开来,但并无全国性的统一煤炭产能指标交易平台。

目前,煤炭产能指标交易呈现出以下两种分散趋势。第一,交易方式上的分散。根据各省发布的化解煤炭行业过剩产能信息以及相关新闻报道,目前主要的煤炭产能指标交易包括煤矿企业双方之间直接签订协议、地方政府组织实施交易、利用公共交易平台交易以及通过企业托管和股权合作实现产能指标交易,而其他非主流产能指标交易方式无法完全统计和列举,但总体上产能指标在交易方式呈现分散性。第二,交易地点上的分散。根据相关新闻报道以及相关机构的官方数据,目前全国各地纷纷展开了产能指标交易工作,已经成功交易大批量产能指标的平台分散在全国各地,包括东部地区、西南地区以及西北地区、华北地区,主要有河北省公共资源交易中心、上海联合产权交易所、西南联合产权交易所以及各地方政府搭建的产能指标交易平台。

2. 存在煤炭产能指标浪费情形

据相关新闻报道,山西吕梁某两个小型煤矿需要产能指标7万吨和2.4万吨,裕泰煤业有限公司需产能指标2.4万吨,而这些煤矿因需求量太小而找不到卖方。但同时,有些即将到期关闭的煤矿却苦于找不到产能指标的买主。

《关于进一步加快建设煤矿产能置换工作的通知》中指出:"已纳入年度化解过剩产能实施方案并按期关闭退出的煤矿,应在次年6月30日前签订产能置换指标交易协议,2016年关闭退出煤矿的,应在2017年9月30日前完成交易""逾期未签订的退出煤矿产能指标作废,不能用于置换。"然而,在实践中,由于市场本身存在的缺陷可能会导致买卖双方信息不对称或信息交流不及时,从而导致产能指标失效,甚至在一些信息资源缺乏的地区还存在产能指标无人购买导致产能指标过期失效的情形。这种由于买卖双方信息不对称导致的产能指标资源浪费,在一定程度上会使本身就紧缺的煤炭产能指标更加供不应求,同时也加大了关闭退出煤矿的资金压力,致使其债务处置和冗员安置问题更加突出。

三、完善煤炭产能指标交易的建议

(一)完善煤炭产能指标交易规则

煤炭产能指标交易规则是指导煤矿企业进行产能指标交易、规定各方权利义务的行为准则。交易规则的缺失会导致煤矿企业的行为无法可依,交易规则的混乱会引起各方行为的混乱,影响市场经济秩序,对煤矿企业发展和整个煤炭行业的发展造成不利影响。完善的煤炭产能指标交易规则是保证良好产能指标交易秩序、化解产能指标交易问题的前提和基础。我们认为,煤炭产能指标交易制度应当从规则的制定主体、产能指标定价机制两个方面进行完善。

1. 统一煤炭产能指标交易规则的制定主体

《关于进一步加快建设煤矿产能置换工作的通知》明确鼓励煤矿企业产能指标跨省(市、区)进行交易,打破了产能指标交易的地域限制,即全国范围内的指标都可以在产能指标交易市场上进行流通。从这个意义上来讲,既然煤炭产能指标交易的辐射范围为全国,那么煤炭产能指标交易的实施细则也应当是针对全国的产能指标交易统一设定,而非由各省自主制定交易的实施细则,这样就可以有效避免前文所述各省交易流程不一致等情形,减少产能指标交易各方的风险。

首先,煤炭产能指标交易的全国性、非地域性决定了必须在全国范围内遵循统一的产能指标交易规则。就目前的相关规定来看,全国各省均有制定煤炭产能指标实施方案的权限,势必会出现跨省产能指标交易所遵循的规则不一致的情形。因而,为规避实践中出现地方规章冲突的尴尬局面,需要将规则制定主体统一,制定一个在全国范围内普遍使用的交易规则。

其次,由各省自主制定的产能指标交易实施细则通常为地方行政规章,其法律效力较低,在实践中出现纠纷并与上位法相冲突时,该文件的适用上会存在困难,起不到对煤炭产能指标交易应有的指导性作用。

最后,由中央统一制定煤炭产能指标交易的实施规则,还能有效解决已经出现的地方保护主义问题,维护公平的产能指标交易市场竞争秩序。

2. 建立合理的煤炭产能指标供求调节机制

在国家政策严格控制煤炭产能、新增产能一律实行产能置换的背景下,由于产能指标在总量上的供给小于需求,导致产能指标价格持续升高,加之产能指标本身所负载的经济价值量,不可避免会出现人为干预抬高市场价格的行为。虽然各省可以发布产能指标交易指导价,但由于产能指标交易是市场交易行为,其最终成交价格的决定因素仍取决于市场的需求量和供给量。因而,要把煤炭产能指标的市场交易价格限制在合理范围内,必须从源头上解决供需问题,建立产能指标的供需调节机制。

在社会主义市场经济体制下,经济的健康发展离不开政府的宏观调控。根据市场与国家干预的结合程度及方式,供需调节分为三种模式:纯粹市场调节的均衡模式、政府严格控制下的均衡模式以及有限约束的市场均衡机制。一方面,煤炭是我国最重要的能源,煤炭行业的发展对国民经济至关重要。因此,国家必须运用行政权力对其进行调控和干预。另一方面,煤炭交易归根结底是市场经济行为,因而离不开市场的自我调节。因此,要想煤炭产能指标在供需上达到平衡,应当采取政府行政干预下有限制的市场均衡机制。煤炭行业的进入需要行政机关审批,因而其产能指标供需平衡的关键也在于行政机关的控制:在产能指标供应严重不足、市场价格超出合理范围时,放宽行政许可标准;在市场供给相对充足时,严格审批标准。

3. 完善煤炭产能指标权利转移制度

煤炭产能指标交易作为平等煤矿企业之间进行的民事交易,应当遵循《合同法》的一般规定,但产能指标交易本身的特殊性也决定了其在权利转移制度上的特殊性。我们认为,在交易煤炭产能指标时,煤矿企业的权利转移应当分为两个阶段:第一阶段为合同的成立生效阶段,第二阶段为合同的登记阶段。

首先,在产能指标交易合同的成立生效阶段,应当遵循《合同法》中对于合同成立的一般规定,即买卖双方根据要约与承诺,在意思表示一致后,如无其他影响合同成立的因素存在,则买卖双方之间达成煤炭产能指标交易协议。值得注意的是,该阶段应当以签订格式书面合同作为买卖双方合同成立的标志。由于产能指标交易标的物性质的特殊性以及其对煤矿企业的重要性,加之产能指标交易在化解煤炭行业过剩产能任务中的关键性,煤炭产能指标的买卖双方采取格式的书面合同更能确认对方交易的真实性,更能保障交易双方的安全性,同时也便于行政机关对交易行为进行监督和管理。

其次,由于产能指标在设定时需要行政机关的行政许可,因此,当产能指标在煤矿企业之间进行转移时也同样应当由行政机关进行登记,即产能指标登记之后才能发生权利移转的效果。

(二)规范煤炭产能指标交易市场

1. 建立全国煤炭产能指标交易平台

我国目前还没有建立全国性的煤炭产能指标交易平台,现有的产能指标交易主要借助于其他类型的中介平台进行交易和地方性的产能指标交易平台,如上海联合产权交易所、河北省公共资源交易中心、宁夏煤炭产能指标交易平台。虽然这些平台对促进产能指标交易起到了积极作用,但是也存在一些弊端。一方面,煤炭产能指标买卖双方无法通过有效的平台进行沟通,导致双方信息不对称和产能指标的浪费;另一方面,地方分散交易也不利于对产能指标交易进行监管。因此,只有建立全国性的煤炭产能指标交易平台才能解决上述问题,实现煤矿企业信息的对接,同时也能够使政府对产能指标交易实现全方位的监管。

建立全国性的煤炭产能指标交易平台,需要确定产能指标交易的会员制度,所有产能指标的交易均须在平台上完成。首先,有产能指标交易需求的煤矿企业在完成会员注册之后,需要上传煤炭产能指标数量和有效期限等相关证明文件;其次,买卖双方通过平台在线完成初步交易意向,并在线下签订产能指标交易合同对交易进行确认;最后,交易结果经行政机关登记,权利转移完成。

2. 加强煤炭产能指标交易服务

煤炭产能指标属于稀缺资源,数量有限,但由于各个煤矿企业的指标数量不一、买卖双方信息的不对称以及其他市场因素的影响,买卖双方不能快速展开交易。为此,需要加强产能指标交易的相关服务。在此过程中,需要发挥政府部门的作用,同时也需要发挥煤炭行业协会的协调配合作用。首先,应当组织相关部门定期汇总煤炭产能指标交易信息,并向社会公示,实现买卖双方在信息上的匹配;其次,要加强对产能指标交易过程的监督,对不合理地干预市场交易秩序、哄抬产能指标交易价格的行为进行查处,确保产能指标交易的良好市场秩序。

四、我国煤炭资源就地转化中存在的问题

煤炭资源就地转化具有重要意义,但是在其推行过程中还存在着诸多问题:一方面,国家能源开发格局日趋西移,迫切需要西部贡献能源原材料;另一面,资源地选择以行政手段强留煤炭附加值于本地,以减少煤炭外流。在既往的国家宏观调控政策中,国家政策与地方诉求并不完全一致。例如,晋、陕、苏等省被定位为煤炭净调出区,但这些省区却致力于实现煤炭就地转化,不希望再单纯依靠卖煤炭为生。因此,这些煤炭能源大省为了实现本地利益最大化,在执行中央政策中会产生许多违规的行为。例如,各产煤大省违法乱收费现象十分普遍,运煤炭出境管理费、煤炭资源开发补偿费、环境治理补偿费、采空区治理费、煤炭运销管理费、IC卡费、标识卡费等各种名目繁杂的费用屡禁不止。此外,个别省份违反法律规定私设煤炭行业前置性许可、多次提高煤炭市场准入门槛、限制本省煤矿企业与外省煤矿企业的兼并重组、煤炭优先本地供应等现象屡见不鲜。

（一）乱收费问题严重

地方政府通过行政手段强行将实行煤炭就地转化带来的经济利益留在地方，已经成为制约煤炭产业发展的大问题。例如，各地巧立名目乱收费，行政执法部门打着行政执法的旗号违反法律法规的规定，或者超越法定的权限向煤炭企业多收费或乱罚款，侵害被执法单位或个人合法权益，谋取局部利益。改革开放以来，尽管各级政府采取了许多措施，防止、避免行政乱收费现象的发生，但行政乱收费问题却从未得到彻底解决，诸如越权立项、无证收费、收费不公示、任意扩大收费范围、随意提高收费标准、搭车收费、只收费不服务等现象普遍存在于煤炭领域。

目前，我国地方行政乱收费现象比较严重，地方政府越权设定行政收费而引起的乱收费更是层出不穷。根据国家规定，行政收费项目只能由省级以上政府及其财政、价格主管部门来审批，省以下地方政府和部门无权审批行政收费项目。但是近年来，省级以下地方政府和部门擅自设立的收费项目数不胜数。同时，政府根据有关规定在向煤炭企业征收费用时，利用手中的行政职权替其他单位或部门或社会团体违法代收其他费用。虽然国家三令五申严禁"搭车收费"，但一些地方政府和部门"搭车收费"行为依然比较突出，煤炭行业也不例外。收费部门每一项收费项目的收费标准，依法都需要经国家或省级财政、价格主管部门审批，收费主体在向企业征收行政事业性收费时只能按已审批的收费标准执行，但是不少地方政府擅自提高收费标准，擅自设立收费项目。事实上，有些行政执法部门依靠收费"养人"已是公开的做法。有些行政单位的下属事业单位没有财政拨款，存在超编人员，开支需要自行解决。因此，随着单位人员增加、开支不断加大，收费"力度"与"广度"也同时增加，收费成了创收的手段。行政单位给工作人员制定经济指标，并以完成指标的情况来考察人的能力、业绩，给超额完成者发奖金，以致这些单位的工作人员无所顾忌地乱收费。制度不严、监督不力也导致行政乱收费现象屡禁不止。一些地方政府或部门受利益和地方本位主义驱使，任意扩大收费范围，随意提高收费标准。这些行政收费项目明显缺乏法律基础与经济上的合理性。

行政收费设定权的主体是特定的。行政收费设定权作为涉及公民财产权的一项特殊立法权，并不是所有的立法主体都可以行使。根据法律保留原则，在特定领域的国家事项，应该保留由立法机关规定，而涉及剥夺公民财产权的，就属于这种特定事项。因为财产权是公民的基本宪法权利，是其他基本权利的基础。我国十届人大二次会议通过的宪法修正案第二十二条规定："公民的合法的私有财产不受侵犯。国家依照法律规定保护公民的私有财产权和继承权。国家为了公共利益的需要，可以依照法律规定对公民的私有财产实行征收或者征用并给予补偿"。我国《立法法》规定，作为涉及公民财产权利的立法权，要由特定的立法主体行使，行政收费设定权只能由法律和行政法规设定。严格来说,只有法律中蕴含行政性收费的许可条件,下位的行政规章才可以对法律进一步做出具体规定。因此,在行政收费方面属于法律绝对保留。从地方政府的行政收费设定权上来看,依据《行政许可法》,在尚未制定法律与行政法规的前提下,地方法规可以设立行政许可,但若许可中涉及行政收费并引起行政征收,则不得由地方法规设立。行政性收费附着的许可项设定权是专属于国家的立法权,全国人大及其常委会是制定行政征收政策的唯一主体,而法律则是行政收费的唯一形式与依据。要坚决杜绝行政法规、规章、地方性规章设定行政收费的可能性。

行政收费涉及煤炭企业利益,又存在着明显的问题,必须尽快加以规范,这已形成共识。党中央、国务院非常重视行政乱收费的现象,三令五申将狠抓乱收费并作为反腐败斗争的重要内容,要求各地坚决做到违者必究。2013年年底,国务院下发的《关于促进煤炭行业平稳运行的意见》要求,各地坚决取缔各种乱收费、乱集资、乱摊派,加快资源税改革。行政收费是个牵一发而动全身的事情,与政府机构改革、行政审批改革、财税制度改革等息息相关。但是面对着当前收费之多之乱的现象,并随着政府改革以及法治政府的建设,行政收费专门立法的出台显得十分紧迫。

(二) 地方违法设置行业许可

《山西省煤炭销售票使用管理办法》是山西省人民政府于2007年8月30日发布的省政府令第212号文件,其中设定了煤炭销售票制度,要求相关部门做好煤炭销售票的使用管理工作,以期达到严厉打击私挖滥采、有效治理超能力生产、防止非法和违法生产的煤炭进入流通领域、规范煤炭生产经营秩序的目的。该文件同时规定,山西省煤炭销售票是煤炭生产、销售、购买、加工、转化、运输、使用合法性的有效凭证,凡在山西省行政区域内从事煤炭生产、销售、购买、加工、转化、运输、使用的单位和个人以及煤炭生产、运销监督管理部门均适用该办法。由此规定可以看出,煤炭销售票实际上是山西省为煤炭行业设定的一个前置性许可,要求凡是进入省内煤炭行业的生产经营者均须取得此种政府许可,凭此许可方能从事煤炭的生产与各方面的经营。

我国《行政许可法》第十五条规定:"本法第十二条所列事项,尚未制定法律、行政法规的,地方性法规可以设定行政许可;尚未制定法律、行政法规和地方性法规的,因行政管理的需要,确需立即实施行政许可的,省、自治区、直辖市人民政府规章可以设定临时性的行政许可。临时性的行政许可实施满一年需要继续实施的,应当提请本级人民代表大会及其常务委员会制定地方性规。地方性法规和省、自治区、直辖市人民政府规章,不得设定应当由国家统一确定的公民、法人或者其他组织的资格、资质的行政许可;不得设定企业或者其他组织的设立登记及其前置性行政许可。其设定的行政许可,不得限制其他地区的个人或者企业到本地区从事生产经营和提供服务,不得限制其他地区的商品进入本地区市场。"这是对中央和地方的行政许可权限进行了整体划分。

由此可见,《行政许可法》对地方性法规和省级地方政府规章行政许可设定权做出了比较严格的限制,而山西设定煤炭销售票制度的行为则属于违法设置煤炭行业的前置性许可。现在虽然煤炭销售票制度已经被山西省取消,成为了历史,但类似此种私设许可的违法许可还有许多,成为各地政府将资源附加值留在省内常用的行政手段。

此外,各地方政府的行政许可标准朝令夕改,违背了行政法诚实信用这一基本原则。例如,2006年,山西省《关于进一步加快推进煤矿企业兼并重组整合有关问题的通知》在准入门槛方面,在间隔不到1年的时间内将30万吨的单井规模提高到了90万吨,很多年产量达不到90万吨的小煤矿面临被国有大型煤矿企业兼并重组的局面。这使得许多煤炭企业在短期内不得不一次又一次地面临各种调整和不可预测的风险。行政许可中很重要的一方面就是保护公民信赖利益原则。对于被许可的煤炭企业而言,行政许可是受益性行政行为,属于有利行政。被许可的煤炭企业因行政许可行为是国家机关所为,因此产生了心理上的信任和依赖,据此对自己企业的相关财产与行为加以处理与安排。如果获得行政许可之后,行政机关随意加以撤销和改变,必然会造成对被许可企业的损害,也会使得行政机关失信于民。因此,一旦行政许可生效,行政机关一般不能撤回和改变。这便是对公民信赖利益的保护。对此,《行政许可法》第七条规定:"公民、法人或者其他组织对行政机关实施的行政许可,享有陈述权、申辩权;有权依法申请行政复议或者提起行政诉讼;其合法权益因行政机关违法实施行政许可受到损害的,有权依法要求赔偿。"《行政许可法》第八条规定:"公民、法人或者其他组织依法取得的行政许可受法律保护,行政机关不得擅自改变已经生效的行政许可。行政许可所依据的法律、法规、规章修改或者废止,或者准予行政许可所依据的客观情况发生重大变化,为了公共利益的需要,行政机关可以依法变更或者撤回已经生效的行政许可。由此给公民、法人或者其他组织造成财产损失的,行政机关应当依法给予补偿。"这是第一次在我国的行政法立法中确认公民信赖利益保护原则。一是依法取得的行政许可受法律保护,行政机关不得擅自改变已经生效的许可;二是这种财产权并不绝对,如遇到法律、法规、规章修改或者废止以及客观情况发生变化并为公共利益需要时,行政机关可以依法变更或者撤回;三是改变行政许可给行政相对人造成财产损失的应当予以补偿。在上述事件中,山西省仅仅为了自身利益,而并非遇到相关法律、法规、规章的修改或废止,不顾煤炭行业的信赖利益,短时间内多次变更许可条件,且未曾对相关企业信赖利益的损失进行相关赔偿,这显然是涉嫌违反《行政许可法》的。

(三)地方保护屡禁不止

煤炭产地之所以热衷煤炭就地转化,主要是由于煤炭产业链延伸带来的经济效益。

国网能源研究院研究认为,输煤、输电两种能源输送方式对当地国民生产总值的贡献比约为1∶6,就业拉动效应比约为1∶2。各产煤大省为了将煤炭资源就地转化带来的利益尽可能多地留在省内,采用各种行政手段来干预煤炭市场。其中,带有强烈地方保护主义色彩的政策是涉嫌违法的。例如,甘肃以行政干预的方式,通过控制铁路运力减少宁夏和新疆煤炭的调入;安徽省政府提出"皖电保皖煤",本地电厂优先采购当地煤炭;河南省政府要求本地电厂必须采购一定比例本地煤炭;陕西省政府对省内实施煤电联营、煤电一体化和签订煤电长期合作协议等的发电企业给予发电指标倾斜,鼓励其节省运力、节约成本、清洁高效、就近用煤等。各省出台的这些政策均带有地方保护主义的色彩,有反市场化的性质。除此之外,一些省份甚至明确规定,本地省属煤炭企业必须控制全省80%以上的资源量,产量占比要达到全省95%以上。此外,在煤炭企业兼并重组中,无论是山西、河南还是内蒙古,都选择将本地企业作为主要兼并重组主体,有意限制外省企业或中央企业跨区域整合。以山西省为例,2009年,中央十六部委联合发布的《关于深化煤矿整顿关闭工作的指导意见》指出,要通过淘汰关闭小煤矿、鼓励支持大型煤矿企业整合扩能改造、兼并重组不符合产业发展政策的小煤矿,最终达到"十一五"期末把小煤矿数量控制在10 000处以内的目标。同时,山西省政府也出台了相应政策:《关于加快推进煤矿企业兼并重组的实施意见》(晋政发〔2008〕23号)和《关于进一步加快推进煤矿企业兼并重组整合有关问题的通知》(晋政发〔2009〕10号)。山西省出台的两个文件将山西省煤炭产区划分为几个大的范围,由省内几个大型集团分而治之,其他企业要想获得兼并重组的资格必须"要通过严格的检验资质并经省人民政府批准予以公告"。

为此,国家发展和改革委员会、国家能源局多次发文,要求产煤省(区)对当地煤炭流通市场进行全面检查,清理自行出台的各类煤炭费用,取缔限制煤炭出省(区)等干扰正常运输和销售秩序的不合理做法。然而其实施效果却不尽如人意,资源地政府均在其权限范围内尽可能地将煤炭资源留在本地。近年来,改革深化、破除地区垄断成为改革的重点问题,简政放权也成为政府改革的方向。在煤炭等能源领域的行政垄断十分普遍,这种违法的地方保护行为对我国市场经济以及煤炭行业本身都有极大的损害。对于此种的垄断行为,我国相继制定了《中华人民共和国反不正当竞争法》(以下简称《反不正当竞争法》)与《中华人民共和国反垄断法》(以下简称《反垄断法》)。《反垄断法》第八条规定:"行政机关和法律、法规授权的具有管理公共事务职能的组织不得滥用行政权力,排除、限制竞争。"此外,《反垄断法》的第三十二条、三十三条、三十四条、三十六条等均对地方政府滥用行政权力限制竞争和地方保护主义行为进行了规定。但是,以上涉及行政垄断立法的条文多为抽象性与原则性的立法,加上惩戒力度不足、追责机制不完善、司法诉讼困难等种种问题,使得相关法律在执行中面临多种困难。

现阶段是我国能源政策改革实施的关键时期,对于各地政府在煤炭资源就地转化问题上存在的乱收费、违法设置行政许可和地方保护行为,建议完善行政性立法,细化相关法条,明确追责机制,健全监督机制,防止行政干预司法诉讼,加大力度规范地方政府行为,促使各地合法完成煤炭就地转化目标。

参考文献

[1] 李瑞峰.煤炭科学产能影响因素和实现机制研究[J].煤炭经济研究,2012(01).

[2] 宋涛,陈美佳,陈浩.供给侧改革下影响中国煤炭优质供应的因素分析[J].煤炭经济研究,2018(12).

[3] 史杨焱,李晓乔,高超.团体采购在山西煤炭行业的适用性研究[J].科学与管理,2019(01).

[4] 张言方,聂锐,刘平,等.基于SD模型的我国煤炭产能过剩调控机制研究[J].统计与决策,2016(02).

[5] 丛威,郝亦纯.我国煤炭产能调控的系统动力学建模与政策模拟研究[J].中国能源,2014(03).

[6] 王晓辉.区域环境约束下的山西省煤炭合理产量研究[D].徐州:中国矿业大学,2017.

[7] 刘先彬.中国煤炭产能过剩成因机理和对策分析[D].开封:河南大学,2016.

[8] 赵燕.中国煤炭区域合理产能布局研究[D].北京:中国地质大学,2015.

[9] 张言方.我国煤炭产能过剩的形成机理及调控对策研究[D].徐州:中国矿业大学,2014.

附录一

中国法学会副会长甘藏春在能源法研究会2019年年会上的致辞

尊敬的各位领导、各位来宾、同志们、朋友们：

今天，我们在龙城太原召开中国法学会能源法研究会2019年年会。我代表中国法学会对本次年会的召开致以热烈祝贺！向来自全国各地、各条战线上能源法理论和实务工作者表示热烈欢迎！向承办和协办本次年会的上海锦天城律师事务所、山西财经大学法学院及山西省法学会资源环境和能源法学研究会表示衷心的感谢！

能源法研究会是中国法学会领导下的具有鲜明行业特色的学术自治团体，是广大能源法理论和实务工作者交流思想、共享成果的学术平台。在过去一年中，能源法研究会的同志高举新时代中国特色社会主义的思想旗帜，坚持正确的政治导向，按照中央"四个全面"的战略部署，科学谋划，精准施策，有序推进各项工作，在学术研究、资政建言、服务会员方面不断取得新进展，赢得了上级的支持、社会的认可和会员的拥护，保持了稳健扎实的工作作风，工作思路正确，卓有成效！

今年是新中国成立70周年。70年峥嵘岁月，经过一代又一代建设者的艰苦努力，我们建成了具有中国特色的社会主义法律体系，建成了门类齐全、独立自主的能源工业，实现了能源自给和能源普遍服务，有力地支持了国民经济和社会发展，捍卫了国家能源安全。改革开放40年来，伴随着能源体制的调整和市场化导向的改革，能源法治逐步完善。尽管综合性的能源法仍未完成立法程序，但是，我国能源单行法、能源相关法的体系已经建立起来，形成了以法律、行政法规、部门规章为主要渊源的能源法律体系；同时，依法监管、依法治企的格局正在形成，参与国际能源治理的程度不断加深。在稳中求进的工作基调下，我们面临深化供给侧结构性改革，深化市场导向改革，扩大开放水平，深入推进能源生产和消费革命，加快构建清洁、低碳、安全、高效能源的重要使命。能源体制改革正在进入深水区，使重大改革措施于法有据、深化能源企业依法治企、为开展国际能源合作保驾护航,是广大能源法律工作者需要认真求解的历史课题。我希望能源法研究会的同志能全神贯注、潜心研究,在能源改革和发展的时代大潮中建功立业。借此机会,我代表中国法学会对能源法研究会下一步的工作提几点希望。

第一,要深入学习贯彻习近平新时代中国特色社会主义思想,确保能源法学研究始终坚持正确的政治方向。坚持和发展中国特色社会主义,是改革开放以来我们党全部实践和理论的主线;续写好中国特色社会主义的新篇章,是贯穿习近平新时代中国特色社会主义思想的鲜明主题。这一凝聚了全党智慧的思想体系,是我们全部工作的思想路标,是指引实现人民幸福、民族复兴的科学理论指南。能源法研究会的同志要从这一指导民族复兴的伟大思想体系中汲取精神力量,获得思想支撑,用习近平新时代中国特色社会主义思想武装头脑、指导研究,把能源法研究工作融入建设社会主义法治国家的伟大事业,切实肩负起中国特色法治事业建设者、捍卫者的职责使命。

第二,要深入学习贯彻习近平能源革命的思想,努力构建有中国气象、时代特色的能源法理论体系。习近平同志指出,进入21世纪以来,全球科技创新进入空前密集活跃的时期,以清洁、高效、可持续为目标的能源技术的加速发展将引发全球能源变革。要推动能源体制革命,打通能源发展的"快车道",坚定不移推进改革,还原能源商品属性,构建有效竞争的市场结构和市场体系,形成主要有市场决定能源价格的机制,转变政府对能源的监管方式,建立健全能源法治体系。习近平同志指出,放眼世界,我们正面对百年未有之大变局。我们的国家必将日益繁荣昌盛,必将日益走近世界舞台中央,必将日益为人类做出新的更大贡献。在清洁能源、分布式能源、智慧能源等方面,我国已经表现出后来居上、弯道超车的趋势。能源法研究会的同志们要广纳博取,努力吸收世界相关国家先进经验,研究出有利于产业升级和技术创新的法律制度;同时,在传统能源方面,要尽快"补课",迎头赶上,尽快完成市场化改革和监管制度现代化的工作,构建起适应产业发展、保障能源安全、有利于节能减排的能源法治体系,为我国从能源大国转向能源强国提供法律保障。

第三,要加强科研攻关,做好统筹规划,尽快推出一批有显示度和影响力的高质量学术作品。由于各种条件的限制,我国能源法研究起步较晚。但是能源法研究会的同志们不畏繁难、艰苦创业、勇于担当、迎难而上,逐渐累积了一批具有开创性的学术成果,初步形成了能源法学的学科框架、话语体系和基本范畴,并且在许多前沿问题上做出了可贵的探索。在这个过程中,一支经过锤炼和考验、政治素质过硬、学术功底扎实、研究视野开阔的队伍成长起来,成为能源法学科建设的骨干和中坚力量。我了解到,能源法研究会组织能源法领域的权威专家编写的《能源法学总论》刚刚出版,我认为这本书意义很大。当初我在国务院法制办工作的时候,比较熟悉这一领域,深知我国能源法起步很早,规格也很高。但十多年过去了,为什么进展不大?不是能源法不重要,也不是没有研究的必要,核心问题是怎样处理好能源法与相关法律之间的关系。目前,能源法领域有六部单行法,包括《煤炭法》《电力法》等,那么,如何能在众多法律中找到一块能源法的空间,向政策法方向还是基本法方向走?这是第一点。第二点是能源体制的过程改革也在制约着能源法的发展。当前我国能源发展存在较多的体制问题,如综合部门与管理部门间的矛盾以及管理部门与几大公司之间的矛盾等。第三点是能源法应当建立在六部单行法的法律关系之上,类似于一种基本法,实际上是要面向未来解决能源发展、创新的一些原则性制度。因此,国家要完善相关立法,能源法研究学会要跟进法理方面的研究,用理论进一步武装这门学科。此外,我认为,能源法不同于民法、刑法等学科,目前还欠缺一套完整的、独特的学科特征,这需要一代又一代人的努力奋斗。第四点是学术逻辑,能源法研究会的同志们要进一步加强这方面的研究。现在有很多问题,比如,自然垄断行业和市场竞争怎样协调。这些问题对能源法建设是一种极大的挑战,我们要把能源领域的一些特殊问题识别出来,不能泛泛而谈。当前,国际能源格局已经发生了大的变革,总体上能源开始显现出供过于求的态势。未来,国际安全和国家安全的焦点将会发生变化,不再是资源储量的增长,而是能源市场的扩大。我国的能源结构是以化石能源为主,这更要求我们要加快科技革命,加快新型能源开发。我们很乐观地看到,近几年来我国清洁能源的进展已经走在了世界前列,但仍存在技术不稳定、成本及政府补贴问题。因此,形成有效的机制、完善技术能源政策、搭建好能源法律平台,是我们当务之急。我们要具体问题具体分析,推动社会主义法治进一步向前。能源法最终的使命就是推进我国新一轮的能源革命,为人类做出更大的贡献。在这个情况下,能源革命对中国的特殊意义由此可见一斑。广大能源法学者要充分运用当前的政策优势,实现自我突破。我们一定要抓住能源革命的机遇,研究相应的法律理论及法律对策,这也是下一步能源法研究的一个主要任务。经过十年的努力,能源法研究会已经取得了很大的成就,但相对于其他成熟学科来说,我们还有很大的差距,但这个差距也为以后的发展留下了空间。能源法研究有进一步发展的良好基础,同时也具备不断创新的能力,我相信大家有这个蓄势待发的实力,再经过几年的沉淀,一定能够看到能源法研究千帆竞发、百舸争流的喜人成绩。

第四,要构造理论和实践互动联系、互相促进的长效机制。能源法研究会具有"产、学、研、政、律"五位一体的特点和优势,能源法的研究具有强烈的实践指向,因此,理论与实践相结合这个指导方针,在能源法学研究中必须时时处处体现。过去几年,在能源法研究会领导的协调下,研究会开展了"能源企业法务论坛"和全国"绿能杯"高校法学研究生暑期调研竞赛活动,成果显著,反响很好。我希望研究会要总结经验,不断改进,继续把这两个品牌做好;同时,在条件允许的情况下探索新的载体、新的机制,使理论和实践的结合落到实处,激荡出更高质量、更有影响力的研究成果。

  同志们,今年是新中国成立70周年。70年前,革命先烈前赴后继,用鲜血缔造了独立、自由、强大的新中国。今天,我们有幸享受革命先烈带给我们的尊严与和平,享受70年来的发展红利。今天,政治坚定就是爱国,坚守岗位就是忠诚,潜心学术研究就是奉献,学术创新就是报国。让我们不忘初心,牢记使命,携手奋进,拿出更出色的研究成果,向新中国70年的伟大诞辰献礼!

附录二

中国法学会能源法研究会能源法学科建设工作纲要

一、能源法学科建设的指导思想和基本任务

随着能源产业在国民经济中的地位不断提升,运用法治方式和法治思维促进能源产业健康可持续发展,推进能源革命和对外合作,推动绿色发展和增长,保障国家能源安全,为国家能源立法提供建设性的决策建议,满足能源产业发展对于能源法律人才的需求,均对能源法学科建设提出了迫切的需求。为回应时代的需求,有必要对能源法学科建设进行科学谋划,提出既满足国民经济社会发展需要又体现能源法学科自身特点的发展目标,制定科学合理、循序渐进的发展规划,选择视野开阔、兼顾质量和数量的发展路径,实现提升能源法学科研究水平、提升能源法学科主体地位、提升能源法人才培养的规模和质量、提升能源法学科研究队伍建设水平的目的。

(一)能源法学科建设的指导思想

以党的十九大精神和国家关于能源革命、能源法治的系列决策为指导,面向国家能源立法和能源产业部门发展的需要,突出能源法学科主体地位,发挥能源法研究会"产、学、研、政、律"五位一体的优势,科学规划、开门办学、广纳资源、协同合作,力争在较短时间内,提升能源法学科建设整体水平,取得一批有影响力和显示度的学科建设成果,实现资源投入、政策支持、人才培养、学科建设的良性循环。

(二)能源法学科建设的基本任务

(1)提出关于能源法学科的研究对象、研究方法、研究范式、研究内容的基本架构,为能源法学科的科学化构建基本的、必要的体系框架。

(2)突出能源法学科的主体地位,重点加强对能源法研究的基本方法和基本范畴的研究,总结能源法的基本概念体系、原理体系和内在机理,厘清能源法与其他相关学

科的关系。

（3）加强能源法教材建设，汇集研究会内外的理论和实务两方面的权威专家，总结现有的研究成果，组织编写能源法系列教材（能源法总论、能源法分论、比较能源法、外国能源法、国际能源法、能源法案例分析等）。

（4）探索能源法人才培养新模式，扩大人才培养规模。走访用人单位，了解对能源法人才培养的需求。根据能源法人才培养的特点，制定具有能源经济、能源监管、能源法学科交融特色的培养方案，进行试点。

（5）提升能源法学在教育研究中的地位，总结试点经验，向教育主管部门提出设立能源法方向的专业硕士研究生的建议，并成立相关机构，推动在具备条件的高校和研究机构招收能源法方向的博士研究生。

（6）开展能源法教材教法的研讨，特别是能源法中跨学科知识体系的教学、案例研习课程的教学、能源法专业实习基地及配套机制建设等相关问题的研讨，总结经验，交流心得，提高能源法学科人才培养质量。

（7）加强能源法学科队伍建设，重点确定一批在学界有代表性成果、有科研组织能力、有创新奉献精神的学科带头人，集中培养一批视野开阔、作风扎实、具有科研潜质、外语基础较好的中青年骨干力量，形成结构合理、团结协作的梯次团队结构，发挥集体攻关的协同创新优势和规模效应。

（8）拓展能源法学科建设的对外交流渠道，与能源法人才培养水平较高的国家或机构建立协作关系，定期开展互访交流，吸收借鉴先进的人才培养模式和教材教法，探索合作办学、联合培养人才、联合授予学位的可行性。

二、能源法学科建设的主要措施

（一）调研能源企业人才招聘，发挥企业对能源法学科促进作用

对能源企业的人才需求和支持学科建设的意愿摸底调查。走访大型能源企业法务部门，调研近五年来人才招聘情况和学科结构，探讨人才培养定制化服务的可行性。

人才就业是学科建设效果的重要检验标准。在进行能源法学科建设的过程中，应当重视就业对学科建设的反馈和检验。组织有关院校结合调研问卷和专项访谈，重点从两方面总结能源法学科建设成效：一是以社会实践为抓手，提高学生的社会认识和实践水平；二是现有基础上，以国际交流和校企合作为平台，进一步培养学生的国际视野和跨文化、跨法域交流能力。要重视用人单位反馈意见，及时作出调整和改进。

（二）推进能源法教材建设

要汇集能源法理论与实务两方面的权威专家，在总结现有研究成果的基础上，组织

系列教材编写出版。通过教材编写,总结和提炼能源法知识体系,体现和提升能源法学科的主体地位。在编写过程中,要注重发挥理论工作者和实务工作者两个方面的积极性,处理好立法体系和法学体系之间的互动关系,处理好知识结构稳定性与创新性的关系,为高等院校能源法教学和企业人才培训提供合适的范本。

(三)培养能源法方向的硕博学位人才

加强与相关高校院所合作,探索设置能源法方向的法律硕士,培养更多能源法实务人才,满足用人单位需求。在现有学科设置框架下,推动相关院校在经济法或环境与资源保护法等相关二级学科下培养能源法方向的博士或硕士;符合条件的院校,可自主将能源法设置为独立的二级学科,培养能源法方向的博士与硕士。探索校企合作的人才培养模式,在导师遴选、案例编写、实习平台建设等方面建立长效合作机制。

(四)加强能源法课程建设

鼓励高校在本科、研究生阶段开设能源法课程。走访已经开展能源法教学的院校,调研课程设置、教材使用、师资配备、学生选课、人才培养等方面的情况,听取一线骨干教师对学科建设和发展的意见。在相关的院校设置"能源法专题"课程或系列讲座课,邀请能源法领域实务部门专家就能源法各子部门进行专题讲座。

(五)建设能源法师资队伍,培养后备力量

建立能源法骨干教师队伍,重点培养一批有志于从事能源法教学工作、理论基础扎实、创新教材教法、授课灵活生动、深受学生欢迎的能源法教师,为能源法学科建设提供队伍载体。组织开展教学方法交流、示范课程建设等活动,促进教学经验和知识资源的共享。鼓励高校邀请实务部门专家以讲座形式开设专题课程,共建专业课堂,丰富教学内涵。

(六)稳步推进能源法实践教学项目

在总结经验的基础上,继续举办全国"绿能杯"高校法学研究生暑期调研竞赛等实践活动。重视和鼓励"产、学、研"相结合,组织能源法常规实习活动。探索模拟法庭、法律诊所等新的人才培养模式。尝试开展能源法实务模拟教材的编写和相关课程的开设,丰富能源法教学体系内容。

(七)拓宽国际交流渠道,培养具有国际视野的能源法人才

邀请能源领域的国外专家来华讲学,创造条件支持国内专家学者或学生参与国际能源法交流会议。研究国外能源法人才培养模式和经验,借鉴吸收,为我所用。探索建立包括国内短期集训、海外暑期学校、联合培养硕士、联合授予学位等不同形式在内的多层次、全方位国际交流合作体系,不断提升人才培养的国际化水平。

（八）能源法学科建设项目试点

能源法研究会拟选择几家基础较好的大学或科研院所，进行能源法课程建设和专业方向人才培养的试点。对试点单位在试点期内给予一定经费投入，并在立法资料、专家资源方面提供支持。试点单位应提供试点工作中期报告，并接受研究会的检查督导。在试点结束时提交教学大纲、讲义、试题库、结项报告等试点工作成果。

三、能源法学科建设的工作保障机制

（一）加强对能源法学科建设的组织指导

能源法研究会在促进能源法学科建设中具有重要的作用。能源法研究会要充分发挥宏观谋划、定向把关的作用，确保能源法学科建设正确的政治方向和学术方向。要针对不同时期学科建设的目标，分解任务，督促落实。要从领导决策、工作部署、学科力量调整、支持措施等方面，给予适时、准确、有力的帮助指导，创造必要的工作条件。

（二）建立完善学科建设专业委员会

能源法研究会学科建设专业委员会和学术委员会是学科建设的组织保障。要广纳人才，以能源法教学单位和用人单位代表为主体，通过调研研究、研讨论证等方式，确定能源法学科建设的整体工作方向和工作任务，制定年度工作计划，组建能源法学科建设专业委员会，扩大能源法学科的影响。

（三）发挥研究会的综合优势，推进能源法学科共建

要深度发挥能源法研究会"产、学、研、政、律"五位一体的优势，通过能源法学研究、产业、政策、实务部门等方面的通力合作，为能源法学科建设筹集资金和人力资源，集中各方力量，编写一批高质量的能源法教材、专著、论文等，教学相长、优势互补，构建能源法知识体系，促进能源法学科实现跨越式发展。要引导校企合作进行能源法学科共建。配合落实国家关于加强能源法治的政策措施，为有条件的院校争取法学院和教育部专业硕士研究生和博士生培养等方面的政策支持。

（四）能源法学科建设工作的资金保障

要探索以能源法研究会为平台，为能源法学科建设筹集经费的机制和路径，争取中国法学会、国家能源和教育主管部门及能源企业、律师事务所及国内外相关高等院校、教育机构的资助，多渠道筹集学科建设基金，为能源法学科建设研究和发展提供持续支持。注重资金使用的预算控制和流程控制，提高资金使用绩效。

后 记

2016年7月12日,筹备了数月的第一届全国"绿能杯"高校法学研究生暑期调研竞赛启动仪式在北方工业大学举行。"绿能杯",寓意为"绿色能源",是对竞赛宗旨中"宣传国家有关清洁能源、环境保护等方面的法律政策"的集中体现。本次竞赛是为了培养高校法学研究生调查研究和实践能力,加强能源法学科建设,培养能源法学研究力量,扩大学科影响力及推动能源法学研究,建立社团、高校和企业之间联合践行社会责任的渠道。回想当时,兼发起人、主办方和承办方执行人及指导教师于一身的我,没有想过这个竞赛竟然能办到第五届,而且规模愈增、影响愈大,最后还将调研报告结集成册、出版发行。

我们深知,能够得到企业的支持是一项调研竞赛所有环节中的关键,而囿于各种原因,获得这种高质、有效的调研机会并不容易。第一届竞赛之所以选择核电主题,是因为第一时间得到了能源法研究会吴爱红秘书长积极、高效的响应。同时,吴爱红秘书长也是本次竞赛的发起人。第二届竞赛选择煤炭主题是源于能源法研究会周立涛常务副会长毫无保留的支持。在此,向她(他)表示衷心的感谢。此外,我还要向竞赛的协办企业同仁表示最诚挚的谢意。在实地调研过程中,我深深感受到实务界同仁的"教师力"也是会时时"爆棚"的,丝毫不亚于我们这些教书匠。无论是三尺讲台还是生产线,教和学中蕴含的对于知识和真理的传递熠熠生辉、令人感动。

本次活动还得到了中国法学会研究部领导的关心、帮助和指导。犹记得,李存捧副主任出席了第一届启动仪式,叮嘱道,要把竞赛办实,要一以贯之。我能够理解这个叮嘱的深意。我们见过太多看起来"高大上"但实际上形式大于内容、华而不实的活动。感谢存捧主任对竞赛做好了定位——真正致力于服务能源法学科建设。感谢能源法研究会石少华会长及其他会领导对"绿能杯"的重视和厚爱。少华会长亲自担任了前两届调研报告的评审专家,提交了所有评审专家中最为详尽的评审意见。除去给出评审分数外,他还对调研报告撰写中存在的问题、学生们的研究方法等提出宝贵建议。感谢承办方北方工业大学校领导以及文法学院和法律系领导对本竞赛的大力支持。王建稳副校长连续参加了第一届和第二届启动仪式,文法学院前院长郭涛、前副院长董慧凝、现院长刘泽军和法律系前主任吴邠光、现主任王海桥对竞赛的承办工作进行了指示和安排。这些都成为我在执行具体承办工作时最有力的支持和支撑。特别要提到的是海桥主任,他是此次竞赛的"创意发起人"。正是他长期思考法律实践教学带来的灵光闪现,才促成了此项暑期调研竞赛的诞生。

能源法研究方兴未艾,近些年来,全国各有关高校陆续设立了相关研究机构。其中,北方工业大学的法学专业是1985年经国家教委批准的全国第一个理工科高等院校法学本科专业。北方工业大学能源法研究中心是全国高等院校中最早一批研究能源法的专门机构之一,近几年取得了稳步发展。

作为第一届竞赛的指导教师,我与中央财经大学张小平、北京理工大学龚向前、南开大学申进忠、河北大学马洪超现在都以"创始合伙人"自居,深以为荣。在我们的呼吁下,在第二届竞赛中新"入伙"的指导教师有山西财经大学郤伟明、广东外语外贸大学陈熹、西南科技大学崔金星、安徽大学张辉、西安交通大学张冰等。指导教师们只是配角,作为主角的是逾五十位参赛同学。炎炎酷暑里,他(她)们放弃休息,奔赴全国各能源企业开展调研,深入工厂车间,查找资料,撰写调研报告。调研过程虽然辛苦,但各调研队伍在开展调研中的趣闻逸事也很多。有一支队伍在前往安徽省淮南市途中,路遇树上小鸟不断坠掉,于是学生们感慨道:"'飞鸟苦热死',看来确有其事啊!"尽管参赛团队最后完成的调研报告质量仍有很大的提升空间,但调研竞赛的整个过程还是很好地体现了本次活动的宗旨。这仰赖于上文述及各方所有人的共同努力,我们均因身在其中而感到自豪、开心。

最后,希望更多人能看到能源法学界和实务界同仁们的努力,希望更多人关注能源法,也欢迎读者对本书内容进行批评指正,如需要交流,可以发邮件至 xinghuachen@126.com,不胜感谢。

陈兴华

2020年2月15日